THE COLLECTED TRANSLATIONS
OF WESTERN CLASSICS ON LEGAL LOGIC

西方法律逻辑经典译丛

熊明辉 丁 利 主编

〔荷〕威廉·A.瓦格纳 著 *Willem A. Wagenaar*

彼得·J.范科本 *Peter J. van Koppen*

汉斯·F.M.克罗伯格 *Hans F. M. Crombag*

卢俐利 译

Anchored Narratives:
The Psychology of Criminal Evidence

锚定叙事理论
——刑事证据心理学

中国政法大学出版社

2019·北京

锚定叙事理论
——刑事证据心理学

Anchored Narratives: The Psychology of Criminal Evidence
by W. A. Wagenaar, P. J. van Koppen and H. F. M. Crombag

版权登记号：图字01-2017-1646号

出版说明

　　"西方法律逻辑经典译丛"是由教育部普通高校人文社会科学重点研究基地中山大学逻辑与认知研究所、中山大学法学院以及广东省普通高校人文社会科学重点研究基地中山大学法学理论与法律实践研究中心共同策划，由中国政法大学出版社出版的系列图书翻译项目。"译丛"所选书目均为能够体现西方法律逻辑的经典著作，并以最高水平为标准，计划书目为开放式，既包括当代西方经典法律逻辑教科书，又包括经典法律逻辑专著。第一批由广东省"法治化进程中的制度设计与冲突解决理论：理论、实践与广东经验"项目资助出版，到目前为止已出版：《法律与逻辑：法律论证的批判性说明》《法律逻辑研究》《法律推理方法》《论法律与理性》《前提与结论：法律分析的符号逻辑》《建模法律论证的逻辑工具》《虚拟论证：论律师及其他论证者的论证设计助手》《对话法律：法律证成和论证的对话模

型》《平等的逻辑：非歧视法律的形式分析》《法律谈判简论》《诉答博弈——程序性公正的人工智能模型》等。他山之石，可以攻玉，相信本译丛之出版不仅有助于推动我国法律逻辑教学和研究与国际接轨，而且为法治中国建设提供一种通达法律理性和实现公正司法的逻辑理性工具。

熊明辉　丁　利
2014 年 5 月 31 日第一版
2018 年 1 月 1 日修订

总 序

　　法律逻辑有时指称一组用来评价法律论证的原则或规则，其目的是为法律理性和法律公正提供一种分析与评价工具；有时意指一门研究法律逻辑原则或规则的学科，即一门研究如何把好的法律论证与不好的法律论证相区别开来的学科。

　　自古希腊开始，法律与逻辑就有着密不可分的联系，甚至可以说，逻辑学实际上就是应法庭辩论的需要而产生的，因为亚里士多德（Aristotle）《前分析篇》中的"分析方法"后来演变成"逻辑方法"，它实际上是针对当时的智者们的论证技巧而提出来的，这些智者视教人打官司为基本使命之一。亚里士多德把逻辑学推向了对普遍有效性的追求，这导致了这样的结果：论证的好坏与内容无关，而只与形式有关。19 世纪末，亦即在弗雷格（Frege）发展出了数理逻辑之后，"形式逻辑"一度成为"逻辑"的代名词。法律与逻辑的关系似乎渐行渐远。因此，有人说逻辑就是形式逻辑，根本不存在特殊的法律逻辑，故法律逻辑至多是形式逻辑在法律领域中的应用。事实上，法律推理确实有自己的逻辑，并且这种逻辑指向的是与内容相关的实践推理。正因如此，如佩雷尔曼（Perelman）所说，在处理传统上什么是法律逻辑的问题时，有人宁愿在其著作中使用"法律推理"或"法律论证"之类的术语，而避免使用"逻辑"一词。

20 世纪 50 年代，以图尔敏（Toulmin）和佩雷尔曼为代表的逻辑学家们开始把注意力转向实践推理，特别是法律推理领域，开辟了法律逻辑研究的新领域。特别是非形式逻辑学家与论证理论家们把语境因素引入到日常生活中真实论证的分析与评价上来，这为法律逻辑研究找到了一个很好的路径。如今，法律逻辑研究需要面对"两个大脑"：一是"人脑"，即法官、律师、检察官等法律人是如何进行法律论证的；二是"电脑"，即为计算机法律专家系统中法律论证的人工智能逻辑建模。前者的逻辑基础是非形式逻辑，而后者的逻辑基础是形式逻辑。如果说形式逻辑对论证的分析与评价仅仅是建立在语义和句法维度之上的话，那么，非形式逻辑显然在形式逻辑框架基础之上引入了一个语用维度，因此，我们不再需要回避"法律逻辑"这一术语了。

熊明辉　丁　利

2014 年 5 月 31 日

译者引言

本书是一部关于法律决策研究的经典著作。它主要探讨的是如何从心理学视角将刑事案件中所有证据结合起来形成一个合理的最终判决。对于这个问题通常有三种解决路径：第一种是故事或情景模型，即本书重点介绍的类型；第二种是论证模型；第三种是基于贝叶斯理论的概率模型。本书的贡献在于，它采用理论与实践相结合的方式，通过大量有趣又令人惊讶的现实刑事审判案例来证明人类心理对证据发现所产生的巨大影响，以及锚定叙事理论对纠正这种影响所引起错误的重要作用和意义。

"尊敬的法官大人、尊敬的陪审团，我将向您们讲述一个故事。"这是一句人们经常可以在有关刑事审判的影视剧中听到的话，"刑事审判围绕着讲故事来进行"，作者引述班纳特和费尔德曼（Bennett and Feldman）于 1981 年发表的著作《在法庭上重构事实》（*Reconstructing Reality in the*

Courtroom），来试图说明无论是在英美法系还是大陆法系的刑事审判法庭上，控辩双方都会根据现有证据向法官或陪审团讲述一个有利于己方立场的故事，当然，事实审判者也可能根据证据形成自己理解的故事版本，如里巴特案。这个故事包括是谁，在哪里做了什么以及当时他或她为什么要那样做。即刑事案件最基本的三个要素，关于犯罪人的身份（identity）、犯罪行为（*actus reus*）和犯罪意图（*mens rea*）问题。至于法官采信哪一方的故事，作者发现很大程度取决于这个故事呈现出的"似真性"（plausibility），即使其中存在明显的逻辑错误。而这些错误在很大程度上与人类发现证据时的心理状态有关。因此作者提出，为了避免得出错误的判决，使得无辜之人入狱，人们至少应当将故事中的关键情节安全地锚定在可靠的常识规则上。

本书一共有 12 个章节，大致可以分为三个部分：

第一部分是第 1 章到第 4 章，该部分从一则性侵案件出发，揭示出荷兰刑事审判制度中因为证据问题而导致可能错判的后果，并提出相较于其他法律决策理论来说，锚定叙事理论有其独特的优势和作用。

第二部分是第 5 章到第 9 章，主要介绍各种证据来源与类型，涉及警方调查、嫌疑人招供、证人证词以及专家证词等。书中介绍了这些证词出错的原因，以及如何将其安全地锚定在常识规则上。

第三部分是第 10 章到第 12 章，主要通过提出更好的辩护策略、更理性的证据选择以及更合理的程序规则来发现和弥补荷兰刑事诉讼系统中存在的缺陷。与此同时，作者也认为这些结论具有普遍性，对其他国家的刑事诉讼系统也有一定的现实意义。

本书收集了 35 宗荷兰刑事案件，其中大多数被告人都提起了上诉，有的甚至诉到最高法院。从这些案例及其内容来看，本书主要以辩方视角为出发点进行论述。不过，这些结论也有助于法官、检控官、警方人员等做出合法、合理的法律决策。虽然本书成书时间已是近三十年前，但从今天的视角来看，锚定叙事理论对探讨刑事审判中的法律决策问题依然有着重要的指导意义。

最后，非常感谢我的导师熊明辉教授启动"西方法律逻辑经典译丛"这一项目，并信任我担任此书的翻译工作，能够参与这个项目是本人的荣幸。翻译的过程是一个精读和思考的过程，令我受益颇多。同时也感谢郭燕销、王春穗、黄艺卉三位博士的帮助，她们对部分术语的翻译提供了宝贵的意见。希望这本书能够对那些对刑事证据感兴趣的读者有所帮助，也希望这套译丛能引起更多学者的关注。

卢俐利

2018 年 7 月

中文版序言

从开始到现在之发展

《锚定叙事理论》一书发表之后，相关研究当然没有就此停止。特别是关于刑事案件中证据决策模型的一些细节问题依然有待解决，同时还有一些问题没有得到真正的答案。在本书前言中，我将对该理论的发展现状展开讨论。也就是说，我假设读者们已经读过《锚定叙事理论》这本书。所以，这也许是一段序言，但最好还是在读完本书之后再阅读。以下很多段落都是在我们当时研究工作的基础上完成的（Van Koppen, 2011, 2013; Van Koppen, De Keijser, Horselenberg & Jelicic, 2017; Wagenaar, 2006; Wagenaar & Crombag, 2005）。

首先，一个重要问题是，人们需要多少证据才能接受起诉书中阐述的故事。为了回答这个问题，我们求助科学哲学家卡尔·波普尔（Karl Popper, 1934, 1963）。他教导我们说，这个问题只能通过证伪来解决。他大部分研究集中在普遍科学方法论上，不过他的体系能够而且也应当能够应用到解决刑事案件证据的问题上来。我会以一种可以将问题快速转换到刑法领域的方式，向你们展示一个多少已被简化的波普尔体系。请注意，我在使用"故事"和"理论"这两个词语的时候，它们可以互相对换。

现在假设你是一名科学家，你倾向于认可某个理论。接着将按照以下步骤来检验你的理论是否有效。

步骤1：

试图寻找再多的证据来支持你的理论意义不大。因为即使你能找到那些证据，仍会存在更多的能够得到更多或更好证据支持的其他理论存在。因此，你能做的只能是检验至少一个与你的理论相竞争的其他理论。于是，步骤1决定你将选择哪个竞争性理论来检验。

步骤2：

现在的问题是你将采用怎样的证据来检验这两种理论。简单地说，你必须寻找那些最好能区分两种理论的证据。在科学实践中，这个过程通常是一次实验。你尝试设计一次实验使其结果能够恰好分辨是你所认可的那个理论有效，还是另一个竞争性理论更有效。所以，第2步设计选择你认为最能区分这两种理论的证据。

步骤3：

此时的问题是你如何从证据推理得出理论。也就是说，基于怎样的实验结果，你判断你所倾向认可的理论最优也最有效；而基于怎样的结果使得那个竞争性理论才是最优，或许又基于怎样的结果使得这场比拼尚无定论。

这里每个步骤都可以商榷。从科学的角度来说，我暂时先把这个问题搁置一边，因为我现在将视角转向刑事审判领域。

在《锚定叙事理论》一书中，我们大体上提出了一个在刑事审判中关于证据决策问题的证实模型（参见图1）。不过，我们还应当增加第二部分：证伪。这部分由卡尔·波普尔的体系所提供。如果我们将这两个部分相结合，即检控官不仅应当说明起诉书中故事以及支持它的子故事的可靠性（证实部分），还应证明相较于其他任何备选故事而言，这个故事更值得被采信（证伪部分；参见图2）。

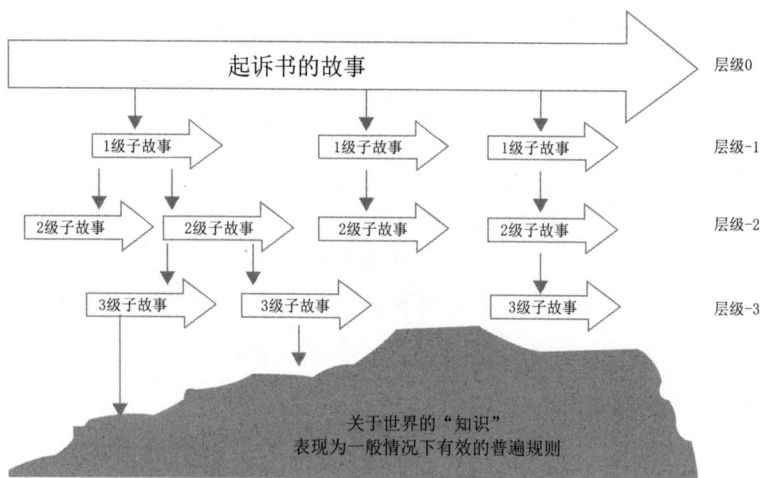

图1

例如，假如被告人被指控犯下一宗谋杀案，那么备选的案情故事可能是多种多样的。以人力来检验所有可能性并不现实。在一宗谋杀案中，这些检验的范围可能从凶手另有他人；被害人认识或不认识凶手；到凶杀案其实是由外星人犯下的等等。还有其他的可能性，比如说这是一场意外，或是一次自杀事件。于是，人们应当只

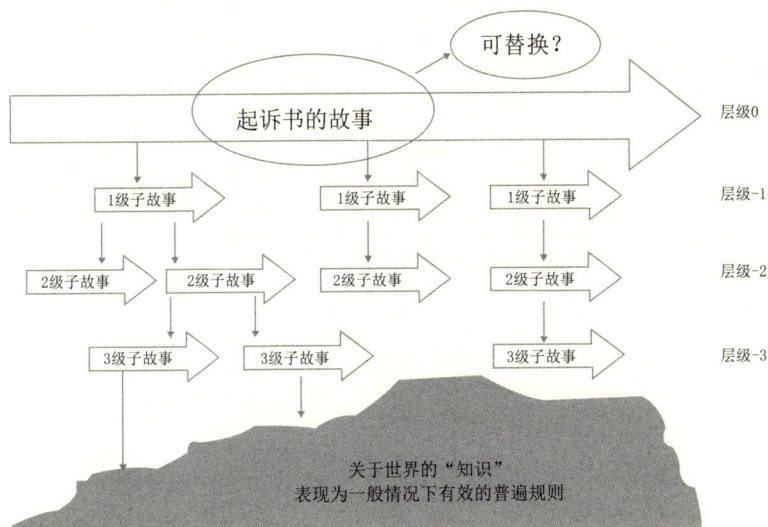

图 2

检验那些在现有给定案件信息下能被合理解释的备选故事。所以，外星人是凶手，这个故事既不合理也与案件无关。如果受害人的死因是被利器多次扎伤，那么他也不可能是自杀身亡。

需要注意的是，这些备选故事仍有可供讨论的余地。同时，这也与被告人所持有的立场有关。如果被告人否认杀人，那么备选故事里会涉及其他潜在的犯罪人；而如果被告人承认杀害被害人，但只是出于自卫，那么这又是另外一个故事。

上述情形也适用于子故事之中（参见图3）。在《锚定叙事理论》中，我们讨论过至少关于身份确认、犯罪行为以及犯罪意图的子故事应当隶属于与支持子故事的集合。如今我对此不再那么确定了。当然，在大多数案件里，这些都是证据体系中非常重要的元素，但最重要的是，人们应当寻找最好的子故事来区分它所支持的故事和其他备选故事。

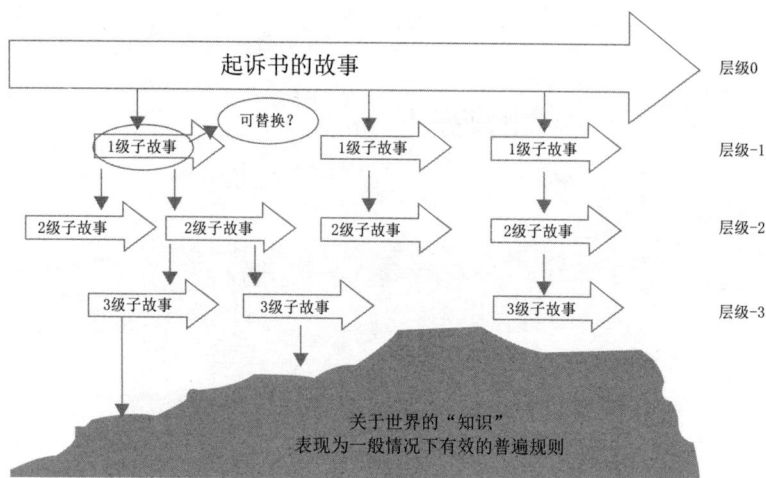

图 3

对于子故事本身而言，它们成立的条件也和起诉书的主轴故事一样，即它们只有在比其他备选子故事更可能发生的情况下才应当被人们接受。同理，这意味着任何合理的选项都可以被选择。这一点适用于所有链接到世界知识地基上的子故事。当然，关于某个子故事的讨论只有在其存在争议时才会出现。从这个意义上说，接受一个无需进一步讨论的子故事是审判参与者可以做出的共同选择。

综上所述（参见图4），一场刑事审判可能涉及大量故事与备选故事之间的对决。事实上有些审判的确如此（而且需要相当长时间才能完成）。

最后，锚定到世界知识的进程以及知识本身都可能会受到仔细地审查，之后需要验证其他备选方案（图5）。

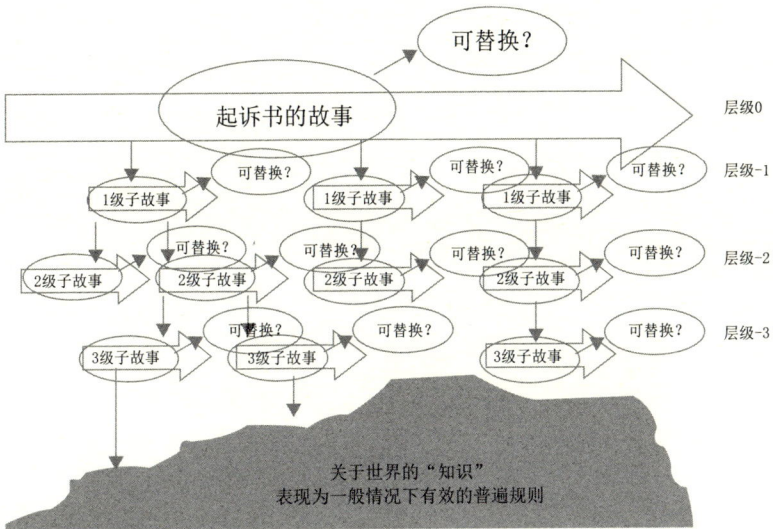

图 4

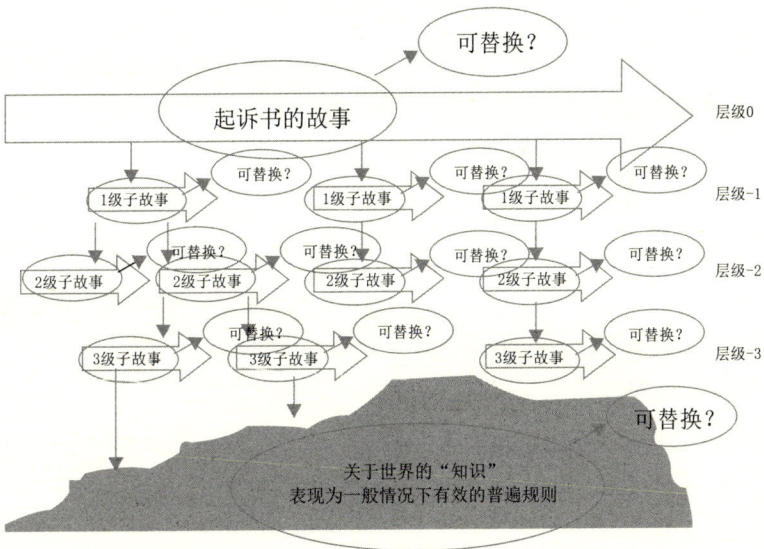

图 5

我希望讨论的第二点是刑事案件证据科学的发展。迄今为止，关于目击证人和嫌疑人证言的研究有了显著增长，特别是涉及嫌疑人提供假供词的部分。有大量文献阐述了刑事案件中证据反映出的心理学方面的问题（Cutler & Bull Kovera，2010；Kapardis，2010；Van Koppen, et al.，2017；McAuliff & Bornstein，2015；Simon，2012；Willis-Esqueda & Bornstein，2016）。证据的另一部分属于法庭科学研究范畴。特别是 DNA 技术在法律领域的应用已经非常普遍。然而，人们对这些法庭科学领域问题却越来越表示担忧。这不仅证明这些领域已经存在不少重大基本问题，也说明它们不应当再在法庭上使用，或者使用时应格外慎重（科学技术顾问委员会，2016；联邦司法中心，2011）。越来越多的证据表明，法庭科学从业者会对案件所发现的结果产生重大影响（Dror & Charlton，2006；Dror, Charlton & Péron，2006；Dror, Kassin & Kukucka，2013；Kassin, Dror & Kukucka，2013）。

从国际上来看，人们不仅对研究刑事案件中特定类型的证据十分感兴趣，也对探讨应当如何将所有证据结合起来形成最终裁决的理论和实践非常有兴趣。这使我想起要说的最后一点。一般来说，有三种相互竞争的方法论来解决这个问题。第一种是故事或者称为情景模型，《锚定叙事理论》一书重点推崇这种模式。第二种是论证模型，源自威格摩尔的研究成果，在《锚定叙事理论》中简略地谈过（Kadane & Schum，1996；Kaptein, Prakken & Verheij，2009；Prakken，1997）。第三种方法基于贝叶斯理论成果（Fenton, Neil & Lagnado，2013）。只有某些学者曾尝试将这些方法结合起来（Bex，2010）。事实上，人们到现在仍在热烈地讨论着这些问题。如今在这些争论中可能有一个具有标志性意义的起步，即让多个科学家小组分别通过三种不同的方法论来对同一个发生在荷兰的案例进行分析，即所谓的"塞门提文博斯谋杀案（Simonshavenbos Murder）"。希望这些科学家的进取精神能够促使他们再次思考，什么才是对于刑事案件中证据而言重要的主题。

彼得·J. 范科本*
2018 年 3 月

参考文献

Bex, F. J. (2010), *Evidence for a good story: A hybrid theory of arguments, stories and criminal evidence*, New York: Springer (diss. Groningen).

Cutler, B. L. & Bull Kovera, M. (2010), *Evaluating eyewitness identification*, New York: Oxford University Press.

Dror, I. E. & Charlton, D. (2006), "Why experts make errors", *Journal of Forensic Identification*, 56, 600-616.

Dror, I. E., Charlton, D. & Péron, A. E. (2006), "Contextual information renders experts vulnerable to making erroneous identifications", *Forensic Science International*, 156, 74-78.

Dror, I. E., Kassin, S. M. & Kukucka, J. (2013), "New application of psychology to law: Improving forensic evidence and expert witness contributions", *Journal of Applied Research in Memory and Cognition*, 2, 78-81.

Fenton, N., Neil, M. & Lagnado, D. A. (2013), "A general structure for legal arguments about evidence using Bayesian networks", *Cognitive Science*, 37, 61-102.

Kadane, J. B. & Schum, D. A. (1996), *A probabilistic analysis of the Sacco and Van-*

---

zetti evidence, New York: Wiley.

Kapardis, A. (2010), *Psychology and law: A critical introduction* (3rd ed.), Cambridge: Cambridge University Press.

Kaptein, H. , Prakken, H. & Verheij, B. (eds.) (2009), *Legal evidence and proof: Statistics, stories, logic*, Aldershot: Ashgate.

Kassin, S. M. , Dror, I. E. & Kukucka, J. (2013), "The forensic confirmation bias: Problems, perspectives, and proposed solutions", *Journal of Applied Research in Memory and Cognition*, 2, 42-52.

Van Koppen, P. J. (2011), *Overtuigend bewijs: Indammen van rechterlijke dwalingen* [*Convincing evidence: Reducing the number of miscarriages of justice*], Amsterdam: Nieuw Amsterdam.

Van Koppen, P. J. (2013), *Gerede twijfel: Over bewijs in strafzaken* [*Reasonable doubt: On evidence in criminal cases*], Amsterdam: De Kring.

Van Koppen, P. J. , De Keijser, J. W. , Horselenberg, R. & Jelicic, M. (eds.) (2017), *Routes van het recht: Over de rechtspsychologie* [*Venues of the law: On legal psychology*], Den Haag: Boom Juridisch.

McAuliff, B. D. & Bornstein, B. H. (eds.) (2015), *Beliefs and expectations in legal decision making*, London: Routledge.

Popper, K. R. (1934), *Logik der Forschung: Zur Erkenntnistheorie der modernen Naturwissenschaft*, Wien: Springer.

Popper, K. R. (1963), *Conjectures and refutations: The growth of scientific knowledge*, London: Routledge & Keagan Paul.

Prakken, H. (1997), *Logical tools for modelling legal argument: A study of defeasible reasoning in law*, Dordrecht: Kluwer Academic.

President's Council of Advisors on Science and Technology (2016), *Forensic Science in Criminal Courts: Ensuring scientific validity of feature-comparison methods*, Washington, DC: Executive Office of the President President's Council of Advisors on Science and Technology (Report tot the President).

Simon, D. (2012), *In doubt: The psychology of the criminal justice process*, Cambridge, MA: Harvard University Press.

The Federal Judicial Center (2011), *Reference manual on scientific evidence* (3rd ed.), Washington, DC: National Academies Press.

Wagenaar, W. A. (2006), *Vincent plast op de grond: Nachtmerries in het Nederlandse recht*, Amsterdam: Bakker.

Wagenaar, W. A. & Crombag, H. F. M. (2005), *The popular policeman and other ca-*

ses: *Psychological perspectives on legal evidence*, Amsterdam: Amsterdam University Press.

Willis-Esqueda, C. & Bornstein, B. H. (eds.) (2016), *The witness stand and Lawrence S. Wrightsman*, *Jr.*, New York: Springer.

前　言

　　本书是 1990—1991 学年间，我们与坐落于瓦森纳的荷兰人文与社会科学高等研究院（NIAS）联合研究的成果。感谢 NIAS 以及母校给予这次宝贵机会，让我们得以在研究院内度过大半年的时光。我们同时也非常感谢剑桥大学丘吉尔学院和应用心理学部学生会的热情招待。

　　早年我们几人曾合作完成《可疑之事：刑事证据心理学》（*Dubieuze Zaken：De Psycholgie Van Strafrechtelijk Bewijs*，Crombag，van Koppen & Wagenaar，1992）一书，这本书曾在荷兰法律界内外都引起了很大反响。本书也是基于对荷兰刑事案件的分析结果。由于书中对这些案件里发生的某些事情也秉持一种严肃的批判态度，所以人们可能会怀疑我们在批评整个荷兰刑事司法体系以及所有司法实务人员。然而并非如此。后文中我们将解释为什么这些案例中所观察到的错误具有普适性，尽管它们表面上部分特征也许有所不同。因此，本书不应被视为对荷兰刑事司法体系的挑战，而应是一种关于如何监管该体系的建议与批评。事实上，我们所了解到的每一种刑事司法体系似乎都忽略了许多人类判断中已被论述的易犯错误。我们之所以只以荷兰刑事案件为例，主要是因为它们比较便于收集和分析。

非常感谢本书写作过程中那些给予我们各种帮助的人们。作为一个团队，我们也受到许多律师的协助，他们为本书写作提供了大量的案例素材，同时也非常愿意与我们探讨这些案例。还有很多荷兰警察和法官也从职业角度为我们提供了许多宝贵意见。特别值得一提的是伦敦市法院院长——克里斯托弗·奥迪法官（Judge Christopher Oddie）。他作为研究合作伙伴加入我们，与我们一起在 NIAS 共同度过 3 个月的时光，并对本书部分章节提出十分宝贵的评议。当然，我们将对书中所有章节内容负责。

威廉·A. 瓦格纳

彼得·J. 范科本

汉斯·F. M. 克罗伯格

1993 年 3 月于莱顿/马斯特里赫特

目　录

本书致力于从心理学视角研究刑事案件中的证明问题。这是在插手法律事务，看起来可能有些傲慢，因为当今法律体系根植于传承数千年的法学研究之中，而且似乎已经可以很好地把握和处理自身问题。每一天，全世界的刑事法庭上都有嫌疑人在接受审判，无论是确认犯罪事实还是对被告人定罪、量刑，均遵循着严格且古老的程序。刑事诉讼法教科书早已写明诉讼程序应遵循的各项规则，因为规则一旦被破坏，某些重要决定将会失去意义。那么，一项心理学研究能为这种由来已久的惯例做出什么贡献呢？

我们将研究范围限制在这些规则的其中一个子集——证据规则，它们控制着事实认定的过程。有人会问，为什么这些规则对事实认定是必需的。确认事实是人类一直以来所做之事，我们要么通过观察生活世界，要么通过听取他人话语或阅读书面意见来完成。刑事法院的工作大多属于后一种情形，它必须记录其他人在特定时间、特定地点所发生之事。法官和陪审团应审慎地听取这些记录，证据规则的存在是为了防止他们过于轻信和盲从。有的证据规则规定，某些信息确定无疑但不能被列为证据，因此应不予以考虑或者至少应当忽略，而有些信息本身不足以定罪。但大多数时候事实审理者会采用自己的方式来做决定，比如依据生活经验或者他们遵循的逻辑或常识。在绝大多数简单案件中这些已经足够。然而，在日常生活中当事情变得复杂和困难时，我们的常识可能会行不通，事实认定将变得困难重重。

我们认为，刑事案件的证明问题很大程度上反映出一种心理学本质。这并不意味着所有问题皆具普适性，因为不同法系之间差异较大。相较于其他国家而言，大部分欧洲大陆国家似乎更信任事实审理者的理性和常识。欧洲大陆的证据规则很少，主要依赖常识判断，显然这无需编撰成法典；而美国有一套复杂的证据规则体系，这使得法院在这方面没有多少发挥空间；英国法律体系似乎介于二者之间。这种差异性源于历史，视国情而定，但绝非偶然，它们可能反映出人类认知能力的不同视角，甚至心理状态的不同类型。

2　　　将刑事证明视为心理学问题的第二个理由是，几乎所有刑事法律体系在证明上皆应用了这种或那种形式的"排除合理怀疑"标准。比如在荷兰，如果案件存在"充分地法律证明"，同时法院也"确信"被告人有罪，那么他可能会被裁判有罪。在这些规则下可能发生一种情况，即虽然存在充分地法律证明，但法院没有被说服相信被告人有罪。因此，这种定罪标准比仅要求存在充分的法律证明更为严苛。除此之外，法院还被要求给出判决理由。有鉴于此，我们将"合理定罪"作为法律证明的标准。在其他欧洲国家，如比利时和法国，法律没有规定用于证明的刑事证据必须属于特定类型或达到一定数量。如此一来，刑事案件证明标准只是审判者头脑的"内部定罪"。由于这些标准都与合理定罪的概念相违背，因此它们之间的差异性无足轻重。但有一点需要说明，合理定罪不苛求绝对确定性。这点理所当然，因为绝对确定性并不存在，它既不存在于真实生活之中，也不存在于刑事法庭之上。然而，哪怕只接受一丝不确定性也会将法官和陪审团的主观判断引入审判过程中。接受不完美的证据意味着必须存在一种判断标准。关于判断标准的定义和实际应用便属于心理学研究的主题。这项标准究竟是什么？法官和陪审团能在他们认为合适的情况下使用它吗？不论严重程度如何，这项标准都能或应当适用于所有犯罪类型吗？它能适用于所有国家所有类型的被告人吗？

研究刑事证明的第三个理由是，即使个人、法官和陪审团等在经验事实上认定一致，也未必在犯罪问题上达成共识。事实上，我们知道达成这种共识的程度低得惊人。在一项针对法官和陪审团一致性问题的调查研究中（Kalven & Zeisel，1966），我们发现这两类事实审理者仅在 78% 的刑事案件中能达成一致。审议工作开始时，陪审团成员之间往往存在着相当程度的意见分歧，因此可能需要花费大量时间进行激烈讨论，但最终未必总能将其消除。尽管不知道真实情况如何，但我们可以假设法官合议庭成员之间也会产生类似分歧，而且他们也会以类似方式进行处理。我们的确知道，在大多数大陆法系国家中同一案件可被审理两次，不同法院可能会基于相同证据对同一案件做出不同判决。我们不清楚这种分歧的根源是什么，但它绝不支持这样一种基本理念，即人类推理总能得出唯一正确的判决。因此，我们得出一个经验事实，即理性人基于相同证据亦可得出相反结论。作为一种制度，法律在诸多重要方面影响着人们的生活，它声称为绝对而永恒之正义服务，但显然其操作过程中无可避免的主观性依然令人感到担忧。关键是心理学能否为解决此问题提供一些帮助。

1.1 一则案例："薄弱证据"

一位父亲被指控曾对他女儿实施性侵。据称事情发生在 6 年前，当时女孩 15 岁。现在女孩与男友一起生活，并向他坦白一切，男友鼓励她向警方报案。然而，女孩的父亲否认这项指控，他说女儿可能在伺机报复，因为他之前试图阻止女儿离开家。为此他们曾发生激烈争吵，现在女孩捏造这项指控来报复他。荷兰刑事诉讼程序法规定，仅凭一名证人的证言不足以作为定罪依据。此类证言需要得到其他证据的印证，本案中控方的确也提供了补强证据。首先，有一份医学专家证言证明女孩已非处女。其次，父亲承认在指控的时间段内曾与女儿单独在家。这两条额外信息足以令法院判处父亲有罪。从逻辑上说，这两条额外信息并不能证明什么。女孩已经与男友同居，显然她已非完璧，而她的父亲当然也曾与女儿单独在家，哪个 15 岁女孩的父亲没有过这样的经历呢？但是，**从法律上说**，这些事实皆为合理证据。与女孩的证言一起，这些证据构成证据法要求的"充分"证明。确实，从逻辑上说这些证据并非完全不相关，因为它们可能成为伪造证据失败或成为构成反向证据的结果。也就是说，如果女孩一直是处女，或者父亲从未与女儿单独在家，那么所谓的性侵就不可能发生。地区法院的书面意见中列出指控被告人的证据包括：一名证人的陈述、一份医学专家的声明，以及部分招供供词。被判有罪后这位父亲提起上诉，荷兰上诉法院重审此案。但上诉并未成功，这位父亲因相同证据再次被判有罪。最终他向最高法院提起上诉，请求推翻原判。判决之前，最高法院听取了一位未参与案件的检察总长的意见。检察总长部分同意父亲一方的意见，他认为这起案件中的证据确实极为薄弱，但由于这些证据已经达到法律上要求的合理程度，所以下级法院的判决应予以维持。下级法院有权决定是否采信这项证据［地方自治条款（荷兰最高法院），1988 年 11 月 8 日，第 83887 号（未发布），Van Bavel & Verbunt，1990］。

　　初看起来，最高法院对于这起荒谬案件的判决似乎只考虑到法律问题，但仔细研究之后我们发现其中包含大量心理学问题。我们将对其中四点进行讨论。第一，最高法院的裁判强调了该体系对于事实审理者推理能力几乎完全信任。这次以及类似判决实际上是在鼓励下级法院将书面意见中的推理限制于证据的**合法性**上，而非解释结论的内在**逻辑**。所有现有证据都能与女儿的故事相吻合，但也能与父亲的吻合，这些同样的证据完全没能驳斥他的说法。从法律上来说，法庭的判决无懈可击，但从逻辑上看却十分荒谬。父亲的说法恰好与女儿相反，他给出一个女儿为什么要诬告他的合理理由。此外，我们知道类似案例中确实存在诬告情况。如果控罪本身并不存在，那么其他证据亦可伪造，因此它们也不会有任何证明价值。

　　所以，我们难以理解法院如何确信这位父亲有罪，但法律从来没有说刑事案件的判决必须合乎逻辑，虽然很多国家法律规定法院必须给出裁判理由。法院也许会在逻辑问题上保持沉默，陪审团也不必解释任何事情。在荷兰，法院有时为避免暴露他们的推理逻辑，只是简单地宣称判决书中列出的证据使他们确信被告人有罪，余下便让读者们自己去猜测这个结论究竟如何得出。但是，即使如此有限的说明也能让我们对司法推理过程有些了解，这比在普通法系国家来说更有可能实现。

第二，"单一证人原则"本身即涉及心理学问题，它表明只有一名证人的证言不能将被告人定罪。这项规则是荷兰刑事诉讼法中为数不多的证据规则之一。有人可能认为，需要追加的是那些能够支持或补强单一证人证言内容的证据。然而，构成补强的要素却未详细说明。由于单一证人原则法庭需要寻找更多的证据，因此它可能认为找到任何证据都可以，不管它是什么，只要它的内容多于或异于证人证言即可。这明显便是法庭对那位父亲所做的事。无论是医生的陈述还是父亲的供词，都无法为女儿的证言提供任何可信度，但法庭的观点恰恰相反。显然，补强是一个完全主观的概念，它不仅需要从逻辑角度也需要从心理学角度来定义。那么，什么应当以及什么能够说服人们相信陈述的真实性呢？

第三，"薄弱"的证明是一个非常奇特的概念。"证明"一词本身就令人困惑，因为它唯一（正确）使用的另一种语境是数学，但数学却无"薄弱"证明一说。一则定理，要么被证明，要么被证否。在经验科学里，我们（通常）不说数据或证据证明一个理论或者假设成立，而说证据或多或少支持这个假设。逻辑上，我们不必因为经验证据不足而放弃这个假设，也不必因为证据有力而将其视为真理。实证学科的学生倾向于认为每项假设或理论皆为暂时性的，也就是说每当出现新证据时，原有假设将发生改变。一般认为，法律推理中的证据可提供不同程度的证明，而无论某项指控被证明与否法院都必须给出判断。既然这种决定并不遵循严格的逻辑标准，那么必然反映出一种

5

心理学本质，同时它也属于法院自由裁量范围。我们的确不知这个决定如何做出。需要多少证据才足够？多项弱证据的作用能与少量强证据相同吗？法院如何判断哪些证据弱哪些证据强？这些问题相当普遍。如果有人了解英国或美国记录在案的错误定罪案例（Bedau & Radelet，1987；Young & Sergeant，1985；Rattner，1988；Waller，1989；Young & Hill，1983），他可能会想知道，在这些案例中，法庭如何在如此少的证据基础上裁定被告人有罪。然而，关于什么能构成充分证据，我们的概念显然与当时负责审理此类案件人员所界定的不同。既然我们并不觉得自己比这些人更聪明或者更有责任心，所以这里有些事情需要解释。被告人被一群人定罪，但其他人却无法光明正大地了解到他们是如何得出这个决定的。证据法没能阻止这些事情发生，因为在大多数有据可查的错误定罪中，判决没有违背证据规则。无论从法律上还是形式上来说，这些判决本身并没有错，只不过实际上它们判错了。

第四，也是最重要的心理学问题是，我们无法确定法院在判决解释中总会提及**每一件**判处被告人有罪的依据。上述案例中，是什么使得法庭认定父亲有罪？也许有些重要事情未在书面意见中被提及。难道是法庭注意到此类案件的有罪基本比率，即在性侵案件中诬告情况相当罕见？难道是因为法庭上受害人哭泣的样子楚楚可怜？或许是极力否认指控的父亲留下了糟糕的印象？又或许是法庭迫于社会反对乱伦的压力，于是放宽定罪标准？在某些国家这些考虑既不违法也无不当。我们可以大胆地猜测，陪审团会根据法庭上不同角色留给他们的印象来做出判断。我们似乎没有理由相信专业法官会不受这种印象的影响。在荷兰，被告人在法庭上留下的印象属于正当、合法的证据，因为它来自法庭人员自己观察的结果。法庭可能在判决书中提及这些考虑因素，但是他们很少这样做。这是否意味着我们的法院绝不会被这些印象说服，而只会被那些罗列在书面意见中的证据说服？

1.2 定罪问题

每场刑事审判中人们都必须解决两个重要问题：一是判断被告人是否有罪；二是如果有罪，应该施加怎样的刑罚。本书我们只关注第一个问题。定罪依次涉及三个需要判断的问题：

1. 身份问题：被告人是否就是实施犯罪之人？
2. 犯罪行为：被告人做了什么，他的行为是否构成刑事犯罪？
3. 犯罪意图：被告人的行为是蓄意的、鲁莽的，还是无意为之？

我们先讨论第三个问题，因为它本质上是心理学问题，同时也是众所周知的难题。我们如何才能知晓在过去某段时间里被告人的心理状态？是否有"心理状态"这种说法暂不考虑，我们可以通过观察犯罪进行时的情境来解决这个问题。比如，我们可从犯罪人提前购买凶器，或是他采用极其残忍的手段杀人来判断他的意图。但这也存在争议，比如也许犯罪人购买凶器只是为了恐吓受害人，或者事情突然失去控制，同时他也失去了理智。曾有一起案例，辩方声称，虽然被告人连砍受害人 35 刀，但当时他真的不知道自己在做什么，也没有打算杀人。也许他确实没有，日常心理学理论似乎并不排除这种可能。那么关于犯罪意图问题是否就交由法官和陪审团来决定呢？他们能否以某种程度的确定性来做出判断，从而达到"排除合理怀疑"的标准？这里有一例。

赫尔德先生（Mr. Helder）是一名同性恋，平日负责照顾一位老妇人——凯博丝夫人（Mrs. Kempers）。他对凯博丝夫人关怀备至，因此凯博丝夫人决定在自己去世后将一笔数量可观的财产留给赫尔德，而对她不闻不问的儿女们将不会得到分毫。凯博丝夫人的姐姐建议她嫁给赫尔德，那么她的财产便可以名正言顺地留给他。于是他们注册结婚，5 个星期后，凯博丝夫人去世。直到此时，她的儿女才发现母亲已经结婚，她的丈夫就这样夺走原本属于他们的一笔遗产。于是，子女们要求进行尸检。凯博丝夫人喜欢酗酒，许多医生给她开的药都不能与酒类饮品同时服用，否则会非常危险。凯博丝夫人去世当晚，赫尔德与平时一样将药与酒同时递给她。酒是库拉索的朗姆酒，酒性浓烈。喝完后数小时，凯博丝夫人便去世了。法医病理学家认为，凯博丝夫人要么死于酒精与药物的综合作用，要么死于急性心力衰竭。法庭决定选择前者，而且裁定赫尔德让凯博丝夫人服药的举动意图谋杀。在权衡病理学家给出的两种选项时，法庭认为赫尔德与凯博丝夫人结婚是为了谋夺她的财产，所以才得出这个结论。**因为**他想让她死，所以法院推断，凯博丝夫人是死于药物与酒精的综合作用，而非心力衰竭。后来，赫尔德被判有期徒刑 12 年。当本书完成时，赫尔德刚刚输掉他第三次要求审查该判决的上诉，不过他在服刑 6 年后被特赦。

7

在这起案例中，杀人动机不是从事发当晚发生的情况推断出来，而是从凯博丝夫人的死能为赫尔德带来经济利益这个背景下判断得出。这是一种奇怪的推理方式。因为它似乎忽略了一个问题：赫尔德与凯博丝夫人一结婚，他就已经合法拥有她一半财产。凯博丝夫人的死亡只能让他再得到另外一半财产的 1/3，其实这并不是一个特别强烈的杀人动机。而且，考虑到凯博丝夫人的健康问题、喜欢酗酒以及服药习惯，很显然用不了多久她便会自然死亡。事发当晚，赫尔德并没有递给凯博丝夫人什么特别的东西，只是医生开的处方药，而且医生也知道凯博丝夫人有酗酒的毛病。赫尔德想要继承凯博丝夫人大部分财产，这个意图本身既顺理成章也不算犯罪。因为，把财产留给赫尔德，这正是"凯博丝夫人想要做的"，她也曾与她的姐姐讨论过此事。凯博丝夫人年老多病，这一点她和赫尔德都清楚，因此并没有特别的理由需要加速她的死亡。所以经此分析，赫尔德试图在那天晚上谋杀凯博丝夫人的动机根本不明显。不过，更棘手的问题是法庭的逻辑：他们之所以认为同时服用酒精和药物会使人致命，不是因为病理学家如是说，而是因为**赫尔德想要凯博丝夫人死**。这是否意味着如果**没有赫**

尔德的杀人动机，那么同样的酒精加药物组合就不会致人死亡呢？法庭未能认真考虑这一点，除非其相信的是巫术。

第二个需要考虑的问题是犯罪行为，即被告人究竟做了什么，这些行为是否构成刑事犯罪呢？乍看这似乎与心理学无太多关联，就好像你要么抢劫银行，要么没有抢劫银行；你要么曾经性侵儿童，要么没有那样做。但是案件发生时，事实审理者并不在场，因此，判断犯罪行为不得不依赖于证据。

几乎无一例外，认定案件事实需要以受害人、证人、专家以及被告人的陈述为基础。法院必须相信其中一些陈述，否则将永远也无法得知真相。但这些陈述往往是模糊的、不完整的、令人怀疑的、矛盾甚至错误的，有时甚至是彻头彻尾的谎言。案件的重建是一个非常复杂的谜题，只有明确一些事情之后，它才能得到解决。比如，应该相信谁，应该怀疑谁，如何解释或重新解读这些陈述，使它们构成一个融贯的事件综述。很显然，这种决定基于一种信念，即哪种说法更合理，证人容易受到哪些错误的影响，出于何种原因他们会说谎或者隐瞒（部分）事实。我们可以根据法律来规范这些评判标准。比如英国采取"瞬间瞥见规则"。倘若证人只是一瞬间瞥见犯罪人，那么他们不被允许参与身份辨认测试。又比如荷兰采取的类似规则，同一起案件中共同被告人之间不能互相作证或辨认，因为他们具有明显的说谎动机。但到头来，一次特殊的相遇是否属于瞬间瞥见，一名特殊的证人是否不再被认为是共同被告人，或者他能否接受豁免条件转成"污点证人"而不再是一名共同被告人，这些都取决于法官与陪审团的决定。

这里有一个极端的例子，本案中被告人巴勃罗·布恩迪亚（Pablo Buendia）的犯罪行为完全不能确定。布恩迪亚与妻子奥莉安娜（Aureliana）住在荷兰一个狭小又拥挤的马略卡人社区。他们曾离过婚，但布恩迪亚对离婚后的生活深感不满。在一次聚会上，他恳求奥莉安娜回到他身边，遭到拒绝后，布恩迪亚十分绝望。在奥莉安娜和她的姐

8

姐玛格达莱娜（Magdalena）离开后，布恩迪亚一路尾随。从这一刻开始，关于后续之事的说法出现分歧，但毫无疑问结局并不难猜。布恩迪亚和奥莉安娜身上有多处刀伤，而奥莉安娜的哥哥阿弗雷多（Alfredo）被刺身亡。

布恩迪亚的说法是他在奥莉安娜面前，拿出刀朝自己胸口捅了几下，因为他想自杀，之后的事他完全不记得。奥莉安娜和玛格达莱娜也证实了布恩迪亚的话。玛格达莱娜甚至作证称刀子刺入胸口直至刀柄，但她又强调布恩迪亚之后拔出了匕首。奥莉安娜说阿弗雷多在保护她时被布恩迪亚刺伤，紧接着，布恩迪亚又先后刺伤自己的手臂和后背。而玛格达莱娜却声称，布恩迪亚在刺伤奥莉安娜后才扑向阿弗雷多，因为这时阿弗雷多试图将奥利安娜从布恩迪亚的手中解救出来。

姐妹俩说当时没有其他任何人在场，但这与她们的表兄路易斯（Luis）的说法大相径庭。路易斯说，布恩迪亚从未用刀扎伤自己，起初布恩迪亚与阿弗雷多和奥莉安娜发生激烈争吵，他还试图劝说布恩迪亚。然后，布恩迪亚拿出匕首先刺伤阿弗雷多，接着又刺伤奥莉安娜。这时路易斯介入，拉开布恩迪亚将他按在墙上。据他所言，当时至少还有另外十数人在场。但需要注意的是，奥莉安娜和玛格达莱娜两姐妹否认案发时路易斯在场。

法医学证据显示奥莉安娜的衣服上有自己的血迹以及一名陌生人的血迹，但这份血迹既不属于布恩迪亚也不属于阿弗雷多，而且阿弗雷多的衣服上同样沾有一名陌生人的血迹。因此可以推断，当时至少还有另外两个人在场，他们参与了这次打斗并且也受了伤。为什么姐妹俩都否认这两个人曾在现场？为什么其他人也没有提到他们？而且杀人凶器也失踪了。谁拿走了它？为什么拿走？通过检测布恩迪亚匕首的仿制模型，发现它留下的痕迹与阿弗雷多身上的伤口并不吻合，那么现场必定还有另外一把凶器，而且这把凶器与布恩迪亚的匕首不同。那么这又是谁的凶器？为什么两把匕首都从案发现场消失了呢？

大部分读者可能会对布恩迪亚案中混乱的细节困惑不已，它看起来就像一个写得十分糟糕的歌剧剧本，但却是一个真实的案例，在那个剧本中这些作者们可以验证他们知觉和记忆的可信度。是证人们陈述有误还是他们都在说谎？谁的证言可信？根据现有事实，我们认为布恩迪亚杀害阿弗雷多并非不可能，因为他当时在现场而且承认自己使用过匕首。但现有证据并不能使我们确信是他杀死阿弗雷多或刺伤奥莉安娜，或者两项皆有。真正发生了什么我们并不清楚，因为没有任何解释能够与我们现有已知事实相符。法庭很显然在没有查清相关问题的情况下，便宣判布恩迪亚蓄意谋杀和故意伤人罪名成立，判处其5 年监禁。

身份问题也许是实验心理学家研究最多的一项课题。其中理由非常充分，因为据我们所了解，超过50%的冤假错案是由不正确的辨认结果引起的（cf. Rattner, 1988），毫无疑问这是心理作用的结果。我们将在第 7 章详细讨论目击证人辨认嫌疑人身份的问题。在这里我们想引起对另外一种身份问题的关注，这个问题在我们研究中遇到过很多次。它发生在案件中存在一名以上的嫌疑人，而且难以确定他们之中究竟谁才是真正的犯罪人时。格兰纳特家族案（Graanhout family）正是这样一个例子。

艾哈迈德·格兰纳特（Ahmet Graanhout）与玛利亚·维尔斯曼（Maria Vriesman）是一对夫妻。艾哈迈德是黑人，他妻子是白人。他们有一个 18 个月大的女儿，名叫玛哈尔（Machal）。玛哈尔并非艾哈迈德亲生，而是玛利亚与艾哈迈德的哥哥所生。一天晚上，他们一家三口驾车从鹿特丹市前往芬洛市。夫妻俩都是瘾君子，途中他们停车数次以解毒瘾。后来，他们将车停在威尔特镇附近的一个停车场内，亲热一番后，艾哈迈德下车去小解。从此刻起，艾哈迈德与玛利亚的叙述出现分歧。艾哈迈德说，10 分钟后他返回车内（瘾君子都有排尿困难问题），他发现玛利亚靠着车怀抱女儿，女儿已经浑身冰冷。但玛利亚说是艾哈迈德将女儿带走，20 分钟后返回时他怀里抱着浑身冰冷的女儿。之后他们的叙述再次统一。艾哈迈德试图以人工呼吸的方式

9

救醒女儿，但没有成功。他们把车开到威尔特镇上求医，最后，在当地的一家医院里玛哈尔停止了呼吸。尸检结果显示，玛哈尔的头部和腹部受伤严重，最后死于内脏出血。艾哈迈德和玛利亚之中必有一人对玛哈尔施加过暴力，但究竟是谁？

后来，警方逮捕了这对夫妻，但很快将玛利亚释放。由于玛利亚的告发，艾哈迈德被指控谋杀。法庭给出的证据包括两个方面：玛利亚的证言（根据单一证人原则，这并不足够），以及玛哈尔的尸检报告，证明她被殴打致死。根据荷兰证据法，这已构成定罪的充分证据，当且仅当证据也能说服法庭。但后者提出了一个难题，因为从逻辑上来讲，现有证据在对玛利亚提起指控上同样具有说服力，即艾哈迈德的证言加上孩子的尸检报告。玛利亚的证言也值得怀疑，若不告发艾哈迈德，她自己便是唯一可供选择的嫌疑人。鉴于艾哈迈德的证言也适用同样的论证，这就产生一个身份问题：他们其中一人（或者两人）是杀害玛哈尔的凶手，这些证据虽然从法律上来说充分确凿，但在逻辑上并不足以给任何一方定罪。

这起案例说明定罪需要一个复杂的推理过程，其中必然充斥着大量的主观判断。通常，在这个推理完成之后，可以辩解的是，这个结果在法律上是可以接受的，即使推理没有遵循任何明确定义的法律或逻辑规则。格兰纳特家族案就是这样的例子。警方认为，艾哈迈德是嫌疑人而玛利亚是证人，但他们从未给出这样判断的理由。或许因为警方相信，母亲不会杀死自己的孩子，或者他们认为男人比女人更暴力，黑人比白人更暴力；也许作为一个失去孩子的母亲，玛利亚的话更令人信服；又或许是因为她在艾哈迈德指控她之前先提出指控。我们永远无法得知事实真相，不过当警方找到人证和尸体，就已经足够对艾哈迈德提起公诉。按照这一原则，法庭有两种选择，一是尽力确认事情真相，二是查证所提供的证据在法律上是否足够提起诉讼。最终法庭选择后者，而且认为这些证据符合最低法定起诉要求，即一个证人加上其他证据。这从法律上来说并无不妥，但从逻辑上来看却存在一定问题。资料显示艾哈迈德有前科，同样也是因为虐待玛哈尔，法庭知道这一点却未将其列入证据之中。法官们是否可能通过使用他们不想承认的证据来解决逻辑问题？

从以上所有案例来看，地区法院均确信被告人有罪并将其定罪，法院的书面意见也没有表达任何程度的不确定。所有案例皆由上诉法院重审，被告人也都被再次定罪。有些案件甚至诉至最高法院，最高法院（在法律问题上）维持了上诉法院的判决。如此看来，司法推理与常识逻辑之间明显存在巨大差异。那么，在刑事案件中事实审理者是如何进行推理的呢？

1.3　法律决策检验理论

本书旨在为刑事案件的法律决策过程提出一套理论支持，即锚定叙事理论。该理论最主要的观点是，事实审理者依据两个层面的判断来进行决策：首先，评估控方提出的案件起因及其经过的叙事是否合理；其次，考虑这种叙事是否可借由证据锚定在某些常识信念上，即在大多数情况下人们普遍认为这些信念是正确的。该理论的具体内容将在第 2 章详细阐述。在这里我们先谈谈如何检验其他法律决策理论，然后再解释为什么选择锚定叙事理论作为我们的研究方法。

想要研究刑事案件中法律决策问题，人们只需要求法官或陪审团重述他们的决策过程即可；也可以要求他们边想边说，以便证实其推理过程；另外，第三种方法是构造理想案例，系统性地操控相关要素，同时研究这样做给决策所带来的影响。

我们选择另一种研究方法，异常分析法。任何推理理论都会预见某些异常的出现，即在特定情况下，推理可能推导出错误的结论。如果人们发现这些异常，则可作为该理论能够预见异常的证据；倘若不能，则说明这些异常无法被该理论预测识别。当然，最佳异常是那种只被一种理论预见到的异常，因为一旦它被发现，即可证否其他无法预测它的所有理论。这样的异常被称为"关键异常"。这类研究策略

11

的优秀成果之一便是卡内曼与特韦尔斯基的关于判断和决策中的启发式方法研究（cf. Kahneman, Slovic & Tversky, 1982）。

我们用锚定叙事理论对语料库中 35 起刑事案例进行检测，这些案件都在荷兰接受审理。它们之所以被纳入我们的语料库，是因为每起案例中至少有一次判决被认为背违常理，这使我们对被告人的定罪问题产生质疑。"可疑定罪"定义如下：要么因为对证据评估不尽相同（在大陆法系国家这极有可能），地区法院的判决被上诉法院撤销；要么即便被告人被（再次）定罪，辩护律师仍然坚信他的清白。经过分析，这些案例中的不少案例都可归入"关键异常"，这是因为我们的锚定叙事理论能够预见这些异常的产生，而其他现有的法律决策理论却不能。例如，在某些案例中控方叙事明显不实，比如布恩迪亚案。锚定叙事理论指出，之所以发生此类情况是因为人们根据与案件事实无关的方面来评估叙事的似真性，而且锚点还来自经过选择的证据子集。其他理论，我们将在第 2 章中简要概述一些，则无法解释（法院）如何能得出一种与（部分）证据存在明显冲突的裁决。本章后半部分我们将致力于为异常检验策略提供说明与辩护。

1.4　安全定罪和可疑案例

我们语料库中的案例决不代表刑事法庭上经常发生的情况。法院审理的绝大多数刑事案件不存在任何法律上或者逻辑上的问题。嫌疑人作案时即被当场逮捕，他们清楚地交代一切作案过程，现有证据如此令人信服，因此无罪辩护也失去了意义。一项关于随机抽样的 233 起荷兰刑事案例研究表明（Van de Boor, 1991），至少有 88% 的案件属于这种简单案例。我们可称之为"安全定罪"。然而，对司法系统运作性能的真正考验不在于安全定罪，而在于剩下 12% 的案例，这正是我们所谓的"关键案例"。关于被告人存在两种可能，他或她要么有罪要么无罪；同样地，判决结果也分为两种，有罪或无罪。于是便有四种可能的组合，如表 1.1 所示。

表 1.1　刑事审判四种可能结果

被告人	法院判决	
	有罪	无罪
有罪	命中	漏判
无罪	错判	否决

　　我们称这种图表为性能评估表。性能评估表包括两类正确结果："命中"指将有罪之人定罪；"否决"指宣告清白之人无罪；当然也包括两类不良结果："错判"指将清白之人定罪；"漏判"则指放走有罪之人。在88%安全定罪的案件中几乎全部属于命中的结果，即有罪之人皆被定罪。这些案例中无论在判断有罪或无罪上，对事实审理者在推理方面的要求并不太高，如果还有所要求的话；尽管如此，做出一个合适的判决依然可能存在问题。只有剩下的12%关键案例会造成事实审理者判断困难。因此，司法决策的质量应当取决于性能评估表中12%关键案例所反映的结果。

　　虽然这些关键案例的性能数据无法建立在经验事实基础上，但我们可以对其做出相对合理的评估。首先，正如范·德波尔指出（Van de Boor，1991；这些数据适用于荷兰，其他国家的统计可能有所不同），大约91%的被告人被判有罪。因此，在12%关键案例中，3%的被告人被定罪，9%被无罪释放。其次，有一项人们普遍接受却难以验证的假设，即95%的被告人确实有罪。根据此假设，在12%关键案例中，7%的被告人有罪，5%无罪。最后，许多刑事案件记述者指出（如Rattner，1988），约有0.5%的刑事案件以错判收场。因此，对于这些法院必须运用推理能力做出判断的12%关键案例，它们的性能评估表也许正如表1.2所示。

13

表 1.2　法院在 12%关键案例上的决策表现

被告人	法院判决		
	有罪	无罪	共计
	(%)	(%)	(%)
有罪	2.5	4.5	7.0
无罪	0.5	4.5	5.0
共计	3.0	9.0	12.0

　　如果表 1.2 中的描述接近现实，那么说明法院没有很好地履行他们的职责。若我们参照第 4 章中更精确的标准来解释表 1.2，即使粗略分析也不难看出，在 12%的关键案例中，1/6 有罪判决的被告人实属无辜。威格摩尔（Wigmore，1937）指出，漏判 20 个有罪之人也远胜于将一个无辜者定罪。换而言之，每 20 个判决中错判的数量不应当超过 1 个。表 1.2 说明要实现这个目标还需要走很长一段路，因为表中每 9 个漏判中就有 1 个错判。这说明在审判过程中法院有过度定罪的倾向，或者说没有足够重视被告人在逻辑上无罪的可能。

　　如果我们对表 1.2 的分析与事实相距不远，这意味着即便在荷兰这样小的国家中（约一千五百万人口），每年约有五百起错误的有罪判决。而且，很可能大部分案件的辩护律师和被告人都有十分充足的理由提出异议。遗憾的是，在另一类案件中，2.5%的辩方也试图以这种不确定性大声抗议，即使他们的被告人真的有罪。在这种情况下，如果至少在逻辑上可能存在某种程度的怀疑，那么大声抗议还是有意义的。

　　前文定义的可疑定罪逻辑上可归入 12%的关键案例中。法院之间意见不一或者辩护律师坚称被告人无罪，这样的关键案例有多少我们不得而知。或许只是极少数，甚至可疑定罪在关键案例中可能不具有代表性。不过在每起可疑案例中，法院显然都否认或忽略了被告人逻辑上无罪的可能。因而,可疑案例代表了某种案例类型,在这些案例中法院基本上确实涉及某种法律问题的解决或司法推理。我们将尝试重构这种推理过程如何进行,以及如何得出最终结论。

我们通过向刑事律师索取两类案例来收集可疑案例。第一类是地区法院裁判被告人有罪但上诉法院判其无罪。由于地区法院与上诉法院通常都以相同信息作为判决依据,因此这些案例引发我们想去探寻不同判决的根源。第二类是两级法院皆判被告人有罪,但辩护律师坚信当事人清白且能说明缘由的案例。

两类可疑案例会形成一种比错误定罪范围更广的案件类型。后者只包括那些被告人被判有罪,但最终得以还之清白的案件。在许多可疑案件中,人们无法证明被告人是否清白,事实上他们真的很可能有罪。不过这种判决仍可被质疑,是因为现有证据没有在逻辑上完全排除被告人无罪的可能。错误定罪属于可疑定罪的一个子集。在错误定罪的案件中,人们可以证明事实审理者的**结论**是错误的;而在可疑案例中,大多数时候我们只能证明事实审理者的**推理**出了问题,有时候也可以证明他们是如何以及为什么犯错。

我们选择可疑案例而不是错误定罪作为研究对象的优势在于前者数量上更多。经证实的错误定罪案例十分罕见,即使发现也实属偶然。

1.5 仅限荷兰的案例

本书旨在处理司法决策中普遍存在的问题。任何国家的刑事审判中,即使缺乏足够信息进行严谨的逻辑推理,事实审理者还是必须裁判被告人是否有罪。先不考虑刑事证据规则的适用问题,这种司法决策所涉及心理学难题与业已确立的法律体系并不相关。当然,不同法律体系对案件处理方式不尽相同。例如,之前那位被指控性侵女儿的父亲,在英国他可能会被法院宣判无罪;在美国检控官或辩护律师可能建议他接受辩诉交易;而在其他国家起诉或许会因证据不足而被撤销。

14

不过，所有法律体系都包括一个核心要素，即事实审理者必须根据已呈交的证据来判断被告人的控罪是否成立。所有决策者都会面临决策过程中固有的心理学问题。决策者在任何法律体系下进行决策，都需回答一些特定问题。比如，证据如何证明这项控罪？或是，如果某个判断中的逻辑无需或实际上不由事实审理者来解释，那么我们如何才能把握此类决策的过程？什么情况下某个证据能印证另一证据？什么情况下法律证明足以定罪，什么时候又太薄弱而不应被接受？哪些未呈交甚至未被接受的证据，能比那些明确提出且合理或合法的辩护理由对裁决更有决定性影响？

15 　　谈及我们正在处理的是一种普遍现象，我们必须承认定罪判刑或无罪释放都有赖于证据和刑事程序的适用规则，而这些规则在每个国家的表现不尽相同。一项号称能被广泛运用的研究必须能从局部现象中抽离一般本质。这种抽离要求全面地、彻底地理解和把握各类法律体系。那么接下来的问题是，作为心理学家，我们自称要研究推理的普适原则，但我们却不能假装了解所有或甚至大多数国家的法律体系。解决这一问题的方法是我们将研究限定在自身最了解的法律语境中——荷兰刑事诉讼。我们只评述荷兰的案例、荷兰法院的判决以及荷兰法官的推理。然而，我们的目的是在这个层面上抽象和概括信息，再从一般意义上讨论可疑案例中普遍存在的心理学问题。我们相信可以做到这一点。

　　以下几点对我们的调查可能有所帮助。第一，众所周知证人证言未必总是可信。在大多数国家，证人必须出庭复述证言，并且接受交叉询问。因为在许多案例中，证人证言是唯一有效的证据，所以仔细审查其可信度非常重要。证人证言是否可信或在何种程度上可信，是我们这项研究需要解决的主要问题之一。荷兰法律体系为这方面研究提供了一个难得的契机，因为证人很少在开庭时出庭作证。大多数证人的证言会以书面形式送至法院，由警方或预审法官起草。只有在法院明确要求的情况下，证人才会亲自出庭作证。这种诉讼方式尽管从某些意义上令人有些遗憾，但它却为法院评估证人可信度提供了有意义的帮助。因为人们可能会想在这种制度下，法院只会传唤可信度遭到怀疑的证人。人们可将这种方式与人类信息处理实验相对比。在那些实验中，研究员为了记录信息的使用情况，受试者只能按照要求接收零散消息。所以，荷兰（以及欧洲大陆的一些国家）采用这种粗糙且与众不同的做法可为我们提供十分有用的见解（参见第 3 章）。

第二，在许多国家，被告人是否有罪由陪审团来决定。在此之前，预审法官需向陪审团提供案件证据综述并且解释它们的法律和逻辑含义，但陪审团却可以根据任何他们认为合适的理由来做决定，而且无须给出任何解释或辩护理由。荷兰法律体系没有设立陪审团制度。任何重要的刑事审判都要由三位法官组成的专家小组进行督导，地区法院和上诉法院均是如此。两级法院都有完全审判权。定罪和量刑皆由他们来决定，同时也必须给出判决的理由。无论人们如何看待这种制度，即规定法院必须给出判决理由的义务，这相较于那些缺少此类信息的国家来说，能为我们的研究提供非常有用的信息。

第三，根据荷兰法律规定，已被定罪的被告人有绝对权利提起上诉。如果案件有足够影响力，多数被告人都会提出上诉。重大刑事案件几乎无一例外地经过两次审判程序，虽然这么做导致司法效率相当低，但也为我们研究同一案件中不同法院判决的差异性提供了可能。

只研究荷兰刑事案例的结果就是，我们无法讨论关于陪审团决策方面的任何具体问题。在我们提到的案例中，无论何时提到法庭，都是指由三位专业法官所组成的审判小组。然而，这种范围限定并不意味着我们的讨论与实行陪审团制度的国家无关。在事实判断方面，我们并不认为专业法官在推理问题上与陪审团成员之间存在着巨大差异。其中一个原因是，实际上专业法官很大程度上也必须依赖常识判断，对此我们将在下一章进行解释。另一个原因是，陪审团的决策大多在预审法官帮助下完成，由法官们决定哪些证据可采，他们会在证据综述阶段明确界定陪审团面临的大部分问题并提出解决方案。充其量人们可以争辩说，那些对于专业法官而言也难以抵挡的谬误，很可能在推理时给缺乏系统训练的陪审团成员带来更大的威胁。

本书中，我们都会以这种方式提出所要讨论的案例，即在无需寻求更完整的案件描述，或是无需更全面地了解荷兰法律的情况下，理解案例中的心理学问题。本书不展开讨论阿基拉（Akirya）案，因为所有关键要素都能在其他案例中找到。案件更多细节请参见克罗伯格、范·科彭以及瓦格纳合作的著作（Crombag，Van Koppen & Wagenaar，1992；in Dutch）。

1.6 案例的收集与分析

1990 年至 1991 年间，我们收集了 35 起可疑案例组成了一个语料库。其中 23 起来自我们咨询的辩护律师，他们提供的案例至少满足可疑案例两项标准之一。剩下的 12 起案例也都满足同样标准，取得资料的原因是本书的一名撰稿人曾作为这些案件的专家证人。虽然我们语料库中的案例并不能完全代表荷兰所有的刑事审判，但我们相信它们足以代表之前定义的可疑案例。必须强调的是，撰稿人们并不相信这 35 起可疑案例的被告人全都清白无辜。恰恰相反，在下一章节对案例的详细讨论中，我们将揭示这 35 起案例中绝大多数被告人都犯有重罪。我们怀疑只有 5 个被告人可能无辜，这一比例极其接近表 1.2 的预测，即每 6 次有罪判决中出现一次错判。这 5 起被我们怀疑的判决中，4 起在上诉中被推翻，这恰好得出我们语料库中可能的冤假错案占比为 1/35。语料库的案例有一个共同特征，即没有从逻辑上证明被告人有罪。

研究每起案例我们首先要问的是，如何证明被告人有罪。通过对比地区法院和上诉法院的书面意见，或者法院意见和辩护律师的论证，我们很快确定了与后续研究相关的问题。比如，在亨德里克斯先生（Mr Hendrix）的案例中，这个问题便是他是否在领取失业救济金期间另有收入来源。亨德里克斯称，前段时间他曾因收割芦笋获得一些报

17

酬。地区法院因此将其定罪。但他的辩护律师在上诉时却递交了一份证据，它表明亨德里克斯在大部分指控提及的时段中具有完美的不在场证明。被告人的不在场证明，同时被目击证人、文档记录甚至警方笔录所确认！因此，本案的问题在于法庭并未就这份不在场证明询问亨德里克斯。荷兰实行的是纠问制体系，法院有责任对此类问题进行提问，但为什么他们没这么做？在不考虑不在场证明的情况下，他们如何解释定罪理由？从更抽象的层面上来说，这个问题变成，即使应当承担提问责任，法院在多大程度上被会被动地等待控方和辩护律师将信息送到他们面前。如果证实荷兰法院大量无视提问责任，那么这个问题会相当严重，因为这个任务无人能取而代之。在纠问制体系下，辩方不能独自进行事实调查。实际上，这种法律体系使得事实调查十分困难，之后我们会谈到这一点。不过，人们可以分析个案，来定义在其他案例中也能继续探讨的各种议题，通过这种方法可使事实调查成为可能。倘若法院的消极态度实际上反映出纠问制在逻辑上的基本缺陷，那么它也会成为实行对抗制体系国家研究的兴趣。比如，公众对释放"马奎尔七人案"（Maguire Seven）被告人的反应。英国媒体称，如果英国的刑事系统实行纠问制会更好，他们以法国为例。关于这个问题也许英国应该再好好想一想。

　　我们将在以后的章节里逐一讨论这些问题。其他一些问题也属于心理学与法（学界通常这样表述）的研究领域，但没有出现在我们的案例中，因此不会进行讨论，比如测谎。由于荷兰法律不承认测谎证据，因此我们无法研究其在审判思维中的作用。对真实案例的彻底调查似乎揭示了相当多令人震惊的异常。异常本身已经为我们的锚定叙事理论提供了一种辩护。无论是内省法，或是要求事实审理者在真实或理想案例中边想边说，都无法揭示极端的异常，而这些现象恰是导致许多其他法律决策理论失效的原因。

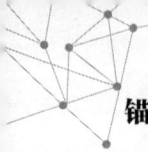

1.7　隐私问题

不同国家处理刑事案件隐私保护问题的方式不太一样。荷兰的惯例是媒体报道案件时会隐匿受害人、被告人以及证人的全名，然后以首字母代替。刑事案件在法律通告中普遍也采用匿名形式，如住在 X 镇的 A 先生。这与美国的情况正好相反。在美国，媒体全程跟踪报道整个案件，而且一些重要的判决会以案件被告人的名字命名。鉴于我们的案例均来自荷兰，因此应当采用荷兰的规制。为方便识别案例，我们选择虚构人物和地点名称，而不是以首字母缩写代替。如果可能，我们也会更换案例中其他不重要的细节，比如种族、职业、年龄、事发时间，甚至处理案件的法院（但最高法院除外，因为只有这一个）。原则上判决属于公共事务，但以研究为由获得案件完整资料的可能性很小。我们对案件的大多数了解都来自辩方律师，他们赋予我们接触这些档案的全部访问权限。我们也曾参与其中一些一审阶段或上诉审阶段案件的审判。

1.8　描述性理论和规范性理论

锚定叙事理论本质上主要是描述性的，它旨在描述法官如何思考。但是，用来检验该理论预测极限的这 35 起可疑案例，揭示出荷兰司法实践中存在的弱点与缺陷，它们很可能也存在于其他国家法律体系之中。在我们看来，这些弱点与缺陷源自一种潜在且错误的法庭决策理论。比如，如果相信法官是依据事实推理出结论，那么无须质疑其结论是否被事实所支持，因为无事实无结论。另外，如果假设法官根据控方起诉书及相关文件中叙事的似真性得出结论，那么即使这个叙事没有得到事实的充分支持，也很可能会被当作真实发生过的事情被采信。这种为了确保司法推理有效而采取的保障措施，很大程度上取决于所使用的司法推理理论，即我们相信这种推理如何进行。这就是锚定叙事理论也具有一定规范性价值的原因：它主张要规定哪些保障措施是任何一种刑事裁判制度都必须提供的。我们将在之后的章节中适当给出一些该理论的规范性结论，特别地会第 12 章 "普适证据规则"中详细说明。

本书中提到的一些发现令我们感到震惊。我们并未意识到这些事情真实地发生在法庭上，我们也没有预料到一些原本微不足道的事情居然能成为如此根本性的问题。许多例子看起来也许很离谱，起初我们以为它们只是荷兰法律体系下的典型案例，其他国家不会出现类似情况。然而，在本书写作过程中其他国家出现数起引发公众高度关注的错误定罪案件 ［如 "英国的基尔福四人案" （Guildford Four），"伯明翰六人案" （Birmingham Six），以及 "马奎尔七人案"］。我们也了解到美国也发生了同样触目惊心的案件，由伊丽莎白·洛夫特斯和凯瑟琳·柯茜所记述 （Elizabeth Loftus & Katherine Ketcham, 1991）。这些案件表明刑事裁判问题并不仅限于荷兰。我们团队中一位在比利时教授刑事证据心理学课程的教师发现，他的学生也能轻而易举地收集到可疑定罪的案例。

质疑我们研究的一个简单借口是，鉴于我们专门搜集异常案例，所以语料库中这 35 起案例不能随随便便就代表整个法律体系。关于这点我们有大量反驳理由。首先，从逻辑上说，一起案例足以发现问题，因为经过分析我们发现，这些问题是由法律体系的**系统性**错误所引发。相较于统计数据，法律界更习惯与模棱两可的信息打交道。其次，尽管只收集了 35 起可疑案例，但我们能不费吹灰之力就收集到这些案例的事实恰好说明，一定还存在更多的可疑案例。事实上，当我们完成案例收集后，律师还在不停地送来案卷，再收集多一倍的案例易如反掌。文献资料表明，0.5% 的刑事案件都以错误定罪告终。我们发现收集到的 35 起案例中有 5 起属于错误定罪。5/35 比值 95% 的置信区间为12%，也就是说，错误定罪与可疑案例之比最多为 1:4。换句话说，至少有 2% 的刑事案件在缺乏逻辑上可接受证据的情况下被错误定罪。很难说这 2% 的案件量可以被忽略不计，特别是当人们意识到刑事案件基

19

数如此之庞大，何况对于法院来说，只有 12% 的刑事案件需要严肃认真的思考。

最后，我们之所以相信这 35 起案例具有可疑案例的类型特征，是因为其中存在的问题似乎并非随机形成。相反，我们意识到问题直接源自法官和陪审团的心理思维图示，他们无法运用比启发式思维更好的推理方法，而那种思维方式容易产生错误人尽皆知，而且现有法律系统还没有为此提供足够的防护措施。现行刑事判决程序存在产生严重错误的风险。在许多情况下，这些风险如此之高，以至于在最新心理学成果基础上修订法律程序和证据规则已经成为迫在眉睫的任务。接下来的章节旨在证明这一观点。

第 2 章　锚定叙事理论

本章中，我们将概述关于司法推理的一般理论。开始之前，我们必须解释一下为什么对现有理论不太满意，虽然某些理论乍看下很有道理。这些理论大致分为两类：逻辑推论理论和假设检验理论。

2.1　逻辑推论理论

从逻辑角度来描述"事实认定者"如何完成他或她的任务，就是假设他或她先确定案件事实，再根据逻辑推论判断被告人是否犯下刑事罪行。这种逻辑思维背后隐藏着三种基本假设：

> 首先，存在一些事实；
>
> 其次，这些事实能被客观地而且在某种程度上准确地重构；
>
> 最后，确定事实与根据事实进行逻辑推论是相互独立的过程，二者之间具有先后承接性。

从哲学和实践角度来说，这三个假设皆可争辩。比如，人们通过为事件命名的方式来确定事实，而选择不同的事件名称不可避免地反映出事实认定者的不同目的，与此同时事实也因名而异。"他谋杀岳父""他开枪打死受害人""他扣动了手枪扳机"都可以描述同一事件，但它们的含意相差甚远。"手枪"一词隐含着对某种机械如何运作的了解，以及它的一般用途。"凶器"则隐含更多信息，因为它预设某人被

这件武器杀害。同时，它还意味着受害人已经死亡而非只是受伤，也暗示受害人不是因其他武器而死，也非死于意外。通过为事件命名来确定事实必然蕴含着关于这个名称意义的推论。

从诸多事实中进行推论会遇到更多的问题。例如，如何认定某人犯下盗窃罪。某些特定事实是否能将某种行为定性为"盗窃"，不仅取决于这些事实是什么，还取决于盗窃的明确概念是什么。在法律中，第二个问题一般通过在法律上列出的详细规定来实现。法律上构成"盗窃"需要符合四个要件：

> 财物；
>
> 隶属他人；
>
> 被非法占有；
>
> 存在永久占有他人财物之意图。

定性盗窃所需的事实可直接根据上述要件寻找。验证这些事实看上去只需遵照顺序一项项检验即可，然而，这样做可能会使问题变得更加复杂。比如，究竟什么是财物？一辆自行车是不是财物？应该是。那么一套计算机程序、一首诗歌或者一项制造工艺呢？显而易见，人们可以拥有一辆自行车，那么人们是否可以像拥有财物那样拥有一种想法？律师们必须按照上述规定的要件回答这些问题。我们可以核对构成财物所需的要件，再看看案件事实是否满足（成为财物）"要件之要件（的要求）"。即便如此，问题可能还是没有得到解决，因为满足要件之要件本身也可能取决于其他要件。如果我们要逐一核实这些要件，那么这种证明方式可能会演变为一种层层嵌套的无限倒退。

威格摩尔（Wigmore, 1937）将这种无限倒退描述为一种需要被证明的事实被划定到大量待证事实之中的过程，在某些情况下它们可以构成证据性事实。威格摩尔似乎认为这些待证事实能够尽如人愿地被准确划分与界定，这暗示着法律证明能达到人们所期望任何程度的精确性。

我们认为得不出这样的结论。这种寻找要件之要件的无限倒退只是在拖延问题而不是解决问题。最终，证据必须与这些要件相匹配，但我们很难看出法律规定要细分到何种程度才能使这种匹配不存在任何问题。"匹配"意味着证据满足要件时才能得出可靠的结论，而只有当证据仅允许存在一种解释时，这种结论才是可靠的。然而现实中，解释往往不止一种。以盗窃意图为例，证明存在意图是认定盗窃的必要条件之一。那么，如果详细规定意图的概念能让证明更容易些吗？恰恰相反，起初看似十分明确的概念，在列出详细规定后会变得越来越容易发生变化，而且最终会将我们引入关于自由意志的哲学讨论中。

一个同样棘手的问题是哪些能算证据。不同法系的证据标准各不相同。例如在美国，被告人的犯罪记录不容许作为证据（除非他们在自己的案件中作证），因为这些信息被认为会对被告人预设偏见。然而在荷兰，会**要求**法院留意被告人是否有犯罪前科，而且没有不允许将此信息作为其他案件证据的规定。对荷兰法官来说，了解被告人的犯罪记录显然不意味着预设偏见，但同样方式对于美国的陪审团而言即是如此。在某些国家，证人必须出庭作证而且只讲述他们本人所看到或听到之事；书面证言只在特殊情况下才可被接受为证据。在实行预审法官（或调查法官）制度的国家，法院可能接受书面证言作为证据，而这些证言来自于早前记录。如果不清楚哪些事实可以被接受为证据，我们又如何实现证据与要件之间相互匹配呢？

法学家们尝试通过几种方式来解决哪些事实可以被认定为证据这个问题。美国学者威格摩尔（Wigmore，1937）曾区分三种证据类型：

> 亲验之物，呈递上法庭以供人们"亲自"验证之物，比如通过他们自己的眼睛；
>
> 言词证据，即证人的陈述；
>
> 环境证据，即"不能直接证明案件某个事实的证据，但与这个事

实相关，而且能够通过它推出这个事实"（Curson，1978，p. 15）。

班纳特和费尔德曼（Bennett & Feldman，1981）提出另一种证据分类法，包括：直接证据，这个证据涉及犯罪发生的**情境**，行凶者的**意图**，以及犯罪**实施**的方式；环境证据，关注作案的**时机**，作案的**动机**和实施犯罪的**能力**。不过，这些定义对解释哪些事实能构成证据没有实质性帮助。根据班纳特和费尔德曼的观点，犯罪意图是直接证据的要素之一，但目前尚未可知人们如何收集有关意图的直接证据。而在威格摩尔的分类中，犯罪意图可能是"环境证据"的一种形式，因为意图既不属于法官可亲自验证的客体，也不属于证人可直接观察的事项，意图只能通过推论得出。因此，这两种证据分类法是相冲突的，而且在解决我们案例中的犯罪意图问题上，如赫尔德先生是否有意杀害年迈的妻子凯博丝夫人，并没有太大帮助。

"环境证据"听起来比"直接证据"证明力更弱一些，这是否意味着案件关键点应由直接证据而非环境证据来证明？那么在任何案件中，刑事证明中每个核心问题（身份、犯罪行为和犯罪意图）是否至少都应被某个直接证据所证明？或者，就这一点而言，是否有必要为这些要点提供完整证明？是否有必要根据法规列出的条件来得到完整的证明？在这种背景下，"单一证人"规则是何种意义——是说任何要件都无法仅凭一个证人（的证言）而得到证明？还是说这项规则只在案件作为一个整体时才应用？

法学家们不太可能考虑过这个问题，而且他们已经找到了该理论的逻辑延伸，或者很快能找到它。然而，更重要的问题是，证据不会总以理论要求的方式存在。有时证据会缺失，并且人们使用任何手段都无法获寻。例如，杀人犯经常持有凶器作案，但凶器未必总能找到。缺少凶器是否会影响定罪，或者在无法确定具体凶器的情况下谋杀仍可被证明？其他证据虽然可用，但也许会含糊不清或无法确定。比如，辩方证人可能说他在晚上 10：00 至 12：00 之间在酒吧见过被告人。

这是否能提供被告人晚上 11：45 至 12：00 之间的不在场证明？一名证人可能说她有 90% 的把握认出嫌疑人，或者她认出他的大体形态，这是否意味着那名嫌疑人就是犯罪人？这些不精确的描述如何匹配那些规定要件？要匹配多少才足够？

如果存在冲突证据，这些问题便会成倍激增。有些证人说布恩迪亚刺伤了他自己，而另一些说他没有。法官应该相信谁？那些提出几近无止境细则要求的法律条件又能为做出这种决策提供怎样的逻辑支持？最糟糕的是证人可能会说谎。如果不同证人之间的证言没有矛盾，法官又如何知晓他们是否在撒谎？而哪些逻辑基础能为可靠判断提供依据呢？

我们的 35 起案例无一例外地都充斥着上述问题。然而，没有任何迹象表明哪个法律逻辑理论可以帮助法官解决这些问题。这些案例清楚表明，根据法学理论提供的范式进行逻辑推论并不能解决问题；而对真实案件的调查也表明，法官实际上并不遵循逻辑方法进行判断。这个结论在我们介绍完 35 起案例后会得到更深入地理解和认识。所以，我们将在第 12 章中再次谈到这个问题，不过目前为止已经讨论过的几起案例足以说明这一点。

让我们来看一下赫尔德先生的案例，他被指控谋杀凯博丝夫人。读者也许还记得，赫尔德先生和凯博丝夫人原本打算结婚，以便赫尔德先生可继承凯博丝夫人的部分财产。结婚 5 个星期后，凯博丝夫人去世但死因不明。病理学家提出两种可能：要么她死于所服药物和酒精的综合作用，要么死于急性心力衰竭。之后，另外两位病理学家复检证据，表示她可能死于康式综合征。这种疾病由于肾上腺病变性生长引发，可同时解释酗酒问题和急性心力衰竭。肾上腺病变性生长在尸检过程中得到证实，从而引出一个问题，即最初是否真的存在犯罪行为。法庭很可能没有采信这些专家的意见。不接受法定谋杀条件不会改变专家有力的意见，但法庭提出了一种全新定义谋杀的情境概念，即当嫌疑人意图谋害被害人时，谋杀便已成立。我们非常肯定，它会 24

在法律上给界定谋杀概念带来实质性变革。

我们继续讨论布恩迪亚的案例，他被指控故意刺伤他的前妻奥莉安娜，并且杀害了她的哥哥阿弗雷多。如前所述，在奥莉安娜和阿弗雷多的衣服上发现另外两名陌生人的血迹，但没有发现布恩迪亚的血迹。根据法医鉴定，阿弗雷多的伤口不是由布恩迪亚的匕首所造成。据此推断，在案发现场一定还存在另外两名陌生人以及另一把匕首。然而，没有任何证人提及此事，他们也许真的遗忘，也许在说谎。逻辑上无法证明是布恩迪亚而不是那两名陌生人杀死了阿弗雷多。如果我们假设证人们对两名陌生人的存在说了谎，那么法庭判布恩迪亚有罪必然基于如下假设：尽管证人在故事的某些方面说了谎，但他们仍然在关于谁杀害阿弗雷多的问题上说了实话。不过，没有任何合理的法律证明理论或其他相关理论会为这种假设提供辩护。

法官和陪审团先确定案件事实，再根据事实进行推理，针对这个理论存在两点争论。第一点没有合乎逻辑的方式来做到这一点。第二点我们认为更有说服力，即经验数据不支持这个理论。没有任何迹象表明法官的确按照这种逻辑进行推理和判决。

2.2　假设检验理论

逻辑推论是一个自下而上的过程：从事实出发通过推断得出结论。然而，证据终须符合法定要件，并且满足这些要件的要求，这便使得上述过程颠倒过来。法学理论决定哪些事实与案件相关，哪些事实需要人们寻找。人们如同执行既定搜查方案那样对要件的最终清单进行核查。与既定方案不符的事实被认定与案件无关，从而被忽略；其他事实之所以符合，是因为法律规定已经限定人们需要找寻怎样的事实。如此一来，逻辑推论变为一个自上而下的过程，先有（盗窃、强奸、谋杀等罪行的）假设，再从中认定事实。犯罪意图并不是从既有事实推论得出，恰恰相反，人们寻找和呈现某些事实正是因为它们能够证明犯罪意图。这种对我们思维过程的描述更接近于审判期间实际发生的情况。司法审判始于控方的开庭陈述，也就是说呈交证据在此之后。法官（或陪审团）不是根据证据得出指控，而是相反。因此，如果我们将审判过程重建为一个自下而上的推论模型看起来似乎不太自然。这种自下而上的过程与科学家如何得出科学结论的方法类似。科学家 25 首先提出某个假设，接着收集相关数据，然后根据数据修正假设成立的概率。经由多次"实证循环"，修正后的概率可能达到一个预先设定的标准值，超过标准值即认定这个假设为真。由此可看出，对于一个真假设来说，无论初始概率多么低，只要它大于 0，在收集足够数量数据支持后便可使其概率接近于 1。司法决策过程显然与之非常类似，无论一个人起初多么相信一名实际上有罪被告人清白无辜，当证据不断累积，他的罪行便越来越明显，直至最后达到某种公认有罪标准，无论哪种都可以。

这种司法决策理论中人们需要回答以下一系列问题：初始概率如何设置？如何确定证据的诊断值？有罪的修正率是多少？定罪标准如何界定，受到哪些因素影响？在回答这些问题的同时，我们也将证明，之前针对逻辑推论理论提出的两点争论也适用于此，即逻辑上无法实践这个理论；而且在实践中，审判者们也不是这样决策的。不过，应当铭记的是，虽然这两点争论看上去十分类似，但它们所针对的两个理论完全不同。实际上，它们刚好互为对立面。逻辑推论是一种自下而上的过程，起于事实终于结论；而假设检验是一种自上而下的过程，起于结论然后寻找事实，目的是检验结论是否成立。

我们将假设检验模型数学公式的提出归功于 18 世纪的牧师托马斯·贝叶斯（Thomas Bayes）。模型的原理比较简单，它假设决策者对某个假设的真实性持有一定先验信念。这个信念度在数学中用概率表示，也就是说它的值域介于零到正无穷之间。这个概率值可以通过将假设为真的概率 p（true）除以为假的概率 p（false）得出。因此，先验信念或先验概率可表示为：

$$先验概率 = p(true) / p(false) \qquad (2.1)$$

例如，当 p(true) 为 0.80，p(false) 为 0.20（这个假设要么为真要么为假），那名先验概率是 0.80/0.20 = 4.0。在刑事审判中两种不相容的假设分别是，被告人要么"有罪"，要么"无罪"。不过，为保持前后一致我们继续称之为"真"或"假"。新证据的出现为修正先验信念提供契机，并使之转化为后验信念。它可通过将先验概率乘以证据的诊断值（diagnostic value）得出。

26

$$后验概率 = 先验概率 \times 诊断值 \qquad (2.2)$$

证据的诊断值可根据如第 1 章中列出的性能评估表数据计算得出，它可以通过第 1 章表 1.1 中 4 个单元格的其中两项，命中与错判的数值来计算。表 2.1 给出一例关于列队测试的效能。这个测试的诊断值等于命中与错判之比，即 0.75/0.05 = 15。接受这个比值的基本理解是，当一名嫌疑人被成功辨认，那么他或她有罪的可能性是无罪的 15 倍。这里注意，命中与错判都用概率来表达，而且每一行的概率之和为 1.0。这与第 1 章表 1.2 不同，因表中每行概率之和并不相等。我们称这两种性能评估表分别表示，未修正基本比率和已修正基本比率。证据诊断值通常从已修正基本比率中计算得出。我们将在第 4 章中解释这样做的原因。

如果先验概率为 4.0（如前例所示）而且证据诊断值为 15（如表 2.1 所示），那么后验概率为 4.0×15 = 60。或者 p(true) 和 p(false) 现在是 60/61 和 1/61，这分别等于 0.984 和 0.016。贝叶斯的理念是，每接受一项新证据，修正过程都须被执行一次。即接受 1 号证据的后验概率，是接受 2 号证据之前的先验概率。因此，当存在 N 项证据时，我们将接受任何信息之前的先验概率乘以所有证据诊断值，以此获得接受 N 项证据后的后验概率。如下所示：

$$后验概率＝先验概率 \times D(1) \times D(2) \times \cdots\cdots \times D(i) \cdots\cdots \times D(N) \tag{2.3}$$

根据这项公式我们可以为定罪过程建构如下模型。法官在被告人有罪问题上持有一种初始信念值。鉴于受到法律中颇受尊崇的无罪推定思想影响，这种初始信念值理应非常低。当控辩双方呈交证据后，法官将评估每一项证据的诊断值，并以此调整他或她关于被告人是否有罪的信念。最后，所有证据呈递完毕后，被告人是否有罪的信念就得以确定。这时该信念值将与"排除合理怀疑"标准相比较，如果有罪信念值超过此标准，那么法官将认为被告人有罪。

表 2.1　列队测试结果

(Wagenaar and Veefkind，1992)

被告人	被告人在列队测试中	
	辨认失败	辨认成功
有罪	命中	漏判
	0.75	0.05
无罪	错判	否决
	0.25	0.95

上述描述中我们尽可能避免使用数学术语，如我们提到信念值，而不是概率，而且使用诊断值代替计算过程。这样做的原因是：我们不建议法官实际上也采用这种运算方式进行裁决。以贝叶斯模型为例只是一个类比，它并非对定罪过程的细致描述。但即使如此，这个模型也十分有用，它可以帮助我们确定一系列重要问题，并且为一项关键性测试提供可能。我们先列出这些重要问题。

2.2.1　先验信念

无罪推定要求法官在被告人被证明有罪之前假定其无辜。然而，从数学意义上说，这个概率不可能为零。假如先验概率是零，那么无论一项证据的诊断值多高，都无法使后验概率，即先验概率乘以证据诊断值之积大于零。所以，初始无罪信念值绝不可能为零，法官必然持有一丝怀疑被告人有罪的信念。我们不知道这个信念具体有多强，但有很多理由能让我们相信这个信念实际上相当强烈。一个主要原因是它反映出有罪基本比率：在刑事案件中，95%的被告人确实有罪。如果认为这种基本比率从不适用于具体案件，那么这种想法对于法官来说自然吗？另一个原因是，多数法官在开庭之前就已经阅读过案卷。这对最终判决的影响至关重要，而且这种影响已经得到许乃曼（Schünemann）及其同事进行的一系列研究的证实。其中一项研究（Schünemann，1983）以两组职业法官作为实验对象。第一组法官被要求开庭之前阅读案卷，而第二组则被限制提前阅读。实验过程没有设置陪审团参与，这意味着法官不得不靠他们自己来审理案件，这在纠问制法律程序中十分常见。所有提前阅读案卷的法官都裁判被告人有罪；而在同样的证据下，第二组仅有27%的法官裁判被告人有罪。这项实验结果表明，案卷中所包含的控方起诉意见以及支持该意见的证据，会严重影响法官的先验有罪概率。当案件进入审理阶段，控辩双方呈递的证据会减轻提前阅读案卷所带来的影响。然而，因提前阅读案卷又怀有偏见的法官，只需少量证据便会裁定被告人有罪。在许多纠问制体系中，法官被要求庭审之前提前阅读案卷，因为大部分证据在开庭后不再呈交到庭。有鉴于此，我们很难相信无罪推定原则并非一种空谈。

在实践中，先验信念如何形成呢？让我们来看丹尼·瑞克布勒姆（Danny Rijkbloem）的案例。瑞克布勒姆被指控持枪杀害了女友妮可（Nicole）的父亲。妮可的双亲曾要求她与瑞克布勒姆断绝来往，因为瑞克布勒姆是一个有暴力倾向的男人，还牵扯各种小偷小摸的勾当。案发当天，妮可父母陪同女儿到男友家收拾衣物，男友不愿意妮可离他而去，于是他们之间爆发了激烈争执。之后发生了什么？妮可和她

28

母亲说，瑞克布勒姆拿出一把手枪，从大约半米处近距离射杀了她的父亲。但是瑞克布勒姆说，手枪是妮可母亲从手提袋中掏出来的，那是一把德林格（Derringer）手枪（大口径短筒手枪），并且指向他。为扭转枪口，他将妮可母亲的手往下压。正在此时，手枪走火并意外地击中妮可的父亲。无论当时究竟发生了什么，妮可的父亲已然身亡。

现在我们来思考一下，瑞克布勒姆杀死妮可父亲的先验概率是多少？有人估计是一千五百万分之一，因为荷兰人口是一千五百万；加上无罪推定原则，在没有任何证据的情况下瑞克布勒姆的有罪概率和其他所有人一样。这个观点看起来有些可笑，因为当时案发现场只有4个人，1名是受害人，其余3个人可以分为两个阵营，瑞克布勒姆自己一方，妮可和她母亲是另一方。因此，先验概率为1/2可能是比较合理的初始值。有罪基本比率也可以为我们提供另一个初始值：根据经验在刑事案件中，95%的被告人确实有罪，而只有5%的人实属无辜。因此，先验概率（有罪与无罪之比）可以设为19。

鉴于这些方法有待进一步说明，我们在此可以先得出一个结论，即没有合乎逻辑的方法来确定先验概率。瑞典心理学家戈德史密斯（Goldsmith，1980）提出的变体模型能避免这个问题的出现。他建议在证据未确定之前不去预估先验有罪概率，不过他提出的"证据价值理论"仍存在缺点。

2.2.2 诊断值

法官如何知道证据是否具有判断有罪的价值？性能评估表，如表2.1中的数据并不能给法官提供什么有用信息。关于这个问题有一个经典案例，柯林斯案（*People v. Collins*，68 Cal. 2d 319，1968），由芬克尔斯坦和费尔里记述（Finkelstein & Fairley，1970）。本案中，一名老妇人被一名扎着马尾的金发女子抢劫，劫匪随后乘坐一辆黄色跑车逃逸，开车的是一名留着八字胡并有一脸络腮胡的黑人男子。案发后数日，警方逮捕了一对符合条件的情侣。一位统计学专家通过以下估算概率计算出符合条件的证据诊断值：

　　黄色跑车：1/10

　　留八字胡的男子：1/4

　　留络腮胡的黑人男子：1/10

　　扎马尾的女子：1/10

　　金发女子：1/3

　　跨种族情侣：1/1000

29　　　接下来我们计算这些性质的联合概率，结果是一千二百万分之一。如果我们假设受害人对劫匪的描述无懈可击，那么命中率为 1.0，即所有真正的犯罪人均符合上述条件。错判率为一千二百万分之一，这意味着存在符合条件但无辜之人的概率非常低。因此，符合描述的诊断值为 $1.0/(1/12\,000\,000) = 12\,000\,000$。任何法官对这个结果都会相当满意。但是，这里自然也存在些问题。首先，最明显的莫过于我们如何得知黄色跑车、留八字胡的男子、扎马尾的女子等这些性质的概率？这些概率是如何估算的？这些数据是针对美国全境，或是加州、洛杉矶，还是案发现场所在的城郊？区域越精确，数据的适用性越高，然而我们对数据来源一无所知。还有一问题是，最后的诊断值只是将这些概率简单相乘，仿佛它们是互相独立的事件。留着八字胡的男子不会同时也留络腮胡？金发女子扎马尾的频率比黑发女子更高吗？

　　特勒布在其著名的论文"通过数学进行审判"（Tribe, 1971）中批评了这种方法，因为我们并不知道这些性质的合理概率，以及它们之间是否互相影响。此外，有些诊断值是原则上人们无法获知的，而非偶发原因导致如此。比如，关于招供的诊断值。威格摩尔认为，一份供词是最具有诊断值的证据，但何以见得？评估招供的性能需要命中和错判的数据，即供词中有多少是实话，多少是假话？我们将在第6章解释为什么无法获得这些信息。

2.2.3　概率修正

　　如贝叶斯模型所示，上述概率修正过程中预设了一些非常不切实际的性质，补偿便是其中之一。补偿指的是，一项颇具诊断值的有罪证据，能被若干证明无罪的事实累积起来的效果所抵销。比如，在瑞克布勒姆案中，警方没有在受害人身上发现火药残留。因此，按照妮可母女的说法，瑞克布勒姆在半米左右近距离开枪射杀妮可的父亲，这是不太可能发生的事情。这项结果反而十分符合瑞克布勒姆的说法，即女友母亲在约两米开外因枪支走火而误伤了自己的丈夫。但在贝叶斯模型中，这种不可能性可以通过不断累积各种欠缺说服力的论据而被补偿抵销。如妇女们出门鲜少携带枪支；无人证实妮可母亲拥有一支手枪；枪支走火事件不常发生，等等。这些足够数量的所谓低诊断值的"事实"，最终抵销了一项可能具有决定性的证据。另一个问题是诊断值的独立性。假设妮可称瑞克布勒姆的手枪上贴着价格标签。这件事本身就不太容易被观察到，所以它并不能为妮可说看到瑞克布勒姆手里持有武器增加太多可信度。类似地，妮可母亲单方面说法的效力也是如此。倘若二者同时给出类似的观察陈述，就算单人陈述本身效力微不足道，二者叠加在一起却能取得压倒性胜利，即我们欣然接受瑞克布勒姆手里持有武器这个结论。之前的贝叶斯模型无法表达陈述之间互相影响的情况，对于互相矛盾的陈述亦是如此。假设，根据妮可所言，瑞克布勒姆拿枪指向她，毕竟她才是威胁要离开的人，然而子弹却意外地击中她的父亲。同时，假设她的母亲称瑞克布勒姆朝她的父亲开枪，是因为他试图让女儿摆脱瑞克布勒姆的纠缠和拉扯，两个陈述皆为瑞克布勒姆开枪提供了合理动机，因此都可以赋予一定的诊断值。但同时，二者又相互矛盾，所以二者不应能互相增加诊断值。贝叶斯模型无法表达证据之间互相影响，也无法将它们的诊断值合并在一起考虑。瓦格纳（Wagenaar，1991）针对贝叶斯理论处理司法决策相关问题展开进一步讨论。在某种程度上，他是在乔纳森·科恩（Jonathan Cohen，1977）概率分析司法决策的基础上进行研究，内容不止包括贝叶斯理论。

30

2.2.4 定罪标准

最后，我们来讨论一下定罪标准问题。支持有罪的比例多高才能够将被告人定罪？贝叶斯模型没有解释该如何选择这个标准，甚至未说明这种标准是常量还是变量。比如说，违反交通规则判处罚款的标准是否等同于刑事案件中判处死刑的标准？有人可能说，法官对后者的裁判应当更谨慎。法官在审理一起多项强奸指控的案件时，是否应当降低定罪标准，以防因误放犯罪人而导致新的受害人出现？考虑判决可能导致的后果能否为定罪标准的多变性提供合理的辩护理由？贝叶斯理论没有回答这个问题，但信号检测理论能提供一些答案。我们将在第 4 章中详细解释。

总而言之，法律决策的贝叶斯模型所引发的问题似乎无可避免。然而更重要的是，没有任何证据说明法官实际上在运用贝叶斯式的推理进行决策。这一点在我们分析完 35 起可疑案例后可能会更容易被理解和接受。在这里，我们仅举一例来说明，运用贝叶斯推理如何得出一个与两次庭审都大相径庭的结论。我们回到之前的瑞克布勒姆案。

之前提及，瑞克布勒姆被指控开枪打死他女友的父亲兰伯特先生（Mr. Lammerts），但从对现场的描述得出两个不同的故事。女孩和她的母亲声称是瑞克布勒姆从约半米外故意开枪打死受害人。当他意识到自己的所作所为后，瑞克布勒姆离开家，跑到最近的电话亭打电话报警，同时叫了一辆救护车。7 分钟后，他返回公寓。警方到达时，母女俩指控瑞克布勒姆谋杀，因此他被立即逮捕。但是，瑞克布勒姆的叙述却与妮可母女截然不同，他说手枪是妮可母亲从手袋里拿出来的，它是妮可父亲前阵子送给妻子用来防身的武器，因为他们开的面包店前段时间遭到抢劫（但警方称没有找到这次抢劫的相关记录）。由于兰伯特夫人拿枪指着他，所以他下压她的手腕，从而导致手枪意外走火，子弹从大约两米外一个较低的位置射中兰伯特先生。瑞克布勒姆离开家去到电话亭时，恰好有一名女士正在使用电话。他告诉她发生了紧急状况并希望她帮忙报警，这位女士照做了。（后来这名女士被警方找到，并且证实这一点。）从案发地点到电话亭有相当一段距离，瑞克布勒姆必须在 7 分钟内跑一趟来回。当他快到家门口时，母女俩探出窗外大叫："就是他！抓住他！"警方恰在此时出现。

瑞克布勒姆的出身不太好，他是一名黑人而兰伯特一家都是白人。兰伯特家族是富裕的中产阶级，而且之前从未牵扯任何罪案。瑞克布勒姆则是毒贩的儿子，留有盗窃车辆的案底以及一些小偷小摸的前科。之前他对妮可动过几次手，这件事情也不是什么秘密。而在另一起案件中，瑞克布勒姆也被指控谋杀，但最后判其无罪释放。他在那起案件中为自己辩护的理由与这起案件相似，都称是其他人（如妮可母女）为了掩饰自己涉案的事实而诬告他。在庭审过程中，法庭对这些信息都有所了解。根据贝叶斯理论，这些信息将提供极高的有罪先验概率。然而，此时出现如下证据。

经过硝烟反应检测，瑞克布勒姆手上并没有火药残留，这是一项具有极高诊断值能证明他清白无辜的证据。在案发现场，瑞克布勒姆坚持要求对兰伯特夫人的手也进行硝烟检测，但警方没有回应这个请求。

杀人凶器一直没被找到。母女俩声称是瑞克布勒姆去电话亭时带走了凶器，他肯定已在途中将凶器丢弃。虽然警方为此进行过一次地毯式的搜索，但没有发现任何枪支的踪迹。之后母女俩又说可能是瑞克布勒姆开着车去丢的凶器，这样一来，他可以将手枪丢在任何一个地方。她们说瑞克布勒姆的汽车曾开动过。但在 7 分钟时限内，一个人就算驾车也去不了太远的地方。那个在电话亭的女人也不记得附近曾有一辆汽车出现。当时没人想到去检查汽车的引擎是否还有温度。同时，瑞克布勒姆要求警方对母女俩进行搜身，因为手枪藏在她们其中某个人的身上，对于这个请求警方还是没有采取任何行动。因为对于警方而言，事实从一开始貌似就很清楚，谁是犯罪人，谁是证人。

瑞克布勒姆使用的据说是一种抛壳枪，也就是发射子弹时弹壳会从抛壳窗中抛出。然而，导致受害人丧命的那枚子弹的弹壳迄今仍未

32

被找到。对此警方没有任何给出解释，母女俩也未曾作证说是瑞克布勒姆捡走弹壳。这一点从瑞克布勒姆方来看却显得十分诡异，因为德林格手枪射击时不会退弹壳。

兰伯特先生的鼻孔被击中，但他脸上并未检测到硝烟痕迹。这意味着他不是像母女二人说的那样，从半米外的距离被击中。反而瑞克布勒姆所说兰伯特先生在两米开外被击中的可能性更大。

子弹从头部下方射入，这与母女俩的陈述不符。瑞克布勒姆的供词则符合子弹射入的角度：他向下按压兰伯特夫人的手臂从而导致枪支走火。

所有这些证据都与母女俩的证言格格不入。即使法庭对瑞克布勒姆本身持有偏见，考虑到上述证据也应当能将瑞克布勒姆有罪的先验信念降低到定罪标准以下。退一步说，就算因为所有偏见因素使得先验信念高于定罪标准，通过重新审视这些证据，法庭也应当将后验信念降低至定罪标准之下，特别是它们表明瑞克布勒姆有罪的可能性极其低。但事实恰好相反，地区法院裁定瑞克布勒姆有罪，并判处 8 年监禁。上诉法院改判为 7 年监禁外加入院令（强制治疗，一般为精神健康方面问题），这是雪上加霜。法院对于这项裁决的解释发人深省。他们并不像上述贝叶斯模型规定的那样，通过权衡所有证据的概率得出结论，而是从那些支持指控的证据中选择现有证据来使用，并且无视其他证据的存在。在判决时，法庭表示被告人有罪的证明包括两个部分：两名证人的证言（即兰伯特夫人和她的女儿妮可）以及一具尸体。法庭未对母女俩的陈述与法医证据之间的矛盾点做出评论，对于他们来说，这些证据貌似不存在。那么，母女二人的证言能被采信吗？这是一个很有意义的问题。因为如果母女俩没有率先指控瑞克布勒姆，那么她们自身难逃嫌疑。但法庭对此只字未提，更别说做出解释和说明。

在我们看来，这起案例说明法官并没有运用贝叶斯假设检验理论进行裁决，我们单独讨论这起案例只为说明这一点。对其他 34 起案例的研究和分析表明，没有一起案例依照贝叶斯假定检测理论能够得出法院实际判决的结果。

2.3　锚定叙事理论

33

2.3.1　故事语境与故事事实

锚定叙事理论并非我们原创，其他学者也提出过类似想法以及完成一些前期工作。班纳特和费尔德曼（Bennett & Feldman，1981）的著作《在法庭上重构事实》（*Reconstructing Reality in the Courtroom*）开篇即以"刑事审判围绕着讲故事来进行"展开论述。他们认为，法官的工作是判断控辩双方所呈现故事的**似真性**。叙事理论与认知心理学有着源远流长的历史（cf. Rumelhart，1975）。该理论认为证据的意义来自某个故事的语境，离开上下文证据将失去意义。以瑞克布勒姆案为例，除非你了解案件背景，否则即使得知警方发现他汽车的引擎仍留有温度，也不会对证明他杀害兰伯特先生有所帮助。控方的说法是瑞克布勒姆驾车去弃置凶枪。由于瑞克布勒姆否认曾使用过汽车，因此若汽车引擎留有温热可以证明他在说谎。脱离故事的事实无法证明任何事情，正如乔治·霍曼斯（George Homans）的名言："从一堆松散的事实中我们得不出任何东西。"法院不能仅依靠事实来进行判断，而只能根据故事来做出决定。有两方面因素能影响故事的可信度：一是故事本身有多"好"（稍后会给出具体定义），二是支持故事的事实证明力如何（我们不是指客观的事实，它的意义完全不同，稍后我们也会给出解释）。

从故事语境中推出意义是一种人所共知、也很容易说明的效应。下面的例子来自鲁梅尔哈特（Rumelhart，1975）。

1. 玛姬（Margie）紧紧地抓着她漂亮新气球的绳子。
2. 突然，一阵风刮过，吹跑了气球。
3. 风将气球吹到一棵树上。

4. 气球刮到树枝，破了。

5. 玛姬哇哇大哭。

这个故事暗含一些隐藏信息，即使它们未必真实。比如，文中暗示是风把气球吹跑了。但绳子不是拴着气球吗？玛姬不是紧紧地抓着绳子吗？还是说风太强，所以玛姬抓不住绳子？风的律师在法院上可能会做如下辩护：句子 1 和句子 2 是矛盾的。实际情况是玛姬的手先松开绳子，放开气球，**然后**风才将气球吹跑。句子 4 暗示气球破了是**因为**刮到树枝。但这句话只表明刮到树枝和气球破了是并列关系，气球可能是因为其他原因才破的，比如一个小男孩用弹弓打破气球。句子 5 说，玛姬哇哇大哭，我们假设是她因为丢了气球，但她也可能因为其他原因大哭，比如她被那阵狂风吓哭了。我们同时推断，玛姬是一名小女孩。如果事实证明玛姬是一个小男孩的母亲，那么当时她又是为谁抓着气球呢？

34

人们会不自觉地填补故事中空缺的情节，同时赋予这些陈述一定意义，即使它们本身可能并无此意。另外，人们可能精心地编纂故事，但故事中隐含的推论却与事实不符。比如这个例子，米斯特斯夫人（Mrs. Meesters）是马歇尔·罗维勒案（Marcel Rotweiler）的证人，罗维勒被指控抢劫了一家银行。米斯特斯夫人称，她看到两名男子飞快地跑过古德莱根广场，其中一人跳上一辆汽车并扬长而去。车子是红色的，当时是早上十点左右。这个证言的问题在于，抢劫发生在上午十点半左右，而且根据起诉书，逃逸用车是一辆蓝色的尼桑。控方辩解说米斯特斯夫人只是弄错汽车颜色和目击时间，而不是没有亲眼目击劫匪逃逸。为什么呢？因为她向警方提供了准确的车牌号码：PM-30-PL。关于米斯特斯夫人如何记下这个车牌，警方的笔录很有趣："我看到车牌号码，然后记住它。接着我走到图书馆将它写下来，号码是 PM-30-PL。"

和玛姬的故事一样，很多信息被隐藏在这段话中。比如，米斯特斯夫人记忆中的车牌号码与她看到的一致；她到图书馆写下的号码与记忆中的一致；最后她写下的号码即是向警方提供的号码：PM-30-PL。最后一句的推论缺乏证明，因为警方没有取得写着号码的原始纸条。那么，纸条在号码被转抄之后就被扔掉了吗？"车牌号码是 PM-30-PL"这句话暗示它来自米斯特斯夫人的口供，但实际上这个信息来自警方。警方称车牌号是 PM-30-PL，并暗示该信息是从米斯特斯夫人的口供或写有号码的纸条上得出。但是，在警方为米斯特斯夫人做笔录时，早已得知逃逸车辆的号码，因为其他证人已经向警方提供这项信息。如果再次审视上段文字中的最后一句话，你会发现它并没有明确表示米斯特斯夫人提供的车牌号码就是逃逸车辆的号码。这四句话的排序方式暗示米斯特斯夫人提供了正确的车牌号，但实际并非如此，更进一步说，它们缺少证明。有人可能会问，警方为什么会遗失纸条这么重要的证据。是因为他们做笔录时发现米斯特斯夫人的证言不可靠吗？警方报告中有一段文字大意与最初的说法的十分契合，但却传递出另一番含义：

> 米斯特斯夫人说她看到车牌号码并努力记住它，然后走进图书馆写下号码。她将写有号码的纸条交给我们（警方），但是这个号码和我们所知道的逃逸车辆号码，即 PM-30-PL 并不吻合。

35

如果人们通过故事语境推断事实的意义，那么他们很可能从同一组事实中得出两个大相径庭的故事。这当然是辩护律师们的惯用策略。比如以下例子：

某日清晨，两名黑人男子抢劫了武尔登市的一个超市。警方接到报警后立即出警追捕驾车逃逸的劫匪。车子在尼沃海恩市停下来，两名劫匪弃车逃跑。警方紧随其后，但在一个被护城河与花园围绕的城堡附近失去劫匪的踪迹。没多久，警方在护城河中发现一个名为雷蒙德·哈纳克（Raymond Haaknat）的男子。警方相信他是劫匪之一。哈纳克当时穿着运动短裤和一件 T 恤，警方认为他在护城河对岸脱去了上衣。之后，警方确实在河对岸找到一件运动衣，但哈纳克否认衣服属于他。那么，哈纳克为什么会在早晨七点半，穿着如此单薄的衣服待在脏兮兮的护城河中呢？哈纳克是这样回答的。他有一个叫本尼（Benny）的朋友欠他一些钱，他们约在这里还清欠款。但本尼按约而来后身上却没带钱，于是他俩打了起来，哈纳克还掏出一把匕首。正在此时，他听到警方在追捕劫匪，于是他打算逃离这里。他以为警方是来逮捕打架闹事者的，所以他跳入护城河中躲了起来。

上述两个故事大相径庭，但却基于同样的事实。我们之所以选这个例子，是因为警方的版本比哈纳克的版本显得更合理些。哈纳克的故事暗指警方搜索劫匪与他藏匿在护城河中只是一个巧合，但这个故事也未必完全不可能。从逻辑上说，人们需要更多证据来证明这两个故事哪一个才是真的（如果有的话）。在第 3 章中我们将讨论，某个故事的似真程度是人们选择相信这个故事而非另一个的基础。

2.3.2 故事的优度

什么能构成一个既好又似真的故事？不同领域的研究者，如文学、人类学及人工智能等，都曾尝试回答这个问题。鲁梅哈特（Rumelhart, 1975）、罗宾逊（Robinson, 1981）和范·迪克（Van Dijk, 1980）都曾提出故事法则，即一个完整成形的故事所必须遵循的规则集合。然而，问题是他们提出太多互不相同的法则，我们应当选哪一种？最终，我们选择班纳特和费尔德曼（Bennett & Feldman, 1981）提出的故事法则，因为它特地为司法语境而设（可与杰克逊的理论相对比，Jackson, 1988）。他们得出这些法则的方法十分有趣。他们要求 58 个学生依次讲述一个故事，其中一半人要求讲述真实的故事，而另一半则讲述虚假的故事。每个人讲完后，其他人来猜这个故事是真的还是编的。这种猜测自然是随机的，但被学生们接受为真的那些故事所反映出的某些共性，是那些被拒斥为真的故事所不具备的。这些共性特征是：一个易于识别的核心行为，以及能简单、合理地解释为什么行

36

为人会这样行动的故事语境（背景设置）。

　　一个好故事的所有元素都要与核心行为相连结，不能独立于故事之外。语境则为这个核心行为提供一个完整且令人信服的背景，来解释为什么这个行为需要依照这种特定的方式进行和发展。倘若语境没有起到上述效果，那么这个故事可能发生模棱两可的情况。这种模棱两可分为两种类型：元素缺失和元素矛盾。哈纳克关于他为什么跳入护城河中的辩解并不是一个好故事，因为它让法官联想到两种核心行为：一是警方追捕劫匪，二是他与本尼打架。正如医生尽可能将所有病症归结于一种诊断结果那样，法官也尽量避免案件同时产生两种核心主题。另外，哈纳克的故事中也存在大量模棱两可的情况。由于某些要素的缺失，这个故事没有讲清楚。比如，他为什么借钱给一个姓名和住址都不甚了解的陌生人？他为什么大清早约见这位名为本尼的陌生人，地点还离家如此之远？进一步说，二人是如何达成这个约定的？为什么在当时情况下，即听到警方追捕劫匪时，他认为跳入护城河是一个明智的选择？另外，这个故事中也存在某些矛盾的地方。如其中一名劫匪的运动衣被发现丢弃在护城河对岸，这恰好与哈纳克跳入河中的时间差不多，而哈纳克说他没有看到其他可疑之人。当时哈纳克只穿着一件短裤和非常单薄的运动 T 恤，这就是他大清早从家里出来远赴尼沃海恩市约见本尼的装束吗？

　　彭宁顿和黑斯蒂在分析是什么让一个故事看上去似真的问题上进行拓展性研究，并相继发表了一系列研究成果（Pennington & Hastie, 1986, 1988, 1991）。简单地说，根据他们的理论，好故事中所有行为都可以用三种因素来解释：物理条件、心理条件和目的。三者互相影响，而且每个因素均由故事的总体设定来决定。因此，瑞克布勒姆究竟做了什么，根据控方的陈述，应当如下。瑞克布勒姆与妮可是男女朋友，而且他希望继续保持这种关系（目的）。妮可的父母则希望他们断绝来往（目的）。案发当日，妮可一家前往瑞克布勒姆的住处收拾衣物（设定）。他们与瑞克布勒姆发生口角，进而演变为肢体冲突

（物理条件），随即瑞克布勒姆完全失去理智，他掏出一把手枪（设定）朝站在角落的妮可父亲开枪。在这个故事版本中一切解释均合情合理。根据每位行为人的目的与他们当日所处的环境，在当时的心理条件下"合乎逻辑地"发生一宗罪案是一个"合乎逻辑的"结果。

37 　　彭宁顿和黑斯蒂的故事法则理论，以及他们关于故事重要性的主张已经得到实证研究的支持。在一项研究中（Pennington & Hastie，1986），他们向超过 200 位陪审团预备成员播放某次刑事审判的纪录片。审判最终可能得出判决结果包括一级谋杀、二级谋杀、过失杀人和正当防卫。受试者根据影片中展示的证据做出判断，上述所有判决选项都获得相当数量的支持。然后，研究员要求受试者解释他们认为当时究竟发生了什么事情。他们给出的所有故事结构都符合故事法则，但因为选择的证据不同而得出不同判决结果。研究者认为："［……］故事建构阶段的多样化与裁决结果的选择息息相关"（引用书第 253 页），然而故事之所以多样化并非由于证据集过于庞杂并且解释过于多元化。裁决结果的差异性主要因为受试者对案件中人们的所做、所思、所感以及所欲的推理不尽相同。所有故事中有 45% 的内容甚至包含影片中不曾出现过的事实。如果人们能容忍"创造"45% 的证据，那么他们构想出完全不同的故事，还得出完全不同的结论也不足为奇。

　　在另一项研究中，彭宁顿和黑斯蒂（Pennington & Hastie，1986）证明，证据提交的顺序对判决结果具有重大影响（这与贝叶斯理论预测的情形相冲突）。控辩双方可以采取随机或按照故事发展顺序提交证据。这两个变量构成四种可能的组合。因变量是受试者是否认为被告人犯下一级谋杀罪。这项研究结果如表 2.2 所示。

　　研究数据表明，即使证据原本在控辩双方的局势下完全相同，但按照故事顺序提交证据的一方所持有的主张更容易被法庭接受。这种提交证据的方式影响巨大，它使最终有罪判决的概率从 31% 提升至 78% 之多。聪明地讲述故事是诉讼成功的一半！那么，另一半又是什么呢？

2.3.3 关于锚定

在刑事法庭上讲述的故事不仅要好，我们还希望它们是真实的。故事真实性建立在证据的基础上。控方关于瑞克布勒姆为何以及如何 38 开枪打死兰伯特先生的说法也许是个好故事，但它未必真实。人们之所以认为这个故事真实，是因为它得到两名目击证人的证言和一具尸体的支持，但是无论在故事中还是对故事本身而言，本案的证据都未起到任何证明作用。任何证据只有在我们愿意相信某项普遍规则时才能证明某些事情，而这项规则在大部分情况下都会成立。比如，如果我们假设证人没有说谎或犯错，瑞克布勒姆案中两名证人的证言才可以证明一些事情，即支持控方的说法。可怜的兰伯特先生，他的尸体只能证明他已经死亡，当然如果我们以谋杀罪起诉瑞克布勒姆，自然也能证明兰伯特先生已经死亡这件事。尸检证明受害人死于枪伤而非心脏病发作，只有我们相信病理学家没有弄错死因，尸检结果才会支持控方的故事。不过，这些普遍规则很少不存在例外情况。证人会犯错或者会说谎，专家偶尔也会失误。有鉴于此，我们将证据能够证明事实这项规则改写如下：证人**大多数时候**说的都是实话，而且病理学家**几乎**从不犯错。规则存在例外意味着，必要时我们必须证明这些例外情况没有出现。上述案例中，兰伯特夫人和她的女儿有相当充分的理由会说谎，因此必须要问的问题是为什么我们相信她们没有那样做。控方给出的理由是她们的说辞非常相似，所以她们不可能说谎。这个论证所依据的普遍规则是，两名证人不太可能同时提供完全相同的假证言。当然，这项规则有例外情况：如果两名证人作证之前有机会私下串供，那么他们自然能够在证言上编造相同的谎言。控方没有证明本案中不存在这种例外，即两名证人——母亲和女儿的证言相似但不是私下串供的结果。

表 2.2　以随机方式和根据故事顺序提交证据对定罪概率的影响
（Pennington & Hastie，1986）

控方	辩方	
	随机顺序 （%）	故事顺序 （%）
随机顺序	63	31
故事顺序	78	59

　　类似地，每项证据都需要得到进一步的证实，直至被安全地锚定在某项鲜有争议的普遍规则上，因为法庭上所有参与方都会在当前案件中接受这项规则。这些普遍规则通常都是生活中的常识性事实。我们之所以愿意接受某个论证，是因为我们自然而然地相信支持这个论证背后的规则，即使存在可能使我们反对甚至拒绝接受它的例外情况。科恩（Cohen，1977，p.247）将这种人们普遍可接受规则称为："常识推定，它们描述在正常情况下会出现什么结果，不过在特殊情况下会被推翻，只要人们能证明在某些地方出现了异常。"

　　有时似乎没有必要非要找到控辩双方都接受的常识规则不可，因为法律明确禁止为了寻求绝对安全的锚点而进行无限倒退的调查。比如第 1 章提到的亨德里克斯案。亨德里克斯先生被指控在领取失业救济金的同时，也去芦笋农场工作并领有薪水。他否认这项控罪，还提出多位芦笋农场工人皆可为他作证，他们说没有见过亨德里克斯在农场工作。其中一名证人正是亨德里克斯的妻子，她之后因作伪证被控方起诉。检控官为什么如此肯定这些证人在作证时犯了错或者在说谎？因为有两名已经宣誓的警方证人称，他们调查证实亨德里克斯的确曾在芦笋农场工作。如果你接受警方执行公务时绝对不说谎这项规则，那么他们的证言的确比那些存在强烈说谎动机的证人们更可信。这项规则无需进一步证实，因为它已经被锚定在荷兰法律体系中。荷兰法律明确规定，一名经过宣誓的警方人员所提供的证言无需其他旁证。由于该锚点已得到刑事证据法的支持，所以辩方进行任何深入调查都将毫无意义。然而，恰在此案中，这两名警员都说了谎。这便证明即使荷兰法律将此规则奉为圭臬，它依然不是绝对真理。就算证据法无法为证据提供绝对安全的锚点，人们还是可以质疑某个已被提出的锚点，而且为了寻找更安全锚点还可以要求进行更深入的调查。锚定启发式过程图如图 2.1 所示。

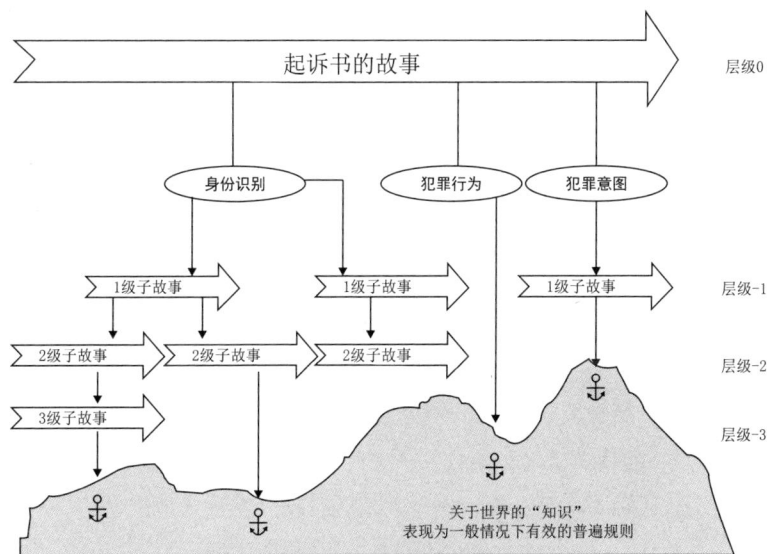

图 2.1　锚定叙事理论

图 2.1 中最上层是起诉书最原始的故事，它已经是一个达到要求的"好"故事。接下来是以这样的方式排列证据，即在故事和常识规则组成的"地基"之间形成锚点。控方从三方面细节提供证据。然而，每项证据本身会形成一个子故事，它需要得到另一个也以证据形式出现的锚点进一步地支持，而这个证据反过来又变成需要下一个锚点支持下一级的子故事。某一层级的子故事是否已被安全锚定，取决

40

于我们是否愿意接受某项以该子故事作为一个示范例的常识规则为真。

上图中第一个问题，关于身份辨认的问题非常复杂，形成一长串锚链。支持这个问题有两项证据，它们显然未能安全地锚定在可靠的常识规则上，因此需要寻找更多证据，进而形成再下一级的子故事。第一个 1 级子故事通过一个 3 级子故事被锚定在常识规则构成的地基上；而第二个 2 级子故事根本未能锚定在地基上，所以整条锚链最终失效。第二个问题，犯罪行为，直接锚定在地基中某项常识规则上。这项规则可能类似如：身首异处时，受害人即刻身亡。一般来说这种规则的真假没什么可质疑的地方，所以不需要探究更安全的锚点。第三个问题，犯罪意图，通过一次中介故事形成锚定。比如一位经过宣誓警员的证言可形成这种类型的锚定。

综上所述：

故事通过嵌入其中的子故事所构成的锚链来锚定到常识规则中。为故事真实性提供证明力的每项证据，本身都是一个需要锚点支持的子故事，该锚点表现为某项普遍公认的常识规则。

每当常识规则形成证据的锚点时，人们即可质疑此锚点不够安全，从而需要更深入地到子故事的结构网络中寻找更安全的锚点。任何常识规则都不是绝对真理，然而当发现证据能被锚定到一项真实性不易被质疑的常识规则上时，即可不必再进行更深入地锚定。

显然，并非所有证据都需要展示在锚定结构中。这种结构只为证实叙事服务；用来证伪叙事的证据可以直接省略，无需解释。所以，主要叙事由证据支持，而不是整个证据集。

要废除锚点，人们可以通过论证作为锚点的常识规则不够安全；甚至可以举出一个明显的反例。

我们探究的子故事层级越深，作为锚点的常识规则会越具体。不过，规则越具体不能保证其正确性，只是更容易判断是否正确而已。

图 2.1 中所描述结构既无法保证得出逻辑上可靠的决定，也无法

保证得出法律上正确的决定。因此，我们需要另一套标准来评估司法决策的质量。这个标准应当至少涉及五个方面问题，如下所示：

1. **没有未经锚定的证据**。每项参与决策的证据必须能被锚定到法院所相信的常识规则上。不过问题是，虽然法院通常会提及他们根据哪项证据进行判决，但却很少解释基于哪些常识规则作为证据的锚点。

2. **锚定所有关键性情节**。故事中所有关键性情节必须被证据锚定。不过，证据法没有明确规定哪些属于需要被锚定的关键性情节。例如，使用单一证人原则时，是作用在故事的每个单独情节上，还是将整个起诉书视为一个整体。

3. **不使用非法证据进行锚定**。所有锚定均建立在合法取得的证据基础上。各国关于可采证据的定义以及如何处理不可采证据的标准不太相同。我们研究的 35 起案例中，有不少接受了不可采证据，或者法院本身并没有意识到，因为他们无法解释整个锚定结构。

4. **锚定的规则足够安全**。所有证据都必须锚定在足够"排除合理怀疑"的规则上。假如作为锚点的规则不够清晰明确，那么我们很难对此做出判断。

5. **不带偏见地选择证据**。不应带着偏见从现有证据中选择要使用的证据。对那些未被选中的现有证据应给予说明。

接下来的章节主要讨论在实践中法院是否遵守这五项基本原则，如果没有，又反映出什么本质问题。我们将在第 12 章中提出一套预防机制来防止违反这些原则的情况出现。

如果这些原则在司法决策中没有得到支持，那么决策过程会变相建立在大量有问题的心理预设基础上。与大多数其他国家一样，荷兰也没有系统地应用这五项基本原则，于是我们有必要对当下法律诉讼中人们默许的各种假设进行仔细核实。我们语料库中收集的 35 起案例能够帮助我们识别并检验这些假设。在此我们提前给出第 12 章得出的

41

结论，即这些假设似乎大体上都不值得信赖。这也是为什么说，即使没有更好的策略，法院也绝不应当在不验证这五项基本原则是否成立的情况下运用"锚定叙事"方法。以下是一份简要的心理预设清单，这些预设所依据的"锚定叙事"方法未经核实：

1. 好故事比说服力弱的故事看起来更真实。
2. 人们不太能为不真实的故事找到足够数量的锚点。
3. 法院只会接受能被锚定到安全常识规则上的信息作为证据。
4. 法院能合理地判断某项规则是否能"排除合理怀疑"。
5. 法院总是要求提供足够数量的锚点。
6. 法院对控辩双方的故事平等视之，并采用相同标准进行裁判，达标时疑点利益归于辩护方。

如果这些预设不必然正确，那么刑事审判程序应当为司法决策提供足够的保障措施。

2.3.4 可接受规则

以下是后续讨论中可能涉及的一些规则。这些常识规则或法律规则可能对人们接受或是排除证据有所帮助。

已经宣誓的证人鲜少说谎。这是个被广泛滥用的论证，它否认即使证人们完成宣誓也可能有充分理由说谎。我们将在第 8 章详细讨论这一点。

可从作伪证中获益的证人，宣誓之后也可能说谎。这项规则与上一项恰好相反，但令人惊讶的是，它与前一规则同样频繁地出现在法庭上，比如有时法院拒绝采信证人提供的不在场证明。

如果证人在良好情况下看到行凶者，那么他能够提供可靠的身份辨认。这是一个热点问题，我们将在第 7 章进行讨论。

如果证人在糟糕情况下看到行凶者，那么他无法提供可靠的身份辨认。这项规则有些令人吃惊，但是它经常使用在法庭上。

　　如果两名证人作证的陈述一致，那么他们几乎不可能出错。这项规则否认在同等条件下人们容易犯同样错误的可能，同时也否认证人之间存在关联的可能。

　　招供通常为真话。根据英国法律，供词本身足以成为定罪的证据。

　　招供通常为假话。这项规则恰好与上一项相反，它被荷兰法律体系采用（虽然不是在司法实践中）。

　　警方证人通常比普通证人更可信。我们会在第 6 章和第 8 章进行讨论相关反例。

　　人之将死其言也善。这则俗谚依然为美国法律所接纳，它是传闻证据规则的一个例外。

　　一日为盗，终身为盗。陪审团相信这一点，恐怕这是不可忽视被告人犯罪记录的根本原因。

　　瘾君子皆为盗。如果被告人被控犯有盗窃罪，一旦证实他是名瘾君子，那么这项规则将为该指控提供一个锚点。

　　自信的证人更可能说真话。法庭经常以作证时是否自信作为鉴别证人证言真假的标准。但是大量文献表明，这种方法的准确率很低（e. g. Deffenbacher，1980）。

　　自然科学领域的专家几乎不会出错。伯明翰六人案正是一则反例，因为该案的鉴定专家错将肥皂碎屑当作爆炸残留物。我们收集的案例中还有更多类似情况，这将在第 9 章继续讨论。

　　警察不会作伪证。事实上他们会（参见第 8 章），但警察的确很少因作伪证而被起诉。

　　与犯罪人有关之人亦是同谋。这项规则有时会在缺乏具体证据的情况下使用 [如尼尔林案（the case of Neeringh），我们将在第 3 章中说明]。

　　控方几乎不会将真正无辜之人送上法庭。这项规则反映出的有罪基本比率可能会摧毁无罪推定原则。

　　心理学家能够分清真话与假话。我们会在第 9 章说明他们并

43

不能。

辩方律师绝不会遗漏任何有助于证明被告人清白的证据。实际上在很多案例中，他们并未做到这一点，我们将在第 10 章给出证明。

法院还会引用其他许多类似的规则，无论是默许的还是明示的。本书除验证我们提出的锚定叙事理论之外，还将探究法院对这类规则的倚赖程度，以及规则自身的可信程度。我们的研究重点包括分析故事的质量、锚点，以及为锚点服务的常识规则，这将有助于人们了解刑事诉讼中司法决策别具一格的特性。

第 **3** 章　仅以叙事为证明

一个好故事能使证明事半功倍。一旦控方讲述的故事被认定为事实，通常的确如此，那么对故事（的组成部分）进行锚定则变为采信这个故事的次要任务。赫尔德案恰是最佳例证，它的故事情节堪比经典侦探小说。按照小说惯例，一切当然是这名男看护干的好事，除了他还会有谁呢？瑞克布勒姆案也是一例，在之前章节中我们已经讨论过。

瑞克布勒姆被指控开枪打死他女朋友妮可的父亲，兰伯特先生。瑞克布勒姆声称那是一场意外：当时是兰伯特夫人拿枪指着他，出于自卫他将兰伯特夫人的手臂向下按，恰在此刻手枪走火，子弹射穿了兰伯特先生的鼻子。但现有情况对瑞克布勒姆都非常不利，他是一名具有暴力前科的犯罪人，同时还有除掉兰伯特先生的强烈动机，因为后者要将妮可从他身边带走。另外，该案审理过程中，瑞克布勒姆还在另一起案件中同样也以谋杀罪名被控方起诉，而他的辩护理由也与本案非常类似。相反地，控方的故事十分简单。一名出身良好但涉世未深的女孩爱上一个错误的对象，她的父母试图挽救她，但这个恶棍有自己的解决方式，他开枪打死女孩的父亲并诬陷是其母亲所为。这样的故事通常更容易被人们接受，虽然一般结局不会如此戏剧性。然而，大量现有证据却与这个故事的情节并不相符，反而与瑞克布勒姆的辩解相符合，虽然那不是一个很好的故事。那位高尚的富家太太才是手枪的拥有者，实际上是她用枪指着瑞克布勒姆，期间却意外地误伤了自己的丈夫，她与她那个一样高尚但单纯的女儿一起，诬陷一名无辜的男子，自己还扮演了一位痛失丈夫的寡妇。

那么，问题来了。在这样一场"不同叙事之争"中，事实究竟扮演怎样的角色？受害人身上没有找到火药残留，这与兰伯特夫人的叙述不符，这是否证明她在说谎？还是说她只是弄错丈夫被枪击的距离？原本认为瑞克布勒姆所拥有且使用的那把手枪是一种抛壳枪，而杀死兰伯特先生那颗子弹的弹壳却无缘无故地失踪了，而且兰伯特夫人和她的女儿都未提及瑞克布勒姆杀人之后捡起弹壳。缺少弹壳的情况恰好符合瑞克布勒姆的陈述，因为兰伯特夫人的手枪是一把德林格，德林格开枪后不会弹出弹壳。不过，法院能轻松地找到一些关于弹壳消失的其他解释。比如，弹壳可能仍留在现场某处，但警方的搜查不够仔细；或者瑞克布勒姆在母女俩没注意的时候捡走弹壳；又或者兰伯特夫人弄错枪支的类型，毕竟她是一介妇人又不熟悉枪械知识。事实的意义从它们所出现的故事语境中推论出来，而脱离故事语境的事实毫无意义。当事实不符合故事语境，我们有两种选择：要么改变语境，要么为事实赋予新的意义。后一种选择可在故事语境相对确凿，而事实意义可塑性较强的情况下做出。瑞克布勒姆案中所有的法医学证据，尽管均出自可靠的实验室，但似乎也足以适用那个起初看上去会被证否，但内容却一模一样的语境。如此说来，事实并未改变故事，然而故事却改变了事实。这也正是为什么我们说，一个好故事能让证明事半功倍的原因。

3.1 锚点的缺失

起诉书的故事没有锚定在任何常识规则上，这种情况是可能发生的。但令人惊讶的是，这并不妨碍法院将被告人定罪，因为当这个故事在生活中看起来足够真实时，它本身的似真性可能足以将其锚定。一个典型的例子是亨克曼苏案（Henkemans case）。在旅客的行李箱中发现藏有毒品，但旅客说他并不知情，只是有人让他捎带一份包裹或一整箱行李的礼物送给朋友，因为对方看起来很友善，所以他答应了。要不然肯定是有人偷换了箱子。这些借口被那些当场被逮住行李箱中藏有违禁品的旅客用了一次又一次，海关人员早已听过无数次这种蹩脚的借口。在大多数类似情况下，唯一的事实只有：旅行箱里藏有毒品。这个事实并不能证否嫌疑人的托词，只不过这种情节不足以媲美那些广为人知的贩毒场景而已。倘若旅行箱中再无其他证据，那么法院只能根据比较似真的情况来定罪。起诉书所涉及的两个方面，犯罪人的身份和犯罪行为，都已经被发现毒品这一事实充分支持，而犯罪意图需要被锚定，即被告人是否蓄意走私毒品？在旅客的行李箱中匿藏毒品，这也是一种众所周知的运毒方式，而且毒贩经常谎称自己并不知情，仅凭此是否足以在此类案件中确定犯罪意图？人们是否达成这样一种共识，即在旅行时替一名陌生人捎带不知名包裹显然是一件不明智的事情，这足以安全确保对此类案件的定罪是正确的吗？看起来似乎的确如此，因为全球成千上万人皆因此被判有罪。不过，如果这项规则不存在例外情况，那么为什么机场保安人员经常询问我们是否亲自打包行李，是否曾同意携带一个事先已包装完好的包裹，或者行李箱是否曾在一段时间内无人看管？这些问题只有在我们承认这一项规则可能存在例外情况下才有意义。不过，在具体案件中，人们需要一个强有力的故事才能说服法院的确有例外情况发生。亨克曼苏先生正是做了一个勇敢但未能成功的尝试。

亨克曼苏是一名常驻新加坡的自由撰稿人。1988 年 10 月 14 日，他从新加坡乘机前往荷兰。后来，警方发现他的行李箱中藏有海洛因。有人曾看到亨克曼苏在阿姆斯特丹机场的行李传送带上提走一个棕色的旅行箱。离开机场后，他提着行李前往凯悦酒店。之后，有两名中国男子曾到酒店拜访他。他们离开时带走一个棕色的行李箱，它与亨克曼苏从机场带出来的箱子十分相似。警方跟踪这两名中国男子到祖特尔梅尔市（Zoetermeer）中一幢独立屋。警方突击搜查这幢屋子，发

46

现它是一个"安全屋",即专门用于藏匿毒品的地方。他们在屋中找到 16 公斤的海洛因。亨克曼苏随即被逮捕,之后他被指控非法走私 16 公斤海洛因。

这里有两个问题。一个问题是,亨克曼苏承认中国男子的确带走一个棕色的行李箱,但那是帮一位新加坡朋友捎带的,朋友说箱子里是泰国熟食。当然,警方立即意识到这又是一则"无辜旅行者的故事"。另一个问题是,并没有有力证据证实从祖特尔梅尔市那间房屋中搜到的 16 公斤海洛因的确是从亨克曼苏的旅行箱里发现的。即使旅行箱里确实藏有海洛因,但可能只是部分而非全部 16 公斤。又或者亨克曼苏根本没有携带海洛因;警方想追踪荷兰境内海洛因的来源,他们并没有真正检查亨克曼苏箱子里到底藏有什么。因此,在这个案例中,最基本的证据,箱子里藏有海洛因,缺失了。不过,显然控方的故事依旧足以说服地区法院和上诉法院(在荷兰,案件事实由上诉法院再次审查)。讽刺的是,亨克曼苏的辩解,虽然意味着完全是另一个故事,但看起来反而在强化控方的说法:"毒贩都用这种借口推脱。"最后,地区法院判处亨克曼苏 4 年监禁,上诉法院改判至 5 年。之后,亨克曼苏将案件诉至最高法院。此时辩方终于发现,亨克曼苏的辩解太苍白无力,即指出警方并无确实证据证明亨克曼苏的行李箱中藏有毒品,所以虽然在一个关键点上控方的说辞缺少锚定,但这不足与起诉书的整个故事相抗衡。因此,辩方决定更换策略,参照班纳特和费尔德曼的建议,向法院提出另一个真正意义上的好故事,即包含一个明确的核心行为,并以令人信服的方式描述该行为发生背景的故事。简而言之,使这个核心行为"合乎逻辑"。于是,亨克曼苏在呈交给法院的信函中讲述了这样一个故事:

> 我是一名生活在新加坡且颇有名气的自由撰稿人。[……] 受到气候影响,东方社会的社交文化相较欧洲更为紧密和频繁。人们大多数时间都在室外活动。在这里,人们更愿意外出交际,如

47

到俱乐部、酒吧或是其他地方聚会，所以能结交到很多朋友。[⋯⋯] 我也不例外。人们经常互赠礼品，比如美酒、手表、机票、伴游服务券等。人们并不认为这样做很虚伪。

这种描述使得法院得知本案发生的背景具有异国特色，荷兰式规则和直觉在此并不适用。对于荷兰法官而言，在这种不熟悉的背景下判断什么情况才是实情尤为困难。事实上，明智的做法是采信被告人的说辞。因为，如今他是唯一了解这种文化背景下行为方式的人。

如卷宗所言，在离开新加坡前往荷兰几个星期前我偶遇木藤先生，这是大背景。如前所述，在当时我们是很亲密的朋友。所有在新加坡生活的外国人都必须定期延长签证。为此，人们必须前往另一个国家，可以是任何国家。我与木藤讨论过此事，灵光一闪，我们都认为我可以顺便回一趟荷兰，这样可以看望我的父母。同时，木藤也托我为他的朋友们带去一箱泰国熟食。这个计划非常吸引人，因为木藤在一家航空公司工作，他可以为我安排一张廉价机票，才 100 美元。这种廉价机票在业内被称为 ISA，即"有座即飞"（If Seats Available）。旅客只需支付管理费即可。通常，在飞行远距离航线的波音 747 空客上，总会留有一些空位。这在业内并不是秘密。

法院面对一个相对陌生的领域，在这里原有的直觉判断可能行不通。在这个背景下，亨克曼苏从新加坡飞往阿姆斯特丹的免费机票是木藤赠与的一份礼物，作为交换，他顺便为木藤捎带一箱额外的行李。

需要特别强调的是，在这些东方国家，旅行时携带一箱熟食特产是很正常的事，人们通常会以为他人帮上点小忙作为回报，对我来说，我可以免费乘机飞往荷兰。另外，我也得知许多荷兰外交官每星期飞往阿姆斯特丹时也是如此，只不过他们是在史基

浦（Schiphol）机场购买荷兰熟食，装满旅行箱，之后再返回出使地。我根本没怀疑木藤赠机票给我是在耍我。

到这里，故事出现一个危险的转折点：虽然我们愿意接受不同文化背景下人们行为方式不同，因为他们遵循的准则不同，但认为外交官也会依照出使地文化行事令人有些难以置信。也许亨克曼苏认为，他需要这个论据说服法院西方人也能轻松地入乡随俗。

与此同时，故事剧情朝着一个似曾相识的脉络继续发展。亨克曼苏解释木藤为什么会为一次举手之劳支付他 3000 荷兰盾（约一万人民币）。另外，他也没有检查行李箱中的物品。这种预防性检查本可以让他不像表现出的那样天真："在拿到飞往荷兰的免费机票的那一刻，我并没有意识到自己被人利用了。"

但这些解释都徒劳无功。在法官眼中，控方描述的故事太有说服力。然而，如果仔细考察现有证据，我们会发现犯罪行为和犯罪意图都未以任何方式进行锚定。没有任何证据证明亨克曼苏的旅行箱里藏有海洛因，警方化学实验也没有检验出箱子里残留任何毒品痕迹；也没有任何证据证明，亨克曼苏曾注意到旅行箱里藏有警方所谓的毒品。那位神秘的木藤先生没有受到提问，荷兰警方也没有询问新加坡当局是否有此一人。他们也没在安全屋中搜到泰国熟食，也没有询问那两名中国男子亨克曼苏在此次活动中扮演什么角色，以及他一共走私多少海洛因，如果他真的做了。实际上，荷兰警方只逮捕了亨克曼苏一人。当然，起诉书的叙事相当具有暗示性：新加坡是一个众人皆知的毒品来源地，木藤所付佣金数额远远超过"帮个小忙"，那两名中国男子其实就是毒贩。在这些背景下，法院接受这其实是一次毒品走私似乎十分合理，因为根据极大似然法，毒贩假设比无辜旅行者假设更可能得出上述证据。不过问题是，极大似然值是一个似真性问题，它与锚定无关。

关于犯罪意图的证据都是间接的。毒品来源地、过高的佣金以及

48

会面地点，即和中国男子在酒店见面而不是木藤的朋友家，这些都应足以让亨克曼苏有所警觉。作为一名在远东生活过的记者，他应当对毒品快递员有所了解。亨克曼苏的天真令人难以置信。我们很容易认为他曾对箱子里的东西产生过怀疑但没有妨碍他的原定计划，正是这种鲁莽构成了犯罪意图。

没有任何证据证明旅行箱里到底装着什么。这点非常关键，因为如果能够证明亨克曼苏的旅行箱里藏有海洛因，数量多少至关重要。因为在荷兰，毒品案的刑期与毒品数量相关。数量越多，刑期越长。若亨克曼苏只携带一半的海洛因，那么他的刑期将会减半。没有证据表明在安全屋里发现的 16 公斤海洛因全部都由亨克曼苏所携带。

3.2 职业犯罪人和多项指控

如果被告人已有前科，甚至他是一名职业犯罪人，那么有罪指控的似真性将显著提升。对于这些人，法院的第一念头不会是认为他们清白无辜，而控方对他们形象的描述看起来也愈加合理。在某些国家，如美国，犯罪记录不能作为证明被告人有罪的证据（除非被告人在自己的案件中成为证人）。犯罪记录被认为是一种会产生偏见的信息，因此不应告知事实审理者。这项规定表明，至少在某些法律体系中人们更倾向于通过证据而非叙事的似真性来对故事进行锚定。在荷兰，被告人的犯罪记录必须记入卷宗，这被认为是至关重要的量刑依据。这与盎格鲁-撒克逊的传统一致，即审判期间防止陪审团接触被告人的犯罪记录，直到量刑阶段再告知。在荷兰，我们不做如此区分，因为这会比较麻烦，原因是有罪裁定和量刑都掌握在法院手中。由此人们可以推断，即使在荷兰的概念中，似真性也不应取代证据的地位。当然，这不意味着我们不反对荷兰使用犯罪记录作为判决依据的方式。从心理学角度说，法院之所以不可能完全忽略这种信息，恰恰是因为它具有诱惑性。在我们收集的 35 起案例中，13 名被告人具有犯罪前科，其中 9 人被认为是职业犯罪人。如果控罪类型恰好属于他们的"业务范

49

围"，那么这些指控势必看起来十分合情合理。我们猜测，在这些案件中，法官很可能会降低他们的有罪证明标准。

即使在禁止使用犯罪前科作为证据的国家，法院预先得知被告人的其他控罪也是常有之事。这通常发生在连环犯罪中，比如洛夫特斯和凯查姆（Loftus & Ketcham，1991）讨论的某个关于滑雪面具强奸犯的案例，这里也存在多项指控的可能。如果被告人被指控谋杀 3 名受害人，或者强奸并杀害了这些受害人，那么对其中每项指控的判断都可能会受到来自其他指控证据的影响。然而，被告人可能只犯下其中一起谋杀案，另外两起并非他所为；或者他的确实施强奸却没有杀害受害人。若被指控的罪行发生在（相近）同一时间和地点，那么联合指控中证据的互相介入便无可避免。在荷兰，指控同一名嫌疑人在间隔几年里多次作案并不少见。我们所收集的案例中，葛瑞穆林（Gremeling）被指控在过去 5 年时间中涉嫌犯下 27 起纵火案（有几起发生在同一个村镇，而且已有其他人承认作案）；另一例是斯博科曼（Speckman）抢劫案，他涉嫌在 6 个月内 6 次打劫银行，作案范围约 40 公里。多项指控存在的问题是，其中一项指控的证明为其他指控的似真性提供了一种语境支持。

让我们来仔细分析斯博科曼案。他在鹿特丹抢劫银行时被闭路摄像头拍到，之后他的妻子从全国电视新闻播放的抢劫录像中认出他，斯博科曼承认犯下此次罪行。接着，他被指控还犯下另外 5 起银行抢劫案，这 5 起案件都发生在下半年，范围集中在鹿特丹市附近区域。为此，警方试图寻找证人辨认斯博科曼，但找到的绝大多数证人早在之前的新闻报道中看过斯博科曼的相貌。这些证人中仅有一人自己主动承认从新闻中认出斯博科曼，其他人虽然也看过新闻，但直到列队辨认时才认出他。这种辨认结果显然存在问题，因为证人在电视上已经见过斯博科曼。不过，据警方所知，有两名证人未曾在新闻中见过斯博科曼。警方要求这两名证人在辨认测试之前观看新闻报道的录影带，这是极其不负责任的举措。后来，他们都认出斯博科曼。可以说，另外 5 起抢劫罪的定罪几乎完全依据有问题的辨认结果。斯博科曼另外 5 起劫案中的不在场证明也被视而不见。表 3.1 是此案中现有证据概览。

　　这张表格的结论显而易见。绝大多数证人已被早前的新闻报道所误导（参见第 7 章）。其实，几乎没有证人真正认出斯博科曼。在劫案 3 和劫案 4 中没人认出斯博科曼。劫案 5 中所有辨认结果都十分可疑，劫案 2 和劫案 6 中只有一个辨认结果经得起推敲。由此看来，劫案 3 和劫案 4 的定罪必然建立在这样一种似真性上，即某人承认犯下一起劫案，那么他必然也犯下其他劫案，即使地区法院认为他们当然是以辨认结果作为定罪依据的。不可否认，这些劫案的确有相似之处：每场劫案中只有一名劫匪，他是一名 30~40 岁的白人男子，抢劫时使用一件非常奇特的武器——钉枪。不过，这些案件存在相似点不足为奇。因为它们正是从一大批尚未侦破的案件中根据这些相似性特征挑选出来的。根据特定标准做出的选择毫无疑问会导向相似的结果（参见第 7 章）。不管怎样，法庭在某种程度上必然了解这一点，因为判决中他们没有提及将这些相似性作为某种证明的事实。

表 3.1　斯博科曼案中辨认结果概览

案发地点	证人人数	
	辨认失败	辨认成功
1. 伦巴第（鹿特丹）	（招供）	
2. 伦巴第（鹿特丹）	3（1）	3（1）
3. 德尔夫特	5（0）	1（0）
4. 德尔夫特	5（1）	0（0）
5. 巴伦德雷赫特	5（2）	3（2）（a）
6. 夏洛瓦	4（2）	3（1）（b）

　　注：括号中的数字表示事前未观看新闻广播的证人人数。

　　（a）这是两名之前未受视频影响的证人，他们没有参加列队测试，但他们表示从电视新闻广播中认出斯博科曼。

（b）其中一名证人从电视新闻中认出斯博科曼并主动和警方取得联系。另一名证人与斯博科曼的朋友熟识。

51 　　在我们研究的 35 起案例中，有 18 起涉及多项指控，这些指控互相为彼此提供叙事语境。其中又有 10 起案例，法院知道被告人有前科记录。所以，在这 21 起案例中（8 起多项指控和 13 起被告人具有刑事犯罪记录），被告人先前的罪行为当下案件的定罪提供了一个似真的叙事语境。

　　案件的某些其他方面也许能为起诉书的故事提供某种程度的似真性，这使得锚定故事本身看起来没有太多必要。其中一个方面是被告人的社会文化背景：被告人无业或是瘾君子，或与臭名昭著的犯罪人有所来往，还是说只因身为外来移民所以犯罪可能性高。悉尼·尼尔林（Sydney Neeringh）案中，这些因素都被凑在了一起。

　　尼尔林是一名苏里南移民。他是黑人，无正当职业，身边几乎所有人或多或少从事某种形式的犯罪活动，他的许多朋友都曾因抢劫而被判刑。这些信息对法庭来说都可以成为现有环境证据。尼尔林被控与 4 起银行抢劫案有关。证人证实抢匪是一名黑人男子并操着一口苏里南口音，在荷兰这是一种很容易辨识的口音。当尼尔林的朋友安东尼·旺德（Anthony Wonder）承认曾参与其中一起银行抢劫案后，尼尔林便成为这些抢劫案的嫌疑人，即使旺德并未说尼尔林是同伙之一。随后，警犬在疑似劫匪逃逸的汽车里嗅出尼尔林的气味，同时有证人辨识他是其中 2 起抢劫案的劫匪。然而，这两项证据皆存在疑点。首先，那辆留有尼尔林气味的汽车不能确定就是劫匪逃逸时所驾驶的汽车。尼尔林承认他有时会倒卖偷来的汽车，这可能是其中一辆，但他否认参与任何银行抢劫案。其次，证人辨识劫匪特征的方式也十分奇特，说他们当时戴着面罩。更甚至，进行身份辨认的列队安排完全没有达到测试标准（参见第 7 章），而且有确凿证据证明在第三次辨认过程中警方伪造了报告文书（参见第 8 章）。

尼尔林被认定参与了 4 起劫案中的两起。法庭援引气味检测和两次辨认结果作为判决依据，但这些并不能真正证明尼尔林就是其中一名银行劫匪。我们只能推测法庭之所以如此定罪，是被尼尔林朋友的供词，以及他自己承认但未被起诉的那些罪案所说服。法庭可能认为，尼尔林很难不牵扯进他朋友们这种习以为常的恶事之中。这并不是一个完全不合理的假设，但仅凭这些非决定性证据就足以裁定尼尔林参 52 与了两次银行抢劫吗？

3.3 定罪和证明的分离

目前为止，我们尚不清楚在缺少证据支持的情况下，仅凭叙事的似真性是否能够形成充分的证明。在实行陪审团制度的法律体系中这种情况可能会发生，因为法律没有要求陪审团必须给出定罪理由。陪审团可能容易根据其他理由，而非将证据安全地锚定在常识规则上来给被告人定罪。法官可能会对这种裁判结果给予警示，但这也只是他或她能做之事。不过，法律要求由专业法官组成的合议庭给出判决的理由。荷兰法律体系的确如此要求，但没有明确规定法官应当给出哪种类型的理由。根据荷兰法律规定，证据应当合法且具有说服力，"合法"意味着判决中所涉及的证据应当符合刑事证据法的要求。但是，要求证据合法并不能防止人们依据叙事的似真性来做出判决，这是因为"合法"的概念是根据**证据来源**进行枚举，而非根据**证据内容**进行划定。根据证据法，合法证据包括：①审判中法官能够知觉之事物；②被告人的陈述；③证人；④专家证人的陈述；⑤书面陈述。然后，法院必须被此类"证据"说服。即使如此，也无法防止法院被这些证据来源体现出的似真叙事说服。例如，法院审判人员亲眼看到尼尔林是一名黑人，这是凭借感官获得的合法证据。法院可以通过相关文书得知尼尔林是无业游民以及他结识无良朋辈的事实，如社工报告，这也是合法证据。这些证据组合在一起构成一个令人信服的叙事语境，各种无良恶事会发生在这种语境下实属意料之内。不过，还有一个条件，即有罪判决必须理由充分。在荷兰（法国亦是如此），**自由心证**并不足够，还需**定罪合理**。我们认为，这意味着法院应当解释他们**如何依据现有证据来做出有罪判决**（若是无罪开释则无需理由）。但是，那些完美地将起诉书与有效信息相结合从而形成一个似真故事的陈述，显然不可作为**定罪合理**的可接受理由。在我们研究的 35 起案例中，没有一起是根据起诉书中故事的似真性来形成论证。所有证成都通过列举所谓事实以及它们来源来实现，却几乎没有解释这些事实如何能证明被告人有罪，为什么某些来源的信息能够被接受为证据，而另一些来源的信息则被法院拒绝。在这些案例中，我们发现如果控方已经建构一个似真的故事，那么他们会选择那些符合故事内容的信息作为证据，不符合的则被排除。由此看来，证据选择似乎以起诉书故事作为根据，这意味着故事的似真性是选择定罪证据的决定性因素，不过，法院当然从未在他们的书面意见中提到这些。

53

显然，在任何情况下都应通过锚定证据的方式从现有证据中选择作为法律证明的证据。而且，比起被排除的信息而言，那些被选中的信息应当必须被证明业已锚定在更安全的常识规则上。我们发现在所研究的案例中，许多法律证明居然被锚定在非常不安全甚至荒谬的常识规则上。比如，尼尔林案中对犯罪人身份的锚定不可接受，因为劫匪作案时戴着面罩，并没人能到他们的面容。假如以此作为确认犯罪人身份的证明，那么我们必须接受这一种假设，即就算人们带着面罩也能被他人准确地识别出来。汽车中残留尼尔林的气味只能证明他曾在这辆车中逗留。但却不能证明那是抢匪逃逸时所驾驶的汽车，这点十分关键，如果在车中留下气味即可证明尼尔林的确参与抢劫的话。在斯博科曼案中，根本没有任何证据可将他与被定罪的两起劫案联系起来。我们能想到的唯一解释是，这些定罪并不根据法庭意见中记录的证明过程，而是根据控方故事的似真性来决定，即一名男子承认抢劫一间银行，所以他很可能抢劫更多的银行。如果的确如此，为什么斯博科曼只选择（分布在鹿特丹附近的）特定的几家银行，而不是其他银行？假如这种想法接近法院的推理方式，那么我们认为，在这些案件中，定罪与证明的确发生分离。换句话说法院定罪的依据并非判决书中所列举的那些证据而是其他因素，即起诉书中故事的似真性。在荷兰，定罪与证明分离并不合法，因为法律明文规定有罪裁决必须依据且仅可依据现有证据。然而，法院可能假装他们正是这样做的，不过对此无需指望太多。我们认为，即使在其他国家定罪与证明分离也不可取，但我们无法得知实施陪审团制度的法律系统中，陪审团成员是否也是如此。

在荷兰，定罪与证明分离绝对与法律初衷背道而驰。不过我们发现许多法院工作人员坦诚这种情况在现实中的确可能发生。我们语料库中就有两起令人震惊的例子：欧弗林（O'Flynn）案和卡罗尔（Carroll）案。

欧弗林是一名成功的爱尔兰实业家，45 岁时他出售自己的飞机制造公司并获得一笔不菲的收益。随后，欧弗林决定是时候组建一个家庭了，但他的做法有些古怪。他来到荷兰，联系一家当地提供陪护服务的公司。在荷兰，这种公司通常提供类似应召女郎的服务。后来，欧弗林落入了荷兰黑社会的陷阱中。他要求陪护公司给他提供一位带着两个女儿的未婚妈妈，因为到了这般年纪，他希望即刻组建一个完整的家庭。陪护公司给欧弗林安排的人选是公司老板的嫂子，带着她6 岁和 4 岁的女儿。该名女子已婚，而且暂无离婚打算，但这些信息陪护公司并未告知欧弗林。完整的故事我们将在第 8 章详细阐述，在这里只提一些相关内容。数日之后，陪护公司控告欧弗林对两名小女孩实施性侵。本案中唯一有效的证据只有两名女孩的证言。最初由女孩的父母对她们进行询问。一开始，两名女孩纷纷否认曾发生过性侵，但后来在家长的压力下，她们说出一个若有所指的故事。随后，在各有一名家长陪同的情况下，两名女孩分别接受警方的询问。之后显然是那两名负责询问的女警员伪造那名 4 岁女孩的证言，因为小女孩在询问中几乎无法说出一句完整的话。同样地，警方根据所谓的性侵指

54

控伪造了两名女孩的身体检查报告。值得一提的是，这些事情在调查期间以及之后的审判中都被公之于众，所以结果不算太糟糕。最终，所有证据都是非决定性的。一审裁定有罪后，被告人要求上诉，上诉法院总检察长对此表达了他的立场：

> 我承认本案中的证据是薄弱的。但是我们并不能完全肯定两名女孩所言不实。因此，这些陈述在法律上可被认定为合法证据。本案定罪可能依据以下几个方面：首先，欧弗林私藏大量色情图片；其次，他使用的是假名；再次，他毫无理由地更换居住酒店；最后，他还涉及另一起类似的案件。综上所述，这些事实成为支持判处欧弗林有罪的理由。

这些所谓的事实从未被正式作为证据呈交法庭，因为它们无法成为指控中任何细节的锚点。它们无法证明两名女孩确实被性侵，而只能营造一个令人怀疑的语境。比如，据说欧弗林还涉及另一起类似的性侵儿童案。但控方忽略这样一件事实，似乎那起案件中所有证据也是被警方伪造的（他们恰好正是处理本案证据的警员）。因此，总检察长提及欧弗林还涉及另一起性侵儿童案作为定罪依据并不合理，但却极具暗示性！另外，使用假名是英国政府的要求，因为欧弗林是爱尔兰共和军恐怖袭击的目标，英国官方的解释可以为证。总检察长的论证最显著的特点当然是定罪与证明分离。本案中，法律证明由女孩们的陈述构成，但这些陈述却不能令人信服；定罪基础依赖于暗示性情境，而这些甚至不能作为合法证据被提出。

第二起案例曾引起国际社会的广泛关注。帕特里克·菲茨杰拉德·卡罗尔（Patrick Fitzgerald Carroll）被指控是一名爱尔兰共和军恐怖分子，他涉嫌在鲁尔蒙德（Roermond）杀害两名澳大利亚游客。本案证据包括两名证人（一对夫妇）提供的辨认结果，他们声称透过有色玻璃车窗，看到一名男子坐在一辆时速50公里的汽车中。当时他们在二楼的房间往下望，因此只看到男子的侧脸。夫妇俩只在一瞬间瞥见那名男子，时长约为 1.5 秒，当时天色很暗，在这 1.5 秒中男子还曾转头背对他们，此时已看不到他的面容。几周后，卡罗尔被捕，他的照片在电视新闻和晨报中随处可见。两名证人很可能曾见过这些照片，虽然他们互相指责对方曾经看过但自己没有。之后，同一张照片出现在辨认测试的备选照片中。某天上午，第一名证人先进行辨认测试，之后夫妻俩共进午餐，下午再进行第二名证人的辨认测试。退一步来说，这样的辨认结果非常不可靠（参见第 7 章）。总检察长对本案判决的立场如下："我的判决建立在一系列不能作为合法证据的事实上，它们的确不能证明卡罗尔涉嫌枪击案。两名证人的辨认结果虽然不够可信，但足以形成合法证据。"

对此，上诉法院主席打断他说："但是，我们的裁决只能基于合法证据，与其他理由无关！"由此可见，总检察长试图将法院引入定罪与证据分离的"陷阱"中，但这一企图遭到回绝。一份报纸（新鹿特丹商业报，1991 年 6 月 24 日版）引用总检察长的话："显然，（欧弗林）与性侵相关的四个方面事实理应使其罪名成立。但是，法院的问题是执着于依据合法证据来定罪。"所以，总检察长如此公开表示在他心中已然将本案的定罪与证明相互分离。不过，上诉法院的判决没有如他所望，他们宣告卡罗尔无罪释放。这起案件受到英国社会的广泛关注，无罪释放的结果激起英国下议院强烈不满。甚至有议员宣称，针对这种特殊的犯罪类型，荷兰需要设立特别反恐法。有人可能会问，这将会是怎样的法案？难道是一个让法院依据叙事的似真性而非被锚定的法律证明来定罪的法案吗？

对于实行陪审团制度的国家来说，定罪与证据发生分离是一个重大问题。如今控辩双方挑选陪审团成员几乎完全围绕这几点考虑，如陪审团候选人会认为什么是似真的故事；他们本身持有哪些既定信念；哪一方的故事更令他们有一种自然的代入感；他们对待即将审理的罪行持有一种怎样的态度（Hans & Vidmar, 1988）。而候选人能否智慧地运用逻辑规则进行推理，或者能否从愚蠢的偏见中区分可靠的常识规则，这些问题鲜少被考虑。甚至可能有人企图操控陪审团的情感和偏见，而非鼓励他们使用常识来进行判断，这种明目张胆的方式可以在蒂莫西·亨尼斯（Timothy Hennis）案中找到。该案由洛夫特斯和凯查姆记述（Loftus & Ketcham，1991），被告人亨尼斯被指控谋杀凯瑟琳·伊斯特本（Kathryn Eastburn）以及她的两个女儿。

案件于 1986 年 5 月 26 日开始进行审理。检控官将伊斯特本一家洋溢着幸福笑脸的照片置于陪审团坐席前的护栏上。"这是遇到亨尼斯之前的一家人"检控官缓缓地说。接着，他拿下照片，换上另一组新照片，检控官用手指拎着这些照片，好像它们真的被血迹浸染一般。他将伊斯特本一家被肢解的照片也放在护栏上，"这是她们遇到亨尼斯之后"检控官说。（引用书第 101~102 页）

这样一场戏剧性的表演在锚定证据的过程中扮演怎样的角色？展示这些照片就能证明亨尼斯的确涉案其中吗？显然，这场表演的目的是让陪审团心中铭记一个指向明确而且扣人心弦的故事。它的目的是引发陪审团强烈的共鸣和震惊，以此掩盖无法安全地锚定亨尼斯涉案证据的事实。

检控官打开一台幻灯机，向陪审团展示一张彩色的幻灯片，5英尺长 8 英尺宽的屏幕上出现 3 岁受害人艾琳·伊斯特本浸染鲜血的残破尸体照片。检控官按下切换键，出现下一张尸体照片；再次按下，又出现另一张。35 张幻灯片，受害人浸染鲜血、景象可怖的照片直接展示在被告人头顶正上方的墙壁上。在挤满人群的审判室内回响着人们深深地叹惋之声。（引用书第 102 页）

早在质疑证据及其锚定问题提出之前，这种方式可能已经在不法行为与被告人之间建立起一种情感上的关联。检控官将一则生动鲜活的故事深植于陪审团的脑海之中，以确保之后呈交的证据能按照故事内容来解释，更甚至，以此完全杜绝人们对证据及其锚定提出质疑的可能。于是，一则有说服力的故事代替了法律证据的位置。诚然亨尼斯案是一起例外，但是这种比起锚定证据来说，选择贩售一则好故事的做法可能会以更微妙的方式在法院上使用，而且往往也是如此。在卡罗尔案中，所谓身为爱尔兰共和军恐怖分子的被告人被法警铐上脚镣带入法院，这似乎暗示着若不如此他可能随时会抓起一挺机关枪，对在场所有法院人员以及公众进行扫射。特别针对此次审判，法院不仅加装防弹装甲玻璃，而且所有人员必须经由荷枪实弹的保卫人员层层审核方可进入。所有这些审判前的准备都强烈暗示着这些被告人隶属于一个残酷血腥的杀人集团。

还有一个例子是约翰·德米扬鲁克（John Demjanjuk）案，他被指控为德国纳粹特雷布林卡集中营效力，代号为"恐怖的伊万"（Ivan the Terrible）（这个案例并未收录在我们的语料库中，但可参见 Wagenaar，1988）。该案的官方文书本身即具有高度的暗示性："针对乌克兰纳粹犯罪分子德米扬鲁克的调查"（参见图 3.1）。

第34291号文档解译

1/14/1914	0458544

巴斯·杨，海黑斯特崔4号

849111 贾苏·夏马提	860651

M.若迪克	26454	总部　12.00	5/10/76

某先生已经知晓这是关于乌克兰籍纳粹犯罪人德米扬鲁克的调查。他的陈述如下：

我自 1942 年 9 月直至 1943 年 8 月 2 日起义之前，被囚禁在特雷布林卡的纳粹集中营里。起初，我的工作是卸载运到集中营的俘虏，之后在德国和乌克兰交界区的一家作坊里做机械维修工。

图 3.1　德米扬鲁克档案中的文本材料

所有刑事诉讼系统中，审判皆起始于由控方呈递起诉书。原则上说，虽然法院应当秉持无罪推定原则，但是控方率先提出的故事假设会令法院认为被告人有罪。所有控方提呈的信息，要么是案件的文档材料，要么是审理期间的口述材料，它们一起旨在证实被告人有罪。辩方可以提出另一种可能的假设，但这只是第二种选择。有罪和无罪假设的提出顺序将对法院形成定罪造成影响，因为对率先提出假设形成的评价使得接受另一种假设的可能性变低（Koehler，1991）。这似乎是一种惯性：一旦某个假设扎根于人们心中，就很难再用那些早就提交而且极具影响力的信息来改变它。换而言之，比起形成定罪人们需要更多的证据来改变它。

洛夫特斯（Loftus，1974）的研究很好地证明了这种惯性作用。她向模拟陪审团描述一桩抢劫杀人案。她只对第一组实验对象展示证明被告人有罪的物证。在此条件下，仅有18%的陪审团成员裁定被告人有罪。她也向第二组实验对象展示有罪物证，但附加一则由一名证人提供的信息，他认出被告人即是此次抢劫案的劫匪。在这些条件下，72%的陪审团成员认为被告人有罪。第三组实验对象也是如此，洛夫特斯向他们展示有罪物证以及证人的证言。但他们随后被告知，案发当日证人没有佩戴眼镜，因此他当时的视野十分模糊，连20英尺内的事物都看不清楚，他不可能从所站之处分辨出劫匪的面容。然而即使在这种条件下，仍有68%的陪审团成员认为被告人有罪。这表明，当证人所提供的信息形成先入为主的信念后，即使再出现能够降低原信息可信度的其他信息，也很少或根本不能对已形成的信念造成任何影响。这种便是文献中众所周知的"信念持续现象"，它已经在非法律领域的实验研究中被无数次证明（Nisbett & Ross，1980，Chapter 8；Ross，Lepper & Hubbard，1975）。

尽管人们不愿如此，但是展示证据的先后次序所造成的影响在法律审判中无可避免。控辩双方势必有一方先开始进行证据展示，而且由提起诉讼一方，即控方开始也很自然。遗憾的是，如此一来就让控方将一个相当有说服力的故事作为第一印象揉进事实审理者的脑海中。这种次序所造成的影响使得叙事的似真性超越证据及其锚定过程，从而使信念上的定罪超越法律上的证明。于是，有罪假设在辩护开始之前即被确立。事实审理者的决策因此变成以起诉书为导向，它的目的并非收集证据从而推出结论，而是收集证据为结论进行辩护。我们将在第 11 章中详细阐述这种机制，也许它能解释谜一般的证据选择问题。

3.4　防御似真性的侵袭

一般可以通过三种方式削弱一个似真性叙事：首先，给出证据证明（部分的）叙事不可能为真；其次，证实（部分的）叙事缺乏证据支持并且/或者所依据的证据没有锚定在安全的常识规则上；最后，或者提出另一个更似真而且能证明被告人无罪的叙事。令人惊讶的是，在我们研究的案例中，几乎没有迹象表明辩护律师试图采用上述三种方式作为辩护策略。更重要的是，我们发现法院未对辩方的理性论证给予足够重视。假如一个好的叙事优先于事实，即得到安全锚定的证据，那么我们没有理由相信，当一名能干的检控官提出这种叙事之后法官们会改变当初的想法。我们发现，法院宁愿将不符合起诉书中的事实另做解释，甚至完全无视它们的存在。法院一向如此，因为在任何一件复杂刑事案件中，法定事实材料往往比起法院做出裁判所需证据多得多。如果法院想要做出决策，证据的选择无可避免，但这一过程必须合理。陪审团无须解释他们的决定，所以我们无法得知他们的选择是否合理。我们发现在荷兰，作为事实审理者的法官们也常常不解释他们如何在现有证据中进行选择。他们通常只是列举支持他们判决的合法证据，而且不告知理由。为什么将其他证据以及通常存在矛盾的证据排除在外却从来不解释。根据现有文献，那些在判决中未被提及的其他证据，法院通常会将其作为不可靠或不相关证据"暗中"排除，这种做法会让被告人及其代理律师十分疑惑，究竟是什么击中

58

辩护的要害。伊斯梅尔·卡拉卡亚（Ismael Karakaya）案正是一例。

卡拉卡亚被指控谋杀埃克斯老爹（Grandpa Ekkers），一位与他住在同一街区的老人。至少有 3 名证人称直到下午两点半，埃克斯还活着，因为那时候有人看到他正在街上和其中一名证人聊天。然而，所谓的杀人犯卡拉卡亚，据说他下午两点之前在市场上兜售埃克斯的一些私人财物。除非我们假设卡拉卡亚先抢劫埃克斯，隔一段时间后再返回埃克斯家杀害他，只有这样以上事实才会为真。但问题是埃克斯被卡拉卡亚抢劫之后为什么不报警。控方认为埃克斯在中午十二点左右就已被杀害，这样卡拉卡亚才有充足的时间在他的房间里翻找财物，随后再到青年广场兜售战利品。但倘若如此，那 3 名证人又如何能在埃克斯死亡两小时之后在街上看到他？警方凭什么认为埃克斯在中午已经死亡？那正是卡拉卡亚招供时曾提到的作案时间，他一开始说了好几个时间但最后又全部否认（参见第 6 章）。如果卡拉卡亚供词中提到的作案时间不可能成立，那么他的供词所言不实，从而使得整个招供过程都令人质疑。如此一来便产生一个问题，虽然定罪需要依据卡拉卡亚的供词，但是其中一个关键部分——作案时间必须予以忽略。最终，法庭在尚未解决这一逻辑两难的情况下判处卡拉卡亚有罪。这点令人难以置信，因为之前提到，荷兰法律规定法院需要给出他们判决的理由。在这种情况下我们可以假设，虽然法庭认定卡拉卡亚的供词属实，但实际上他们"暗中"忽略不合理的作案时间。或者说，法院也"暗中"认为证人所谓埃克斯下午两点半还好好的活着而且在街上与人聊天的陈述并不真实。

我们在 35 起案例中发现有 14 起，法院裁决时没有意识到或直接无视其中不可能发生的情节。如一名在医学上被证明患有严重记忆障碍的男子，能回忆起 5 年间 27 起纵火案的准确案发日期（葛瑞穆林案）；又比如一名赤身裸体的男子在两分钟内连续性侵两名小女孩，与此同时身处隔壁的母亲却完全没有发现任何端倪（欧弗林案）；还有一名 8 个月大的婴儿告诉她两岁半的姐姐她肚子疼［被性侵导致，卡斯特林（Castelyn）案］。我们没有发现裁判上述案件的法院对这些问题存有任何顾虑。人们可能也会好奇辩方对此是否会给予足够的重视。

　　第二种辩护策略的命运如出一辙，人们对欠缺说服力的辨认结果或者缺失证据和锚点的情况都没有给予足够的重视。每起案件都有三个问题需要确定：身份、犯罪行为和犯罪意图。不过我们发现，这三者之一完全没有得到任何证据支持的情况并不罕见。之所以会被人们忽略，是因为起诉书中的叙事是一个相当好的故事。如果被告人不能被安全锚定的证据确定为犯罪人，那么他曾经游走在犯罪边缘的事实可能足以将其定罪。正如我们所预料的一样，辩方仅仅依靠这种策略可能不利于辩护。

　　如此看来似乎逻辑上最无力的辩护策略反而最有希望，也就是辩方提出一个比控方叙事更加好的故事，这个故事的情节符合控方提出控诉的犯罪事实，但却表明被告人清白无辜。这一场叙事之间的战争结果将会如何？在这战场上，控辩双方互相厮杀，采用的武器包括语言上含沙射影、若有所指，内容上包含戏剧性的冲突和震慑心脾的情节。

　　荷兰法律中，有这样一项原则：如果法院用以定罪的证据同样适用于辩方用于证明被告人的清白［"米尔恩范德法特"辩护（"Meer-en-Vaart"-defence）；HR（荷兰最高法院），1972 年 2 月 1 日，*NJ* 1972，450］，那么法院只有在明确驳倒被告人可能无辜的情况下才能定罪。之前提到的亨克曼苏案正是一例。但法院没有解释为何驳回亨克苏曼提出的无罪版本故事就将其定罪。另一例是瑞克布勒姆案，被告人详细解释了兰伯特先生被妻子误伤的细节，但法院在判决中依然没有解释为什么反驳瑞克布勒姆关于事实的另一种说法。实际上，我们语料库中所有 35 起案例中，辩方都尝试使用这一策略，即提出另一个基于现有证据的无罪版故事，但无一例外地都失败了。这并不奇怪，因为我们只选出被告人（至少在一审中）被定罪的案例。当然，真正的问题是，法院从未针对这些无罪故事明确给出反驳理由。因此，我

60

们不情愿地得出结论，采用第三种策略十分冒险，而且通常不起作用。

　　这就留下一个问题，为什么违反"米尔恩范德法特"辩护原则的法院，往往无法按照其要求给出反驳理由？亨克苏曼案和瑞克布勒姆案给出一个强有力的原因：法院根本无法反驳案件存在其他故事版本。这些故事完全可能发生，但法院并不相信，因为他们太经常听到类似的借口。这些故事也许非常可能发生，但不是"绝对会"发生。于是，叙事的似真性使得权衡的天平已然倾斜。

第 *4* 章　锚点的质量

　　一个好故事能让证明事半功倍。法律原则上要求依据证据来定罪，包括实物证据或书面证据，证人证言或专家意见。在第 2 章中我们已经指出，任何证据本身并不能证明任何事情。证据必须被锚定在普遍被认同的常识规则上才能证明某些事情。一个典型的例子是，将被告人的指纹与犯罪现场找到的一枚指纹进行匹配。要使之在刑事案件中成为现有证据，我们需要知道：这些指纹如何匹配以及由谁来进行操作？匹配程序的质量和操作者的素质如何？发现指纹的准确地点在哪？发现后它是如何被保存的？是否能够提出另一个关于指纹为什么出现在犯罪现场的合理解释？匹配指纹的过程本身并不构成证据，对指纹鉴定专家、现场侦查员的叙述，或是被告人提出的另一种解释进行评价才会构成证据。如果人们对指纹鉴定专家的专业素质，现场侦查员的信誉品格产生质疑，或者如果被告人对指纹为什么出现在犯罪现场提出另一种相当合理的理由，那么这枚在现场采集到的指纹无法证明任何事情。只有我们认同这枚指纹证据所锚定的常识规则：大部分指纹鉴定专家熟悉自身业务，而且大部分警方人员都诚实可靠，这样一来这枚指纹才能被认定为证据。锚点是那些为我们相信特定证据提供辩护支持的常识规则。

　　锚定过程通常是隐性的，换而言之，充当某个证据锚点的常识规则并不会直接言明。在接受某项特定的证据时，我们默默地援引一则在逻辑上能够成为锚点的常识规则。此过程中，决定是否可成为证据的关键环节——证据评价也是隐性的。

一般来说，锚定建构必须满足三个要求：其一，所有叙事的关键部分必须都被锚定；其二，这些叙事只能锚定在人们普遍认为安全可靠的常识规则上，即那些大多数情况下理性之人不会去质疑的规则才能作为锚点；其三，整个锚定建构必须在"排除合理怀疑"标准上证明被告人有罪。前两则条件属于逻辑的要求，第三条属于法律的要求。接下来我们将证明，刑法中鲜少明确规定定罪需要多少个锚点，哪些锚点安全可靠，以及哪种程度的质疑才合理。之所以缺乏准确性的原因之一，是法律处理的是证据而非锚点。证据是所有（能被允许）呈递到法院的信息；它们只有被锚定到安全的常识规则之后才能成为证据。比如，指控瑞克布勒姆谋杀的两名证人作证说，她们看到瑞克布勒姆开枪杀害了兰伯特先生，这份证言之所以被认定为证据是因为它符合单一证人原则。然而，单一证人原则只规定一名证人的证言不足以定罪，但未言及两名证人的供词一致时即可采信。只有在我们相信两名独立证人一般不会犯下相同错误或说同一谎言的情况下，他们的证言才能构成安全的锚点。一般情况下，这种信念可能足以形成一个锚点，但在瑞克布勒姆案中，两名证人身份不但相关，她们甚至很可能会为共同利益而说谎。女儿可能为了保护母亲而说谎，否则她至少会被指控非法持有枪械。母女俩也有机会在伪造一个说辞一致的故事时，销毁与其内容相反的证据，但由于法律只要求定罪时不只依据一名证人的证言，因此判断证据是否被安全锚定的问题就留给事实审理者自行决定。

与此同时，这也让事实审理者自主判断故事中哪些部分需要被锚定，多少细节需要被锚定，以及整个锚定结构的可靠程度是多少。本章中，我们将逐一探讨这三个过程。

62

4.1　故事的哪些部分需要被锚定?

从逻辑上来说,与指控相关的每个关键事实都必须得到证据支持,即证据必须确认犯罪人的身份,他是否实施犯罪行为,以及是否具有犯罪意图。倘若其中任何要件缺少证据支持,则必须将被告人判无罪释放。不过,我们需要的不仅是证据,还要将支持每个关键要件的证据安全地锚定到常识规则上。如果支持其中某个要件的证据不能被锚定到安全的常识规则上,那么也应当将被告人无罪释放。

锚定建构是一个逐渐深究证据的过程,不过如果某个锚点没有被安全锚定,也不意味着即可正式宣告被告人无罪。陪审团和法院会同时评价锚点的质量以及锚定结构的完整性。即使他们发现某个部分锚定不太可靠,但也许还是会接受整个锚定结构。可能他们认为该部分叙事的影响力最小,比如说被告人招供的供词。

在美国,通常认为供词本身可以形成充分的法律证明,这也使得诉辩交易成为可能。因此,供词可以被用来确认判决书中全部三要件:身份、犯罪行为和犯罪意图。这个结论,或者说这三个结论要能够成立,必须建立在我们承认这样一项规则的基础上,即被告人招供时绝不说假话。这项规则令人质疑,因为即使绝大部分的供词都是实话,假供词也不在少数。不过,美国司法体系中没有明文规定质疑这项规则。

尽管英国不存在类似规则,陪审团仍可以只凭借供词即宣判被告人有罪。也许在这些案例中,陪审团还是通过其他证据证实供词所言非假,最终才认定被告人有罪,但同样地,英国也没有明文规定这么做。

在荷兰,法律明文规定法院不得单凭供词就将被告人定罪。根据刑事证据法,定罪需要更多不同性质的证据,但没有具体说明需要怎样的额外证据。这便产生一个问题。例如,几年前荷兰一家大型连锁超市的所有者,赫里特·扬·海能 (Gerrit Jan Heijn) 遭到绑架。之后有好几个人不约而同坦诚自己就是凶手。受害人的尸体被发现后，警方陷入两难之中：对每一名自首的嫌疑人来说，供词加上尸体已经构成法律上充分的证据，因为根据荷兰法律，尸体可以作为额外证据。但是，本案中法庭当然不能裁判这些人都有罪，即使他们之中真的有人作案。这个例子说明，人们需要更严格的定罪标准，一具尸体和一份招供供词并不足以锚定谋杀控罪中的所有要件。发现尸体本身足以锚定犯罪行为的存在，根据法医学报告我们可以坚定地认为这是一起谋杀案。一份描述凶案的供词可以为犯罪行为提供额外的锚点，但却无法安全锚定杀人凶手的身份。在缺少其他证据的情况下，身份问题仍然没有得到充分地锚定。

不过，在某些情况下，人们可以根据供词本身的似真性，以及将其锚定到一些只有警方和犯罪人才知道的事实上来评估它的真实性。供词中所包含的隐秘信息能为叙事提供安全的锚点。此外，一份供词不能包含不可能发生的情节，即那些已被警方获悉不可能为真的事实。评估供词似真性时，人们应当去寻找其中是否存在模棱两可的细节，相关概念可参考班纳特和费尔德曼的定义（参见第 2 章）。

如果说，那些似真而且已被可靠锚定的供词解决了身份问题，那么它们是否也能充分地锚定犯罪行为依然尚不可知。即使确认犯罪人的身份，我们仍有理由怀疑他或她所叙述的故事是否属实。一名主动招供的被告人可能怀有强烈的说谎动机，比如他或她试图维护其他人，或者相反地，试图诋毁他人来减轻自己的罪行。因此，人们不能依据供词的字面内容作为评估标准，还需要充分锚定的证据作为印证。缺乏提供支持的证据，供词无法将犯罪行为安全锚定。

由于各种原因，供词对建构犯罪意图的价值有限。首先，大量证据表明人们经常无法如实地讲述他们内心的真正想法（Nisbett & Ross，1980，Chapter 9）。其次，他们可能不愿说实话，因为知道其他人很难去证明这些说辞不那么真实。赫里特·卡夫（Gerrit Kraft）的案件能充分说明这一点。

　　卡夫在荷兰弗利辛恩市的法拉盛区经营一间酒吧，然而他和他两个兄弟不断遭到当地三名男子的骚扰。甚至有一次，他最小的兄弟被子弹射穿手掌。1989 年 9 月 23 日的晚上，两名男子在臭名昭著的拳击手汉斯·蒙克斯（Hans Monks）的陪同下走进卡夫的酒吧。没过多久便引发一场斗殴。卡夫感到来自蒙克斯的威胁，便朝他脸上狠狠地打了一拳，蒙克斯随即倒下。随后，许多证人看到卡夫或者他的兄弟汤姆（Tom）用脚踹蒙克斯。后来，蒙克斯因伤势严重而导致终生瘫痪。格里特否认他用脚踹蒙克斯，但承认的确打了他一拳。这份供词被地区法院作为卡夫故意伤害蒙克斯的证据，同时反驳卡夫提出的自我防卫的主张。当然，在自我防卫过程中朝对方脸上打过去意味着有意识地伤害他人，造成伤害的目的是阻止受害人（蒙克斯），这正是自我防卫的基本依据。而且，在出拳的那一刻，无论当时这个人想到什么，意图伤害对方这一点都是真的。不过，退一步说，即使不能完全明确在自卫过程中他出拳伤人的意图究竟为何，如卡夫供词中所暗示的那样，但仍可以为他涉嫌有意以使被害人瘫痪的方式进行攻击提供一个锚点，即使该锚点能根据其他证据来确立，比如他用脚踹受害人。

　　有时候，警方会通过据称是嫌疑人口述的明确记录来推测犯罪意图。80 岁的老人敦克先生（Mr. Donker）涉嫌性侵两名 6 岁的小女孩，警方报告中有一段文字记录如下："我知道我对吉尔珍（Geertje）所做的一切都将受到法律的制裁，我犯了娈童罪。"起初，这份供词由一名警方人员手写记录，之后嫌疑人会在上面签字。然而，在警方后来重制的打印版供词中却缺少嫌疑人的签名，原始手写版本不知何故已经遗失。敦克声称，原始版本中不包含这句令其定罪的致命陈述。为使报告文书更清晰易读，警方将手写报告录入档案时，通常会重新编辑嫌疑人和证人的陈述。是谁将这句话当作敦克亲口招供的证明，还编辑到供词之中，是故意伪造证据还是无心之失？在没有得到进一步锚定之前，我们不能根据这份缺少签名的供词推断犯罪意图。

　　刑事证据法可能或可能没有规定供词可构成充分的法律证明，但在大多数国家，供词在证明任何事实之前是否必须满足某些特定条件，这个问题尚无定论。将供词视为证据并非不合理，但是需要将其锚定、证成之后，我们才能采信它。所有证据皆须锚定。即使某个证据在法律上可采或满足所有合法条件仍不足够，因为这无法保证它是一项可靠的证据，也无法保证它能为起诉书的关键部分提供安全的锚点。

如果案件中出现多余证据，那么想要严谨地分析起诉书的锚点很容易变为一项异常艰巨的任务。德米扬鲁克被指控曾是一名纳粹刽子手，代号为"恐怖的伊万"，负责操作柴油发电机为特雷布林卡的毒气室输送毒气。这个案例生动地体现出仔细分析锚定结构所引发的挫败感（Wagenaar，1988）。其中一名证人，索尼娅·勒夫科维奇（Sonia Levkowitch）作证称，她亲眼看到伊万执行他肮脏的任务。但是勒夫科维奇在1号集中营工作，而毒气室在2号集中营。于是，辩方提出这样一个问题，勒夫科维奇如何能从1号集中营窥视到2号集中营的情况，因为两个集中营之间被精心设计的栅栏所分隔。她辩解说，从1号集中营上方的晾衣台处往下望，视线可以越过高栅栏。于是，辩护律师向法庭展示一份集中营的地图，并指出晾衣台的确切位置。然而，从地图上看晾衣台似乎不在1号集中营上方，而在背面，而且从那里根本无法看到2号集中营中的景象。此时，审判长失去了耐心，问道："此案的关键究竟是什么？晾衣台还是被屠杀的85万犹太人？"讽刺的是，正确答案就是晾衣台！如果我们要采信勒夫科维奇的证言，那么需要将其安全地锚定，只要无法确定晾衣台的位置，这件事情就无法进行。没有充分锚定的证据无法证明任何事情。

类似令人苦恼的情况也出现在我们语料库的某些案例中。最突出的是卡罗尔案，他被指控是一名爱尔兰共和军枪手，在荷兰鲁尔蒙德杀害两名澳大利亚游客。卡罗尔隶属于一个爱尔兰组织，他们是一群无故逗留在荷兰境内的游民。这群人在比利时边境的树林里被警方发现，当时他们正在练习打靶，树林附近还发现一个秘密武器库。武器库中藏匿的两支枪，后来被证实是鲁尔蒙德谋杀案的凶器。当然，以

上这些情况使得卡罗尔的嫌疑相当大。但是这个爱尔兰组织至少有 7
个人，所以问题是，能否证明在这 7 名爱尔兰人中卡罗尔就是两名枪
手其中之一？凶器上没有卡罗尔的指纹，在用来逃逸的汽车里也没有
找到气味残留。唯一的证据是一份可质疑的辨认结果，即由阿维坎普
夫妇（Mr. & Mrs. Averkamp）作证的辨认测试。阿维坎普先生在某日
上午进行辨认测试，而阿维坎普夫人则在下午进行。中间时段他们二
人一起共进午餐。他们在午餐时讨论过待辨认的备选照片吗？阿维坎
普先生说他们讨论过，但阿维坎普夫人却否认这一点。阿维坎普夫妇
在 1990 年 7 月 3 日的午餐时间里究竟谈了些什么？有人可能会问，这
是在解决一个冷酷且令人发指的谋杀案还是在吹毛求疵地挑剔证据？
然而，鉴于身份问题完全取决于这两名证人的可靠性，因此显然我们
并不是在挑刺。地区法院认为，关于午餐间谈话的问题是一个愚蠢的
细节，不值得关注。看起来法院认为其中一名证人只是记错了。判决
理由中虽然提及两名证人的证言，但（巧妙地?）回避了他们在午餐
时谈论的话题。如今这两名证人的陈述没有被安全锚定。在关于法律证
明的问题上并不存在所谓大致表示或粗略估计的情况。证明需要对起诉
书的锚定结构追根究底，直至将证据锚定到无可争议的常识地基之上。
换而言之，追根究底直至即使在一些无聊的细节上我们也要达成一致。

4.2 安全锚定

逻辑上，锚定类似一种基于普遍规则的涵摄，如下三段论所示：

> 所有宣誓过的证人都说实话。
> 这名证人已经宣誓。
> 因此，这名证人说的是实话。

不过，锚定不完全等同于涵摄。锚定过程中的逻辑运作顺序与涵
摄的不相同；我们会从第三个陈述开始，逐渐向上到第一个：

证人说的是实话吗？

证人进行宣誓。

他说的是实话，因为宣誓过的证人都说实话！

三段论和锚定的差异性看起来似乎不那么重要，但这却是二者的本质区别。普遍规则并非三段论中不受挑战或不可挑战的出发点，而是出于约定或方便的原因，为可接受性提出的一个封闭论证。普遍规则不是公理，而是可待商榷的建议，这就是为什么提到这些普遍规则时绝不说无一例外。

证人说的是实话吗？

证人进行宣誓。

他说的是实话，因为大部分宣誓过的证人不会说谎。

某些规则存在的例外情况比其他规则更多。如果法院对作为锚点的普遍规则（多数时候默认）不甚满意，那么可能会要求提出者进一步深究证据，直至找到更安全的锚点。回到之前的例子，我们知道证

67 人存在两种没说实话的情况：犯错和说谎。因此，若要采信证人的证言，的确需要回答两个问题：证人是否犯错，以及他是否说谎？二者之中任何一个问题的答案不能用来回答另一个。关于犯错的情况，更深入的锚定如下所示：

这次身份辨认的结论可被采信吗？

证人看清了劫匪的相貌。

这次身份辨认的结论可以被采信，因为在看清劫匪相貌的情况下，证人鲜少在辨认上出错。

这项规则也有例外。例如，如果辨认过程带有暗示性，即使证人的确看清劫匪的相貌也可能出现辨认失误。鉴于这种可能性，如果法院对目前的论证不甚满意，就需要进一步探寻更安全的锚点：

这次身份辨认的结论可被采信吗？

证人看清劫匪的相貌，而且他遵循公认的程序规则进行辨认。

这次身份辨认的结论可以被采信，因为证人看清劫匪的相貌，而且在遵循正确的程序规则下，辨认很难出错。

随着对锚定结构不断深入探究，作为锚点的普遍规则出现例外的情况会不断减少，因为附加的限定条件将缩小普遍规则的适用范围。于是，某个具体案件理应越来越符合这项普遍规则的要求。

不过，有可能发生证据无法提供任何锚点的情况。一个典型的例子是如何确认作案时伪装身份的犯罪人，如尼尔林案。"我从他的眼神里认出他"，一名证人说；"我根据他走路的姿势认出他"，另一名证人说。对于这样的说法，人们如何判断谁的证言可靠，谁的又不可靠？又有哪些常识规则能为这样的辨认提供锚点？

如果某些锚定规则存在诸多例外情况，那么它们需要被进一步锚定，以便用新事实和新规则来限制这些例外的出现。有时人们可能很难仅凭一项规则就能将所有明显的，甚至绝大多数例外排除在外。证人证言的可靠性正是这个问题的主要体现，因为锚定此类证据的普遍规则会被各种例外情况所破坏，我们将在第 8 章中证明这一点。因此，锚定来自目击证人的陈述会占很大比重的工作。另外，必然存在某种方法防止出现无限倒退要求锚定更深层级叙事的情况。逻辑上有四条停止规则。在以下条件，倒退可以被停止：

1. 被锚定的证据显然为假。
2. 已经锚定到绝对安全的常识规则上。
3. 控辩双方皆同意，无论出于何种原因，没有必要进一步锚定。　68
4. 法院认为锚定规则足够安全可靠。

规则 1 显而易见。假如根据其他证据，比如不在场证明，说明被告人确实不可能作案，那么无需再去锚定目击证人关于犯罪人即是被告人的说法。不过现实里执行起来可能不会如此简单，因为分析假证据时也会根据同样的锚定方式进行。为什么被告人不是犯罪人？谁说的？为什么相信他？我们收集的案例中，存在大量未经锚定就被否决的假证据。但与此同时，为起诉书寻找锚点的任务仍在继续，仿佛被告人是否有罪的问题还没解决。埃德斯特案（the case of Edelschat）正是这样的例子。

埃德斯特被指控抢劫了一间名为"舒心旅途"的旅行社。案发当天，两名目击案件全过程的旅社助理根据一组潜在嫌疑人的备选照片进行辨认，（据我们所知）埃德斯特的照片也在其中。他们没有认出任何人，这可以被视为埃德斯特不是犯罪人的证据。然而，两个月后，这两名证人再次进行辨认测试。为什么？难道有一项常识规则称，两个月后再进行辨认测试的结果比案发当天进行的更可靠吗？如果我们要采信第二次辨认结果作为证据，那么我们必须将这项规则作为锚点。我们将在第 5 章和第 11 章中主要讨论在刑事诉讼所有阶段经常未能及时应用规则 1 的情况。

规则 2 看起来也很简单，直到我们意识到在现实中根本不存在绝对确实性。但似乎法院会接受某些看起来绝对可靠的规则，有时是因为证据法要求他们这样做。例如，荷兰证据法规定，一名警方人员的证言即可形成充分证明。荷兰立法者似乎认为警方人员提供的证言完全可靠，但实际上我们知道这项规则不仅不可靠还具有误导性。甚至有的警方人员的证言比普通市民更不可信（参见第 8 章），但引用这项法律规则会停止对其证言进行锚定的进程。

规则 3 只适用于对抗制体系：如果控辩双方均一致接受被告人就是用枪打死受害人的凶手，那么似乎没有必要继续锚定。逻辑上这种达成共识并没有为锚定叙事提供真正意义的保障。出于实际考虑，控辩双方会在他们都知道不可能实现的事情上达成一致。比如诉辩交易，双方经过深思熟虑，决定停止进行更深层次的锚定。供词可能是相同机制下一个不那么明显的例子：一旦嫌疑人坦诚所有罪责，警方可能

69

认为已经无需核验供词的每个细节，这样做最终也许导致缺少最低程度的保障来确认被告人的确有罪（参见第 6 章）。另外，不存在任何强制性理由要求陪审团或法院相信控辩双方所接受的锚点，无论是明确的还是默许的。甚至有人认为，他们不应这样做，因为决定权掌握在他们自己手里。在纠问制体系中，控辩双方之间达成的一致实际上没有任何意义，而且我们发现语料库的某些案例中法院似乎应用了规则 3。比如上文提到的布恩迪亚案。

布恩迪亚因杀害他前妻奥莉安娜的堂兄阿弗雷多（Alfredo Matilla da Cueto）以及持刀刺伤奥莉安娜的手臂和后背而被判有罪。在此之前，他先用匕首刺入自己的胸膛。一名证人称，匕首刺入布恩迪亚的胸膛深至刀柄，但布恩迪亚并未因此入院就医，而是直接进了监狱。两名受害人衣服上沾有血迹，一些来自他们自己，一些来自另一人但不是布恩迪亚。实际上，受害人衣服上的血迹似乎来自两名陌生人，而且上面没有布恩迪亚的血迹。然而，布恩迪亚坚称他刺伤了自己。对此，控辩双方似乎都认同这个细节并不存在。不过，法庭仍然接受被告人和证人的陈述，即布恩迪亚先刺伤自己。受害人衣服上的血迹来自两名陌生人，他们的身份从未被提及，因为控辩双方均未提起，更别说回答它了。

规则 4 是接受锚点的最终标准，甚至即使前三条规则已经被应用。判断锚定结构是否足够安全可靠是法律证明的核心。如何实现这一点？我们是否应该要求，对于任何用于锚定的常识规则，不应出现我们能够想到的例外情况。当然，这个标准过于严苛。人们定义常识规则时总会允许例外存在，如供词可能有假，诚实的证人可能犯错，还有无可挑剔、正统的专家偶尔也会失误。如果对这三个刑事证据最主要来源要求绝对的确定性，可能会导致整个刑事诉讼程序完全停摆。规定法院和陪审团只能接受"排除合理怀疑"的证明，这样一来可以弥补证据及其锚定不确定性带来的影响。同时这也意味着，无论法院和陪审团多么确定被告人有罪，他们总可能判断错误。绝对安全的锚点并不存在，锚点的安全程度只是相对于判断标准而言。我们语料库中的案例充分说明，法院没有要求将叙事锚定到绝对安全的常识规则上。相反，他们公开宣称这些规则并不安全。之所以能够这么做，是因为"不安全"不等于"不够安全"。不安全的规则可以在某种程度上被认为足够安全。

例如标准人体玩偶测试（the Anatomically Correct Dolls Test）。这是一种使用具有两性特征的玩偶来评估疑似遭到性侵的孩童陈述真实性的测试。如果测试结果表明这名儿童曾遭到性侵，我们应当采信吗？我们知道，这项测试的设计并不完美，甚至它离完美还很远。1987年，哈波尔和韦伯（Jampole & Weber）进行一项权威研究，对20名声称自己曾遭性侵的儿童进行测试。其中10个孩子的确说了实话，另外10人要么有妄想倾向要么是在说谎。测试结果见表4.1。"儿童说实话"（参见第2章）的诊断值为 0.90/0.20＝4.5，这意味着，如果将测试视为一个足够安全的锚点，那么以它为根据得出18%的判决都是错的。这个误差幅度似乎相当大，大到足以达到"合理怀疑"的标准，即使我们承认这个标准同样存在不确定性。此外，测试中很难发现例外情况。哈波尔和韦伯研究中发现的两次错判都不是在测试过程中或者非专家操作下可被检测出的错误。法院自己无法对测试进行更深入的锚定，而这项测试唯一可被锚定的规则是："测试诊断值为4.5。"如果这项规则不够安全可靠，那么儿童的证言不能通过这项测试的结果来锚定。即使如此，面对如今大量出现的令人震惊的儿童性侵案件，世界各地的法院显然认为4.5的诊断值已然足够。我们收集的案例中，也有一例使用了标准人体玩偶测试，即敦克案，他被指控性侵自己的外孙女。我们将在第9章详细讨论这起案例。

表 4.1　标准人体玩偶测试结果（Jampole & Weber，1987）
10 名儿童说实话，10 名儿童没说实话

实际上是	儿童表现的测试结果	
	说实话	没说实话
说实话	0.90	0.10
没说实话	0.20	0.80

　　另一个被认为足够安全可靠实际上却不可靠的规则是测谎仪或测谎实验的结果。其中一种经常应用到这种测试中的方法是"准绳问题技术"。嫌疑人先回答一些必须做出否定回答的问题，这些问题大多数是无害的。准绳问题才是关键，比如询问嫌疑人是否实施了犯罪？嫌疑人的生理反应会被记录下来进行比较。如果他对关键问题的反应与参照问题不同，那么嫌疑人被认为在回答关键问题时撒了谎。卡罗尔（Carroll，1988）的一项针对使用这项技术的全面研究结果如表 4.2 所示。

表 4.2　测谎实验结果（Carroll，1988）
有 118 名嫌疑人说了谎，另有 89 名嫌疑人说了实话

实际上是	根据测试，嫌疑人是	
	说谎话	说实话
说谎话	0.83	0.17
说实话	0.43	0.57

　　在这项结果中，"说谎者"的诊断值只有 0.83/0.43 = 1.93。如果测试结果在所有情况下均以表面意义出现，那么每 100 次定罪中将出现 34 次是错误的。这说明测谎可信这项规则极其不可靠，尽管荷兰已经不接受这项规则，但它还是经常被其他某些国家的法院所接受。

　　当人们找到锚点时，便意味着接受某个证据的证明力，它不再那

么容易被质疑。到头来，我们还是必须相信某些证人、方法、专家甚至被告人的说法，但人们对这些信任背后的规则是否安全可靠知之甚少。当我们用经验数据来检测规则的安全性时，它们又变得不那么安全。高于5.0的诊断值不常见。1.0至2.0之间的比较常见，但绝大多数时候，人们根本无法得出有效的诊断值。甚至当无法以诊断值来衡量证据问题时，想要得出诊断值可能会愈加困难。

比如哈纳克案（参见本书第43页）。哈纳克被指控抢劫了一家超市，他是两名劫匪其中之一，案发时身穿慢跑服。警方追捕开车逃逸的劫匪，但中途曾经失去劫匪的踪迹。警方发现哈纳克时他正躲在附近一座城堡的护城河里，穿着单薄的运动上衣，而有一件慢跑服却被遗落在护城河的对岸。警方相信找到的慢跑服属于哈纳克，并且认为他脱下衣服是为了混淆视听躲避追捕。但是，这件慢跑服真的就是之前警方追踪劫匪时看到的那一件吗？关于这一点一共有12名证人，其中6名是警察，其余的属于非警方人员。表4.3是证人关于慢跑服的描述。

表4.3　12名证人对慢跑服的描述
警察分为两人一组进行，每组只提交一份报告

普通证人：
1. 耀眼的蓝色慢跑服，还夹杂着其他色彩
2. 蓝色慢跑服
3. 白色慢跑服
4. 耀眼的蓝白相间慢跑服
5. 彩色外套
6.（证言缺失）

警方证人：
（1）和（2）慢跑服，颜色不清楚
（3）和（4）夹克，蓝白相间或蓝红相间或者蓝白红相间
（5）和（6）蓝色慢跑服

表 4.4　哈纳克案件中关于慢跑服的假设性结论

真正的慢跑服	证人证言的差异性	
	不差于表 4.3	差于表 4.3
与证人的观察一致	x	1-x
与证人的观察不一致	y	1-y

　　实际上，在护城河对岸发现的慢跑服上蓝、绿、红和白色的分布面积都差不多。上述表格中对慢跑服描述的差异性是否能让法庭得出这样一个结论，即证人们描述的是一件彩色的慢跑服？表 4.4 是这个问题的逻辑分析结果，由于缺少可用的统计学数据，我们无法得知"x"和"y"的真正的数值。不过，显然"y"的数值会比较高。因为人们观察任何类型的慢跑服都可能得出不尽相同的观察描述。导致这种巨大差异唯一的解释是，如果有一件彩色上衣，那么"彩色上衣"本身就不是一种精确的描述。这同样适用于其他颜色的慢跑服，因为慢跑服一般颜色都比较鲜艳。因此，关于超市劫匪是否确实身穿这套慢跑服，这些描述的诊断值似乎都不太高。法庭也许还风趣地问了另一个不相关的问题："这件上衣允许自己有这么多种描述吗？"然而，正确的问题应当是："这些描述是否让人觉得这件衣服更像另一件，而不是护城河对岸找到的那件上衣？"为什么说法官的问题与案件无关，我们将在第 5 章给出解释。现在，我们承认很容易混淆这些问题。

　　我们语料库的许多案例都涉及一个或多个类似这样的锚定问题。证据只能被锚定在允许存在许多例外情况的规则上，但同时又无法将锚定延展至更深层级，从而得出更安全的规则。这种证据是否必然没有价值，或者它应当与其他证据结合，从而形成更值得信赖的证据图示？刑事证据法通常允许后一种情况的存在，只要将证据结合在一起，用我们的话说，作为整体的锚定结构能够产生"排除合理怀疑"的证明。法律并不要求起诉书中每个细节都必须排除合理怀疑。法律证明

作为一个整体，它的可靠性问题是下一节的主题。在这里，我们希望说明的是，每项证据都必须分别达到锚定的安全标准，也就是说，锚定在逻辑上是合取式。起诉书叙事的所有关键部分都需要锚定，而且每个锚点都必须站得住脚。由此可见，锚定规则的安全性是一个亟待解决的问题。

我们将在第 6 章至第 9 章中解决一些最经常导致锚定出问题的因素：招供、身份辨认、证人证言以及专家证言。这些章节主要揭示这些证据通常所锚定的规则中存在的某些弱点，并且提出一些解决方案。证据法明确列出一些不安全的规则，并且禁止或限制使用它们，这可以对我们的解决方案提供参考。这些方案已经应用于某些国家，如那些承认传闻证据不可采的国家，因为传闻证据存在锚定问题。然而其他一些国家并没有关注这项规则，例如荷兰［荷兰刑事诉讼法曾禁止采用传闻证据，但这项禁令已被最高法院解除（荷兰最高法院）1926 年 12 月 20 日，新泽西，1927，87］。不久前，英国引入"瞬间瞥见"规则，声称如果证人只在一瞬间瞥见犯罪人，那么判断其身份的证言必须得到其他证据支持。荷兰法律认为供词不够可靠，不足以作为充分证明，但在其他许多国家倾向于采信招供的供词，即使它们未得到其他证据证实。这些限制性规则所体现出的人类智慧似乎被分散在不同的规则之中。没有一个国家将其全部使用。

4.3　作为整体的锚定结构

4.3.1　关于补偿

无论是裁定有罪还是无罪开释，人们都必须以整个锚定结构的可靠性作为评估基础。为实现这一目标，我们必须将审判中每项证据的意义及其锚定过程结合起来考虑。结合方式有两种：合取式与补偿式。合取式中，叙事的每个关键部分都必须安全地被锚定；补偿式中，一些薄弱证据的锚点可以由其他强力证据的锚点代为锚定。综合上述我们认为，叙事的锚定结构必须是一种合取结构，一旦某个锚点断裂，整个结构将分崩离析。譬如，如果关于被告人的身份辨认和犯罪行为的证明已经达到排除合理怀疑的标准，但犯罪意图这一项却没有，那么就不能将被告人定罪，无论前面两项的证明多么确凿。这种情况在以下情形中十分常见：某人受到严重伤害，但致伤之人坚称这是一场意外。叙事中某个部分的安全锚点不能作为其他部分的非安全锚点的补偿。这个原则在数学上可用安全值的乘积表示：任何低于 1.0 的安全值将削弱整个锚定结构，其他分值恰为 1.0 也无法改善这一情况。以合取方式连结锚点来建构锚定结构的观点遭到来自科恩（Cohen, 1977）和纳文（Navon, 1990）的挑战，前者的出发点是锚定结构是一种整体性结构，后者则通过分析锚定结构的子部分来提出质疑。 74

　　纳文讨论了一个关于加油站抢劫案的假想案例。一名嫌疑人之所以被逮捕是因为他被目击到跑过加油站附近的路口。加油站的工作人员辨认这个人就是劫匪。但是，这样的身份辨认往往存在问题。纳文接着指出：

　　　　关于不确定性的思考如下：在这种情形下，犯罪人与某个外貌特征和他相符但却是清白之人随机匹配的可能性有多大？匹配程度必须符合已知匹配程序的限定条件。然而，在很多案例中，即使排除误差，数据的净诊断值也相当可观。这种情况也适用于从列队中所获取证据较为相似的那些案例。比如，加油站的工作人员可能对劫匪面孔的辨识程度尚不足以与镇上的其他人进行区分，尽管如此，这种辨识已经足够从纯粹逻辑角度上排除 99% 的嫌疑人。在加油站案例中，相关当事人属于镇上那 1% 的人口，又恰好在案发时段出现在路口附近的可能性是存在的。

　　纳文认为，换句话说，案件中嫌疑人在加油站附近被逮捕这一确定性事实，实际上补偿了列队测试中众所周知的不确定性。在纳文的例子中，补偿与身份方面问题有关，因为证据都与"谁做的"这个问

题关联。逻辑上并没有理由将补偿限制在锚定结构中相同子部分的元素上。为确定犯罪人的身份，人们可能也会引用这样的事实：被告人家境贫寒，因此他有抢劫动机。这个论证可能如下：相关当事人与劫匪长相相似（即属于镇上那1%人口）又有抢劫加油站的强烈动机，这种可能性是存在的。如果这个人之前有过犯罪记录，或者是一名黑人，又或者曾经被起诉，那么人们很可能会做出类似论证。由于被逮捕的诊断值为9.5（参见第1章数据），因此可以推断，相关当事人很可能貌似劫匪又刚好被警方逮捕。于是，被警方逮捕这一事实被用作弥补大部分失格列队测试的不足。

尽管如此使用补偿原则显得十分荒谬，但在一定限度内，人们可以从逻辑上预防补偿情况的发生。事实上，法院可能在很多情况下使用补偿原则。做出判决之前，法院必须仔细分析大量信息，他们通常不会分别判断这三个问题，身份、犯罪行为和犯罪意图，而且法律也没有强迫法院必须按照合取的方式处理证据。虽然荷兰法律要求法院给出判决理由，但没有要求要给出起诉书每个部分的理由。因此，法院可能在薄弱和强力证据之间使用补偿原则。我们之前已经证明这样做的荒谬性。但我们仍然担心，这正是许多关键案例中会出现的情形。我们会在第11章中更详细地讨论这个问题，现在我们来举两个例子。

表4.5　法院关于12%的关键案例判决

（a）真实情况；（b）将判断标准向右偏移的结果

(a)	法院的判决：		
被告人	有罪	无罪	共计
	（%）	（%）	（%）
有罪	2.5	4.5	7.0
无罪	0.5	4.5	5.0
共计	3.0	9.0	12.0

续表

(b)	法院的判决:		
被告人	有罪	无罪	共计
	(%)	(%)	(%)
有罪	1.69	5.31	7.0
无罪	0.27	4.73	5.0
共计	1.96	10.04	12.0

斯博科曼被指控抢劫 6 家银行，他只承认其中一起是他干的，并否认参与其他 5 起抢劫（参见本书第 65 页）。在他拒绝招供的劫案中，证人通过辨认测试认出他就是劫匪，不过这次测试的质量受到一个现实情况的影响，即斯博科曼的肖像早在全国广播电视新闻上出现过。警方几乎没有找到任何关于第 3 起抢劫案的证据：5 名证人中仅有一名辨认斯博科曼正是劫匪。第 4 起劫案中更是缺少证据：5 名证人无一人认出斯博科曼。但是，他还是因为其他两起劫案被判有罪。在法庭看来，显然这两起案件所缺少的身边识别证据（以及斯博科曼提出的不在场证明），都被他之前承认的那起银行抢劫案所补偿。倘若果真如此，斯博科曼的犯罪记录补偿了起诉书关键部分锚定的缺失。

吉恩·里巴特（Gene Rabout）因用剪刀刺伤妻子艾琳（Irene）而遭到警方逮捕，但调查显示艾琳身上并没有伤口。反而里巴特因为右臂有一处较深的刺伤创口而须到医院进行治疗，仿佛他曾躲避某人的袭击。剪刀上的血迹后来被证明属于里巴特，而非艾琳。但法庭得知里巴特早前曾伤害过艾琳。他不仅性格暴力，还是一名瘾君子，因此艾琳曾将其扫地出门。这次里巴特不顾艾琳的意愿强行破门而入并企图恐吓她。当时现场并无第三者，而里巴特具有伤害艾琳的强烈动机。对于法庭而言，这些信息是否补偿了本案中对犯罪行为不充分的锚定？里巴特不是因为刺伤艾琳而被地区法院定罪，而是因为法院"虚构"

76

的情节：他咬伤艾琳而被定罪。本案中，补偿似乎以相反的方向进行，因为很明显是艾琳刺伤里巴特，她没有因此或其他的缘由被法院起诉。上诉法院以技术问题推翻该案的判决，从而避免不得不对犯罪行为缺失锚点而做出回应。

4.3.2　判断标准

总的来说，法院是否使用补偿原则必须建立在整个起诉书的锚定是否达到"排除合理怀疑"标准的基础上。心理学家针对不确定条件下的决策问题进行了大量研究。对此，他们提出许多理论，包括规范性理论和描述性理论，同时他们还探讨包括司法决策在内更广泛的应用领域。目前为止，这些研究结果尚未有定论。规范性模型大多难以真正实现，因为似乎人类无法依照这些模型的要求进行推理（Lindley，1971）；而许多描述性模型的理论价值也有限，因为似乎这些模型的数量与它们所描述的行为方式一样数量众多（Wagenaar，1988）。因此，期望我们来完全解决这个显而易见的难题似乎有些不合理。我们会将研究限定在一些相对简单的问题上，它们涉及人们在决策时如何达到某种程度能被粗略定义的可靠性标准。对于我们而言，信号检测理论的完全模型可作为研究参考（Green & Swets，1966）。

信号理论主要解决如何将信号与背景噪音相区分的问题。在我们的研究中，这个问题转换为如何从无辜人群中找出有罪之人。有罪与无罪可通过一定水平的可信度来区别。信任水平被描述为一种"几乎确定无罪"到"几乎确定有罪"的连续性维度。在这个维度区间上有一个判断标准。当可信度超过这一标准，被告人就会被判有罪。图4.1是该观点的图形表达。

77

图 4.1　可信维度与判断标准，参照信号检测论设置

所有的被告人都可能被法院置于这样的可信维度上进行评判，正如图 4.2a 中针对无罪和有罪被告人进行判断。该图表明有 3 名无辜的被告人被判有罪。这 3 起错误定罪的原因在于判断标准位置设定错误。如果将箭头向右移，使标准更为严格，那么这个问题便迎刃而解。图 4.2b 中的决策问题更多。其中某些错误定罪可以通过右移箭头的方式解决，但这样做可能会导致新错误的出现，因为某些实际上有罪的被告人可能因此被无罪释放。没有一种判断标准能够实现绝对无误的判断。变更判断标准只能在两种错误的判断之间权衡取舍。或许图 4.2c 更贴近刑事审判的现实，即无辜者少，有罪人多。将箭头向左移动，更多有罪被告人会被判有罪，但这时候不会增加错误定罪的数量。将箭头向右移动，会得到更多错误的无罪判决，但不会相应地减少不正确的定罪。

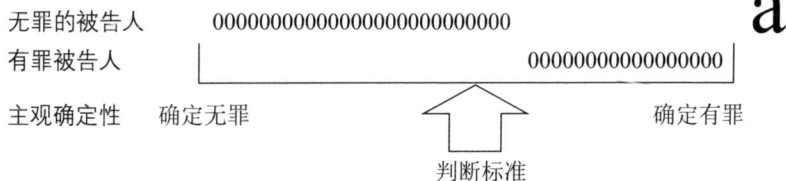

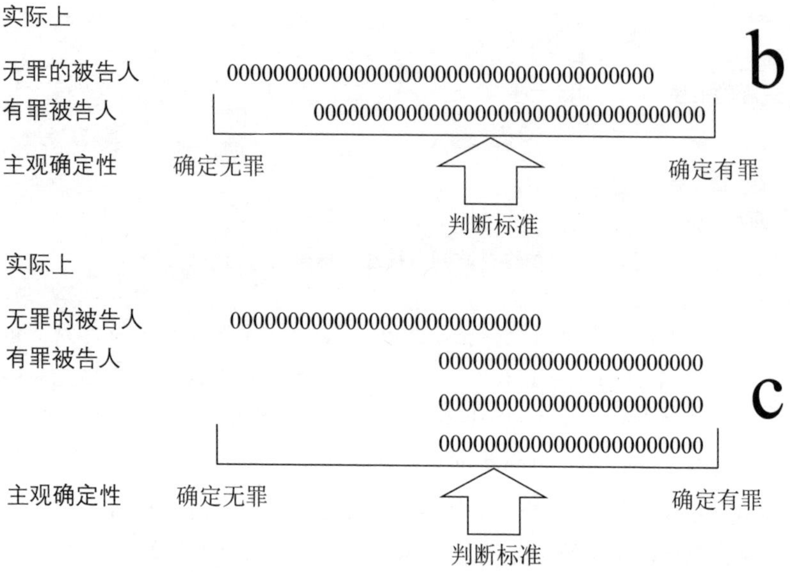

实际上

无罪的被告人　　OOOOOOOOOOOOOOOOOOOOOOOOOOOOOOOOO

有罪被告人　　　　　　OOOOOOOOOOOOOOOOOOOOOOOOOOOOOOOOO

b

主观确定性　　确定无罪　　　　　　　　　　　　　　　　确定有罪

判断标准

实际上

无罪的被告人　　OOOOOOOOOOOOOOOOOOOOOOOO

有罪被告人　　　　　　　OOOOOOOOOOOOOOOOOOOO

　　　　　　　　　　　　OOOOOOOOOOOOOOOOOOOO

　　　　　　　　　　　　OOOOOOOOOOOOOOOOOOOO

c

主观确定性　　确定无罪　　　　　　　　　　　　　　　　确定有罪

判断标准

　　图 4.2　根据信号检测论，以法院对被告人的可信度为基础来判断其有罪或无罪：（a）有罪被告人和无罪被告人非重叠式分布；（b）重叠式分布；（c）重叠式分布，且数量不均等

　　图 4.2b 最能反映出第 1 章中讨论的性能评估表与这种反馈之间的对应关系。法院判决的可能性可分为四组：将有罪被告人定罪和释放（命中和漏判）；将无罪之人定罪和释放（错判和否决）。从图 4.2 我们可以看出，并不存在绝对安全而且能得出完全无错判决的判断标准，不过可能存在某种最佳标准。最佳判断标准的定位取决于无罪被告人和有罪被告人的数量，他们在可信度横轴上的位置以及决策者分别对四种可能的判决结果给予的重视程度。

　　图 4.2c 中，倘若判断标准的箭头稍稍向左边移动一些，便会导致 3 名有罪被告人被准确定罪（命中），而代价是多造成一次错判（将无罪辨认定罪）。无论这样做是利还是弊，都取决于人们对命中和错判价值的权衡考虑。威格摩尔（Wigmore, 1937）认为，避免一次对无辜之

78

人的错判，值得付出 20 次漏判（放走有罪之人）的代价。换句话说，错判的价值是一次正确定罪的 20 倍。如果我们接受这种价值观，那么图 4.2 中将判断标准向左微调绝无任何益处；因为我们以牺牲 20 倍的代价来换取一次获益。同样的道理，将箭头向右移动的好处会非常高：我们只牺牲一次漏判的代价换取 20 倍收益。威格摩尔的准则导致这样一种严苛标准，即只有法院对被告人的罪行确信无疑时，才能将其定罪。

现实中，我们并不知道命中、漏判、错判和否决需要付出怎样的代价。因此，我们无法准确给出最佳判断标准的具体定位。采用"排除合理怀疑"标准也无济于事，因为如果无法界定各种代价中什么才是合理的，这一标准也无法得以建立。如果指控对象是一名连环杀人凶手，那么释放一名真正有罪的嫌疑人代价会非常高昂，因为他或她被释放后可能会继续施行那些可怕的行径。在此类案件中，威格摩尔的准则完全不适用。另外，将一名无辜之人以性侵两名儿童的罪名定罪（如第 5 章中详细讨论的欧弗林案），他的一生可能会因此被摧毁，而在这种情况下开释一名真正凶手所付出的代价也许会相对较小。我们深信欧弗林是无辜的，但如果他真的有罪而且容易再犯，他可能会在其他国家继续那种病态行为，那么他在荷兰监狱服刑期满后很可能会被引渡回国。因此，各种可能判决所要付出的相对代价看起来很大程度上与指控的性质与背景相关。因此，最佳判断标准的定位或许是可变动的，而且很可能无法通过法律规则一劳永逸地设定。

根据信号检测理论的理性原则，判断标准可以变动，甚至在某种程度上，当释放有罪被告人需要付出极高代价时，即使法院在缺少甚至没有证据的情况下也应当判其有罪。然而，正义原则规定，无论指控的性质是什么，判断标准绝不应发生改变。在这里，原则之间发生了冲突。在极端的案例中，理性原则可能危及无罪推定。简而言之，主张当指控足够严重时，以有罪推定作为出发点是合理的。这正是德米 79

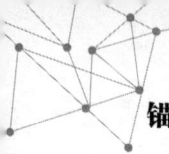

扬鲁克（特雷布林卡"恐怖的伊万"）案件中人们争论的焦点（Wa-genaar，1988）。

我们毫不怀疑高度严格的法律原则与理性诉求之间会发生冲突，换句话说，判断标准的最优化问题也会在陪审员和法官的脑海中激荡盘旋。这不仅发生在那些严重的犯罪案件中，比如恐怖袭击或是性侵幼童案，也会发生在那些惯犯所犯下的轻微刑事案件中。如果这次被告人被判无罪，那么由于之前能逃脱法律制裁，他们自然会继续作案。我们收集的 35 起案例中，其中 9 起的犯罪类型属于这种类型，看来人们似乎迫切需要将这些犯罪人从社会中剔除。因此这些案件漏判的代价可能会非常高，包括一起爱尔兰恐怖分子（卡罗尔）的谋杀案，2起国际有组织犯罪，6 起性侵幼童案。此外，我们语料库中还有 13起属于惯犯作案。所以，35 起案例中，有 22 起存在充分理由将判断标准向左偏移，因为要么漏判的代价太高，要么错判的成本可忽略不计。这类案件所占比重如此之高或许可以解释为什么第 1 章表 1.2和本章中表 4.5 反映出的整个刑事司法系统性能评估表现相对较差的原因。

如果我们希望遵守威格摩尔的准则，那么相较于漏判数量（4.5%）来说，错判数量（0.5%）其实过高。将判断标准向右偏移可减少错判数量，相对地增加漏判数量。如果我们希望达到 1∶20 的比例，信号检测理论可提供一系列假设能帮助我们计算出所需要的确切位移。该计算结果在表 4.5b 中。在这里，错判与漏判之比为 5.31/0.27，比值接近 20。这一比例是通过只将 12% 被告人中的 2% 定罪，而不是实际上的 3% 得出。因此，更严格的判断标准能够得出更接近威格摩尔所提出的最小错误成本的近似值。对锚定叙事而言，这意味着我们需要对大多数案例进行更深层次的锚定，直至 35 起案例中有 12 起案件最后得出无罪的判决结果。

4.3.3 有罪基本比率

大多数被告人的确有罪，我们语料库中的可疑案例也是如此。这种有罪基本比率是否可以作为放宽判断标准的根据，从而让更多被告人被定罪？如果法院只是简单地将每个被起诉之人全部定罪，那么后果会如何？这会使裁定罪行完全掌控在控方手中，只要检控官认为存在足够充分的证据起诉某人，那么被告人就应当被判有罪。当然，这种诉讼方式与我们的基本原则背道而驰，其中之一便是无罪推定。在这里，我们以思想实验的方式对其进行深入探讨。

据我们所知，目前法院正确定罪率是 90.5%，正确无罪释放率是 4.5%，即总共有 95% 的案件裁决是正确的。如果我们假设 95% 的被告人有罪，那么这恰好与将所有被告人定罪所得到的结果一致。这正是控方想要实现的目标。审判的真正目的在于监察控方的权力，并且它会影响法院判决错误的类型：将所有被告人定罪可能导致 5% 的错判发生，然而现在法院只有 0.5% 的错判和 4.5% 的漏判案件。因此，刑事法院的工作可以被描述为通过避免错误定罪来改进根据有罪基本比率来定罪的策略。也许这点影响力不是很大，但它对于整个法律体系而言至关重要。鉴于此我们可以得出结论：案件的定罪理由，本质上反映出一种有罪基本比率论证，它会抵销法院工作的贡献。现实中的有罪基本比率论证如下所示：

> "没有充分理由警方不会随便怀疑人。"
> "没有实质理由无须怀疑警方的调查结论。"
> "如果这件事不是他做的，那么他可能做了别的事。"
> "控方怎会无缘无故起诉一个清白之人。"

虽然法院在判决时从未明确地提及上述理由，但是我们怀疑类似论证很可能是导致我们语料库中出现更多荒唐判决的原因。

表 4.6　法院在所有刑事审判中的表现

（a）未修正基本比率；（b）已修正基本比率

（a）

被告人	法院的判决		
	有罪（%）	无罪（%）	共计（%）
有罪	90.5	4.5	95.0
无罪	0.5	4.5	5.0
共计	91.0	9.0	100.0

（b）被告人	法院的判决		
	有罪（%）	无罪（%）	共计（%）
有罪	95.3	4.7	100.0
无罪	10.0	90.0	100.0

　　法院审理过程对定罪率的影响相对较小，此现象也可采用第 2 章定义的诊断值来描述。表 4.6 是法院在所有刑事审判中的表现（加上额外 88% 的安全定罪率，此表中的数据与表 4.5a 中的一致）。所有被定罪人群当中，99.5% 有罪，从而得出诊断值为 181。诊断值如此之高的主要原因来自有罪被告人的有罪基本比率，这得益于警方和控方的功劳。显然，他们知道如何从绝大多数无辜人群中挑选出有罪集合中的一个样例。在修正有罪基本比率后，即除去警方和控方的影响（参见表 4.6b），法院的作用大幅度下降；现在的诊断值为 95.3/10.0 = 9.5。类似地，12% 关键案例中计算出法院贡献的诊断值仅仅为 3.6（根据表 4.5a 中提供的数据），这不算太多。在表 4.5b 的理想情况下，法院对诊断值的贡献上升至 4.5，与有罪基本比率的巨大影响力相比仍然很小。因此，我们有把握得出这样的结论，审判过程对于定罪的

影响如此微小，以至于它的作用很容易被任何（有意或无意）企图引导法院偏离正确轨道的行为所抵销，即没有对叙事的锚定结构进行细致分析，此外，它们还操控法院朝着有罪基本比率论证指引的方向行进。

　　刑事法院在审判中得出的有罪判决，并不比根据有罪基本比率得出的**更多**。表 4.5b 说明，可疑案件 2% 的定罪率可使错判达到最佳平衡，在 88% 安全定罪的情况下（参见第 1 章），得出实际预期定罪率为 90%。因此，正义的代价是定罪率显著低于 95% 的被告人有罪基本比率。

第 **5** 章 侦查与证明

　　警方在侦查取证阶段收集到的信息并非都能在审判阶段成为证据。警方侦查的目的是发现犯罪事实，并找出作案人。预备好证据在审判时呈递法庭，这属于检控官的任务。虽然警方在侦查取证阶段收集到的信息可能最终无法在审判中形成证据，但是通常这些信息的质量都比较高。不过，侦查期间获得的有价值信息也许和能够呈递到法庭的证据之间还是存在本质差别。例如，一则匿名举报的消息可能成为警方侦查的突破口，但即使这则信息完全可用，充其量也只是相当薄弱的证据。

　　控方呈递证据的标准显然是这些信息能否为指控提供依据。一般不要求控方呈递警方侦查期间收集到的所有信息，尽管在大多数国家隐瞒与被告人相关的信息属于违法行为。例如一起非法隐瞒被告人相关信息的案例是约翰·麦克格拉纳汉（John McGranaghan）案，他涉嫌严重性犯罪而被判终身监禁（参阅《英国独立报》，1991 年 10 月 31 日，第一版）。判决执行 10 年后，他被无罪释放。对一名受害人衣物上残留污渍进行精斑预试验，结果证明麦克格拉纳汉不是强奸犯。控方一直知道这个信息，却在审判中隐瞒了检验报告。用大法官格莱德韦尔（Justice Glidewell）的话说，控方"忽略了法医报告的重要性"。这似乎是对非法隐瞒证据的委婉说辞，但锚定叙事理论已然预见这一情形的发生：当侦查员没有发现信息之间的关联性时，这种情况（非法隐瞒信息）很容易发生。我们语料库中 35 起案例中有许多这样的例子，尽管其中某些情况让我们很难相信是无意造成的。

5.1 侦查 vs. 证明

通常警方得知罪案发生后，他们的首要目标就是寻找嫌疑人。然而在大多数案件中，发现报告犯罪事实并辨认嫌疑人的一般是普通人而非警务人员（Black，1970；Bottomley & Coleman，1976；Erickson，1981；Sellin & Wolfgang，1964；Steer，1980）。得到相关故事通告后进行信息收集的专业侦查员必须遵守相应的侦查规则。辩护律师可能也想参与到案件某些方面的调查中。这种情况在美国并不少见。但在欧洲大陆的纠问制体系中，辩护律师很少亲自参与案件调查，因为这种行为可能会引起控方和法院的怀疑。

以一段叙事为基础，将一名普通公民认定为一起刑事案件嫌疑人的方式，很大程度上与之后主要依据叙事作为定罪基础来判决如出一辙。因此，前几个章节中讨论过的许多问题也适用于警方人员的决策行为。不过，二者之间存在重大差别。警方侦查前期，他们的工作大多只能在一个不完整的叙事中进行，主要以犯罪现场发现的信息为依据，而其余部分内容只能随着侦查进程逐渐浮现。叙事中某些要素在侦查开始时即可获得，它们来自侦查员偶然发现或公民提供线索，通过对事实的拼接与验证或者纯粹只是猜想所得。以这个不完整的故事为起点，侦查员展开他们的工作，侦查模糊或矛盾之处，或者搁置无关信息。渐渐地，一个融贯且完整的故事便产生了。

但是，证明有罪完全不同。它不属于侦查员的工作，也不会在审判之前完成。被告人的有罪证明由控方在开庭时呈上法庭，但却由事实认定者来认定，即陪审团、法官或者合议庭的全体法官。控方呈递有罪证明，从一个已成型且旨在将被告人定罪的叙事开始进行。侦查期间，人们希望故事从事实中浮现出来；而在建构有罪证明阶段，证据只是用来支持叙事，而事实认定者可能完全不了解叙事形成的背景。

最终，法庭可能决定根据审判期间呈递的证据来编写自己的故事版本，而不是重新对案件展开调查。人们想必意识到，这个故事版本其实还是由控方以起诉书的形式呈递，而且根据警方侦查以及推理结果得出。

侦查和证明的另一个区别在于做出判断所要求的确定性程度不同。定罪需要高度确定性，即所谓的"排除合理怀疑"标准。而针对某个嫌疑人展开犯罪侦查只需较低程度的确定性，即"合理依据"，或者按照荷兰法律术语称为"有罪的合理怀疑"。搜查和扣押公民所要求的证据质量达不到审判要求，只有进行深入侦查才能为证据提供溯及力。

侦查信息和证明之间看起来似乎泾渭分明，但在实践中它们经常被混淆。施耐德案（Schneider case）中，两名窃贼从老伯格先生（Old Mr. Burger）家的保险箱中偷走一枚珍贵的钱币收藏品。警方将 14 张潜在嫌疑人的照片放在一起，他们都是因专门偷盗老年人财物而臭名昭著的窃贼。证人迪文先生（Mr. Truyver）从中认出施耐德正是作案人之一。为进一步跟踪调查，警方将施耐德扣押。但他们忽略了一点，那就是以这种铺排照片来辨认嫌疑人是一种侦查方法，照片上的肖像不是用来与嫌疑人外貌配对的，因此正如第 7 章所言，这不能作为真正意义上的列队测试。除此之外，这次辨认过程并不是在验证目击证人的记忆力，而是制造出一种不会认错的情境，任何肯定的辨认都被视作与案件相关，因为所有候选人看起来都可能甚至非常像嫌疑人。施耐德的身份辨认结果对侦查来说是有价值的信息，因为它能为将施耐德视为本案的首要嫌疑人提供理由，但作为证据这条信息毫无意义。警方想必意识到这一点，因为之后他们尝试采用正式的列队辨认的方式来形成证明。不过，让迪文先生再次进行辨认的意义不大，因为他已经在之前的照片中见过施耐德的样子，但还有另外一名可以达成这一目标的证人，瑞斯格斯特先生（Mr. Rensgast）。遗憾的是，瑞斯格斯特先生没有在列队中认出施耐德，反而将另外两名无辜者认作犯罪人。这样的结果显而易见：在真正能形成证据的程序上，施耐德没有被认定是窃贼之一。然而，地区法院的判决与此相反，他们坚持认为施耐德已被迪文认出，由此可见法院并没有将侦查信息与证据区分开来。

将侦查信息与证据相混淆很可能是两类信息的采集都由同一批警员负责完成的缘故。施耐德案中，照片辨认和列队辨认都由同一位警员负责。我们发现有的案件控方直到审判阶段才意识到这两类信息之间的关联性。我们研究的案例其中一起控方曾因此试图在审判过程中撤诉，即敦克案，他被指控性侵他 6 岁的外孙女海伦以及她的朋友吉尔珍。实际上，关于性侵吉尔珍的证据并不存在，但检控官直到开庭当天早上才发觉。审判开始时，他撤销了关于吉尔珍的指控，但仍保留关于海伦的指控。当辩护律师陈词结束时，检控官才承认与海伦相关的证据也不存在。他提出将这部分指控也撤销，然而，诉讼进行到这个阶段，在法律上来说已经太迟。

5.2　犯罪驱动搜查与嫌疑人驱动搜查

犯罪驱动搜查与嫌疑人驱动搜查的区别在于二者搜查的出发点不同。在犯罪驱动搜查中，出发点是犯罪活动以及与其相关的事实。于是，嫌疑人身份会从事实中推断得出。譬如，斯博科曼案中最初的证据是银行监控录像拍摄的抢劫全程录影带。录影带片段在全国新闻广播节目中播出，这也是斯博科曼被认出的原因。科伦坡案（Colombo case）中，冈萨雷斯（Gonzalez）因走私海洛因被警方逮捕。通常走私活动中有一名"监控人员"，以确保携带海洛因的走私贩不会私自偷走"珍贵的货物"，于是警方在同一航班上搜查到另一名嫌疑人。凭借这条线索，他们在机场大楼外的一棵大树后找到科伦坡。

在嫌疑人驱动搜查中，一个人会在缺少明确理由的情况下成为嫌疑人，或者至少是缺少能被已知犯罪事实解释的理由。只有在寻找特定嫌疑人与犯罪相关的证据时，警方才会试图将二者关联起来。因此，这种搜查方式从一开始就有局限性。譬如，那起爱尔兰共和军杀手案中，卡罗尔不是在警方搜查中被发现的，找到他纯属意外。有人看到他在荷兰与比利时交界的某处树林中练习打靶，于是通知警方。在得知卡罗尔是爱尔兰人后，警方才试图将他与鲁尔蒙德杀人案联系起来。另一起案件中，葛瑞穆林被怀疑是近五十起纵火案的纵火犯。他之所以成为嫌疑人，不是因为有证据指向他，而是因为他是村里出了名的白痴。于是，警方试图将他与纵火行为联系起来。最终他们成功了，因为经过漫长的审讯，葛瑞穆林终于承认犯下多起纵火案。

有时，犯罪驱动搜查和嫌疑人驱动搜查会使用在同一起案件中。使用犯罪驱动搜查，如以播放全国电视广播的形式，将斯博科曼锁定为银行劫案的嫌疑人。随后，警方向另外几起尚未侦破的银行抢劫案目击证人出示他的照片，这属于嫌疑人驱动搜查。这两种搜查之间区别相当细微。在媒体上展示斯博科曼的照片并询问"这人是谁?"，这属于犯罪驱动搜查；而将卡罗尔的照片刊登出来，并询问"谁见过此人?"，这属于嫌疑人驱动搜查。

在某些情况下，由于两种搜查方式使用在同一起案件中，所以几乎难以分辨该搜查属于犯罪驱动还是嫌疑人驱动。瑞克布勒姆案中，他被怀疑开枪打死了女朋友妮可的父亲。可以说，从侦查一开始，瑞克布勒姆就是嫌疑人，警方只需要通过嫌疑人驱动搜查寻找相关证据即可。但也可以认为，使用犯罪驱动搜查时警方发现罪案现场的环境条件均指向瑞克布勒姆，即枪案发生在他的住所里，两名证人都辨认他是凶手，而且他似乎是现场唯一有强烈杀人动机之人。或许我们应该承认，每次案件的侦查工作都属于混合型的搜查过程，差别只在于两种方式的使用程度罢了。

犯罪驱动搜查与嫌疑人驱动搜查的差别在于二者得出证据的诊断值。犯罪驱动搜查中，叙事以搜查信息为基础，是推论过程的产物；而嫌疑人驱动搜查中，叙事反而成为搜查的出发点，搜查信息则是结果。在犯罪驱动搜查中，警方需要收集大量信息以便能从逻辑上排除所有其他潜在嫌疑人；而在嫌疑人驱动搜查中，警方只需收集足够信息使认定的这名嫌疑人看起来真的很可疑。我们假设这样一个例子，证人称，凶手身材高大、金色头发、年龄在 35 岁左右。按照犯罪驱动

86

搜查的方式，这样的信息无法指向任何特定嫌疑人，因为符合描述的人群基数太大，至少在荷兰的确如此。然而，如果我们假设凶案是男管家犯下的，恰好他身材高大、发色金黄而且年纪在 35 岁左右，于是根据嫌疑人驱动搜查，我们似乎很有充分理由将其逮捕。但是，逻辑上这个判断的可靠性取决于一开始我们怀疑男管家这个假设的准确性。这种初步怀疑经常被证明缺乏根据而且带有偏见。我们收集的案例中，很多人之所以成为嫌疑人是因为他们有犯罪前科（12 起案件均是如此）。正如我们之前提到的，有人因为他是村里的傻子而成为嫌疑人，有时人们甚至可能无缘无故地成为嫌疑人（详见第 5.4 节"拖网捕鱼法"）。初步怀疑的性质是一种减缓因子，它能做的只是减少正确指控的数量。所以，如第 1 章表 1.1 所示，犯罪驱动搜查表现出的性能必然总是高于嫌疑人驱动搜查。

甚至可以这样说，人们可以对任何公民展开全面调查，将他与警方档案中悬而未决的犯罪案件关联起来。调查方式可以包括：辨认测试；由另一名嫌疑人进行检举；作案动机归因；确认只有凶手知道的隐秘信息；痕迹检验；精神科医生会诊报告；缺少不在场证明；甚至通过长时间审讯得到供词等等。不过，这几类证据的来源远非完美，而且它们在证明嫌疑人有罪方面比找出一名嫌疑人更不可靠。正如雷特纳（Rattner，1988）所言，错误定罪的唯一最重要原因是警察和控方对于案件过度热忱。他们以嫌疑人为出发点，按照嫌疑人驱动的方式进行搜查，收集针对他或她的证据；却没有意识到，如果你足够努力，这样的证据几乎可以指向任何人。所以说，这种证据的诊断值并不大。沃夫登（Woffinden）在他的专著《司法不公》（Miscarriage of Justice，1987）中也得出相同的结论。他描述出这样一幅图景，警方执着追逐错误的嫌疑人，因此无法改变他们的视角。最终，警方甚至宁可伪造证据来支持这个不可变更的怀疑。"司法界"（Justice）是国际法学家委员会的英国分会，他们在 1989 年的《司法不公》报告中罗列出因为警方故意瞒骗而导致错误定罪的五个最重要原因。近期发现的英国警方不法行为，直接导致涉事警员被停职，这也证实以嫌疑人为驱动的犯罪搜查方式具有危险性。

欧弗林案充分说明，收集一个被选定嫌疑人的不利证据是一件多么简单的事。欧弗林被警方怀疑担任某个儿童色情刊物负责人，但由于缺乏足够证据无法将其逮捕，于是警方编造他性侵儿童的指控。后来发现主办色情刊物的事情似乎并不存在，而性侵儿童的指控又无法撤销，因为一旦撤销，警方非法逮捕欧弗林的事情将被公之于众。审判中，检控官向法庭出示的证据包括两名所谓受害人，一名4岁和一名7岁女孩的证言，应召女郎公司负责人提供的佐证证言，一份正式的医学证明报告，欧弗林住所中发现的儿童色情图片和杂志，以及一些间接事实。在审判期间人们发现，负责侦查的警员至少伪造了一名受害人的证言，还在这一点上对预审法官撒了谎。两名受害人的双亲，同时也是应召女郎公司的负责人，似乎也经营出租儿童业务，他们在大女儿已经反复否认曾经发生过性侵的情况下，仍在警方询问之前预先将这个故事植入大女儿脑海中。后来发现，女孩的双亲和警方一样在报警的时间点上撒了谎。他们的证言给人的印象是，警方在强行进入欧弗林住所进行搜查之前已经接到报警，但事实并非如此。一份医学报告称，女孩们并没有遭到性侵的迹象，但在警方报告中却改为孩子们明显遭到性侵。原始医学书面证明已经遗失，直到撰写那份证明的医生作为专家证人被法庭传唤出庭时一切才真相大白，这种情况在荷兰很少发生。警方所谓在欧弗林酒店房间里发现的儿童色情图片是一种极具暗示性的物证，而且这些用来作证的环境证据后来被证明不过是含沙射影（本案在第3章和第8章中有详细探讨）。实际上，所有证据或多或少都是伪造的，但最后地区法院仍判欧弗林有罪。辩方律师向上诉法院提起上诉，竭力说明证据被伪造的方式及其原因。令人惊讶的是，此时控方不再否认这些事实。上诉法院宣布将欧弗林无罪释放。但若非被告人如此富有，能雇佣大律师准备警方伪造证据的证明材料，否则这些行径将无法被公之于众。不过，我们并不认为嫌疑人驱动搜查总是或通常以**伪造**证据为结局，除非那种搜查是为了伪造指证无辜者的犯罪证据。

　　大卫·斯蒂尔（David Steer）对英国警务工作进行了调查研究。根据研究结果（Steer，1980，表 4.2），我们估计约有 21% 的嫌疑人是根据嫌疑人驱动搜查的方式与罪案关联在一起。这个百分比是基于所有调查活动计算得出的。在可疑案件中，由于嫌疑人驱动搜查得出结论的不可靠，估计这个比例可能更高。这个结论在我们语料库中的 35 起案例中得到证实。其中 33 起案例的搜查只有或主要是嫌疑人驱动方式。这些案件或者从特定个人的指控出发，然后对其进行更深入的侦查；或者从列队辨认时偶然暴露在证人面前的嫌疑人开始着手；或者对具有充分作案动机的某个人展开侦查；或者从怀疑某个恰好符合描述的前科犯罪人员开始进行侦查。塞缪尔·格罗斯（Samuel Gross，1987）记述的 92 起案件中 60% 的嫌疑人被证人错误地辨认为犯罪人，警方对他们最初起疑是因为外貌描述，除此之外再没有其他事情能把这个嫌疑人与案件联系在一起。这样看来，似乎是嫌疑人驱动搜查推进了不安全的定罪。

　　嫌疑人驱动搜查证据的诊断值低于犯罪驱动搜查，不过差别是多少并不明确，但似乎法院对这点不太敏感。其实，只要问一个简单的问题："为什么指控此人而非其他人"，即可显著看出二者的差别。不过这个问题法院很少会问。尽管"排除合理怀疑"标准似乎要求定罪尽可能排除存在其他潜在的嫌疑人，但是锚定叙事理论指出，排除其他嫌疑人并不是事实审理者关心的主要问题。法院通过起诉书中叙事的似真性，以及锚定叙事的关键部分来评估证据的质量。也就是说，即使故事及其锚点得到证实，也没有在逻辑上排除或证伪存在其他版本故事的可能。

5.3　证实和证伪

　　逻辑上，人们可以通过两种互补的方式来验证假设：证实与证伪。

证实的目的是寻找假设预见的事实；证伪的目的是寻找假设排除的事实。要验证一个假设，两个过程均必不可少。证伪并不是验证方法过剩时才选用的奢侈品，只要还没有完全排除存在其他代替性假设的可能，应用证伪的可能性比证实更高。

最经典例子来自沃森与约翰逊-莱尔德的推理实验（Wason & Johnson-Laird，1972）。研究人员向受试者出示 4 张卡片，如图 5.1 所示，并告知他们每张卡片一面写着字母，另一面写着数字。实验需要验证的假设是："如果卡片的一面是元音字母，那么另一面是偶数。"研究人员问受试者："要验证这个假设是否成立，你需要翻开哪些卡片?"绝大部分受试者会验证第一张卡片，一面是字母"E"，所以需要翻开另一面验证是否是偶数。如果是偶数，那么假设被证实；如果不是，验证失败，假设不成立。但是，只有极少数受试者认为也需要验证第 4 张写着数字"7"的卡片。如果另一面是元音字母，那么假设不成立，因为这样一来会存在一张一面是元音字母而另一面是奇数的卡片。"4"和"K"这两张卡片与研究人员的问题无关。无论这两张卡片的背面是什么，既不能证实也无法证伪假设。在这项实验中，128 名受试者里仅有 5 人想出正确的验证方法：翻开第 1 张和第 4 张卡片。

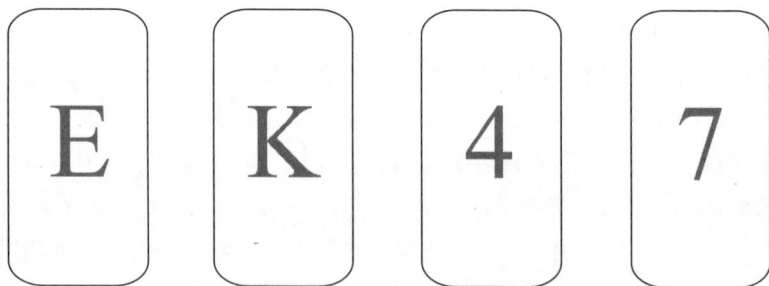

图 5.1　沃森与约翰逊-莱尔德的实验

以下四种可能的组合也许有助于我们理解这项实验：

1. 元音字母+奇数（假设禁止）。
2. 元音字母+偶数（假设允许）。
3. 辅音字母+奇数（允许）。
4. 辅音字母+偶数（允许）。

从列表中我们可以清楚看到，翻开写着辅音字母的卡片无法为验证假设的真假提供任何有用信息。也就是说，无论这张卡片的背面写着什么，都不会对假设的真假造成影响。翻开偶数卡片也是如此，另一面是元音字母或是辅音字母都不影响假设成立。假设唯一禁止出现的组合是卡片一面是元音字母而另一面是奇数，于是，人们必须验证所有面上是元音字母或奇数的卡片。这两种验证并非多余。当翻开卡片"E"时，我们的推理是："如果假设是正确的，那么我们必须看到卡片的另一面是偶数。"当翻开卡片"7"时，推理则是："如果假设正确，另一面必须不是元音字母。"因此，第一次验证是对假设进行证实，第二次是对"零假设"进行证实。如果零假设证明不成立，即没有被证实，那么我们可以认为原假设没有被证伪。证伪失败相当于采用另一些有效信息成功地证实了假设，而且从逻辑上来说这是必要的，因为如果我们没有翻开卡片"7"，我们永远不知道对于这整套卡片而言，假设是否成立。

沃森与莱尔德研究的这个问题与下述这个关于嫌疑人招供的假设在逻辑上等价："如果嫌疑人主动招供，那么他真的犯下罪行。"这个假设同样也有四种可能的组合：

1. 招供+未犯罪（禁止）。
2. 招供+犯罪（允许）。
3. 不招供+未犯罪（允许）。
4. 不招供+犯罪（允许）。

证实这个假设意味着我们要去检验招供的嫌疑人是否真的犯下罪

90

行。证伪假设则意味着我们需要寻找这名嫌疑人没有犯下的罪行，同时检验是否存在迫使他招供的情况。

以葛瑞穆林案为例。葛瑞穆林承认他在 5 年内犯下 27 起纵火案。他是在已被证实患有严重记忆障碍的情况下犯下这些罪行，显然这些供词表现出相当令人瞩目的记忆力。审讯警员简要地向他描述了每起纵火案的情况，然后质问他是否涉及其中。这种方式甚至算不上在证实假设，因为这与翻开卡片 "K" 来验证假设的道理一样。在真实案例中，无论招供还是否认通常都不会提供任何形式的验证。证实应当包括，首先在未遗漏案件所有细节的情况下从嫌疑人那问出事实，然后对供词中的细节部分进行独立验证；而证伪包括向嫌疑人提出一个案件中并不存在的犯罪行为，再质问是否是他或她所为。承认犯下这一个虚构的罪行会证伪其他所有供词。否认所有虚构的罪行则会强有力地证实被告人其他所有供词。

证实和证伪之间的区别并不总是很清楚，而且其中逻辑复杂程度也许会相当令人困惑。前一章我们曾讨论那件号称属于哈纳克的慢跑服。证人们对劫匪被警方追捕时穿着的慢跑服描述各不相同。警方找到的慢跑服为蓝、绿、红和白四色相间，每种色块所占比例基本相当。假设这就是其中一名劫匪穿着的慢跑服。它可通过回答以下问题来证实："穿在劫匪身上的慢跑服与在护城河对岸发现的那件衣服款式一致吗？"证伪这个假设则可提问："其他款式的慢跑服是否能让证人得出相同的描述？"本案中证伪假设可能是浪费时间，因为大部分慢跑服的款式都十分类似，包括在护城河对岸找到的那件，都符合证人的描述。可是由于证伪的缺失使得证实假设难以判断，如此一来证人对慢跑服的描述似乎成了无用的证明。

刑事指控中证伪的基本形式是，验证嫌疑人供词的故事内容。假如嫌疑人所言不实，这将有助于证明针对他的指控。以斯博科曼案为例，他被怀疑犯下一系列银行抢劫案之后忽然开始大笔挥霍金钱。警方当然认为这是他抢劫银行的赃款，但斯博科曼解释说这是他通过

（非法）租借建筑许可证获得的收益。所以，这里需要验证的假设是：
"如果斯博科曼能挥霍大笔金钱，那么他一定抢劫了银行。"关于金钱
的另一种解释是：斯博科曼通过租借建筑许可证而获得巨额收益。于
是存在以下四种可能性：

1. 挥霍金钱+租借建筑许可证（禁止）。
2. 挥霍金钱+抢劫银行（允许）。
3. 没有挥霍金钱+租借建筑许可证（允许）。
4. 没有挥霍金钱+抢劫银行（允许）

　　警方侦查发现斯博科曼已经消费约 20 万荷兰盾，大约是银行被劫
走款项的总值。这条消息意味着能证实劫案与开销之间存在某种关联。
证伪假设意味着证实其反对假设，因此警方向地区建筑工程局求证斯
博科曼的建筑许可证是否被出借，能获得多少收益。工程局的回复是，
这种证书有时的确会被非法租借，但每月租金只是几百荷兰盾。由此
看来，斯博科曼的说法并不属实，这便有利于证明控方对他提出的
指控。

　　需要注意的是，证伪成功不总意味着证实就会失败。即使斯博科
曼另有收入来源，开销恰好与银行被劫金额相同这件事仍然使他摆脱
不了嫌疑。不过，若因此推理说他花的钱一定来自抢劫银行不足以令
人信服。不过，有时证伪能完全推翻假设，比如铁证如山的不在场证
明。倘若能够证明银行劫案发生期间，斯博科曼本人不在现场而在其
他地方，这不仅推翻证人对他的辨认，同时他抢劫银行的整个假设都
不能成立。我们将此类证伪称为确定性证伪。

　　证伪，即证明被告人所言并不实，它鲜少出现在刑事侦查活动中。
按照规定，控方的工作通常限制在努力证实起诉书指控内容的范围内。
从逻辑角度来说，这种传统十分荒唐，不过这已在锚定叙事理论的预
料之中。锚点只是用来证实起诉书中叙事所包含的假设；而证伪，除

了那些确定性证伪之外，都无法推翻这些锚点，因为证伪在锚定结构中没有占据一席之地。即使出现试图证伪某些假设的情况，往往也是由辩方主动提出。但这样的证伪也极其少见，也许是因为辩方也意识到证伪并不出现在锚定结构中，从而不会影响法院的决策过程，它们很容易被认为是无关紧要的事情。

92　　我们语料库中，只有5起案例法院曾下令去调查辩方提出的另一叙事版本是否成立。这些案件在预审法官监督之下进行补充调查，最终都证实被告人所言不虚。然而，法院还是无视这些调查结果，仿佛什么都没有发生过。接下来，我们将讨论其中两个案例。

　　布恩迪亚案中，证人在许多细节的描述上互相矛盾，比如两位受害人奥莉安娜和哥哥阿弗雷多受伤的先后顺序，布恩迪亚是否刺伤自己，当时是否还有其他人在场，以及是否还有其他人也参与了斗殴等等。法庭下令检验奥莉安娜和阿弗雷多衣服上的血迹，以便验证辩方提出的争议点，即血迹确实来自其他参与斗殴的人，但所有证人对此都保持缄默。全国法医学实验室证明这些血迹的确来自两名不知名男子，而非受害人、被告人或其他证人。这个结论证实了被告人的说法，同时也证伪了起诉书的指控，即它所描述的内容没有发生。因此我们原本期望法庭至少对起诉书中牵涉到的证人证言产生怀疑，但他们没有这么做。法庭列出这些证人的证言作为判处布恩迪亚有罪的理由，然而他们讲述的故事不可能完全为真。

　　欧弗林案中，警方提供4岁和7岁小女孩证言的真实性遭到辩方质疑。有人认为警方伪造证言。因此，法庭下令让询问和撰写报告的两名警员亲自出庭作证（这在荷兰不常见）。之后发现，两名警员至少篡改了那名年纪较小女孩的证言，而且其中一名警员承认自己作伪证。然而，地区法院仍然宣判欧弗林有罪，根本无视自己之前获得的信息。

　　似乎在我们研究的案例中都出现一种图示，即证实被告人的叙事以及证伪控方提出的叙事都被法院忽略，而证伪被告人的叙事却成为将其定罪的证据。从逻辑上说这很奇怪，但如果证明被告人有罪的过程被简化为，只是为起诉书的叙事寻找支持，而忽略存在另一种假设的可能，那么发生这一切也在意料之中。这种围绕证实起诉书产生的偏见深埋于最优秀的法律传统中。威格摩尔将刑事证明描述为一种在证实方面只处理如何将待证事实与证据性事实相结合的过程（参见第2章）。这似乎是法院决策的典型方式。也就是说，在建构法律证明方面，只考虑如何证实起诉书的内容，不主动考虑对该内容进行证伪，而且证伪失败时接受其结果，成功时却拒斥其结果。

在本节结尾，我们来讨论一种简化版的证伪方法，由杜布和基尔申鲍姆（Doob & Kirschenbaum，1973）提出的"辨认证据检测法"。当证人声称他们能认出犯罪人时，警方通常让他们进行列队测试来检测他们相关回忆是否正确。列队的候选人中包括嫌疑人以及若干名作为干扰项的陪衬者（参见第7章）。这项测试的合理性在于，如果证人能在这种条件下认出嫌疑人，那么他们在此之前必定见过他。如果我们能够确认双方之前唯一的一次照面发生在案发现场，那么一次肯定的指认能够成为确认嫌疑人犯罪的证明。要证成此结论，必须排除关于证人测试表现其他的解释。其中一种可能是，嫌疑人在其他陪衬者中过于显眼，以至于没有目睹罪案发生的人也可以认出他。证实存在其他可能的解释，即对测试合理性进行证伪，人们可以按照以下方式进行。首先，由非本案证人的其他受试者，根据证人对嫌疑人的描述来观察候选人列队并辨认嫌疑人。如果辨认成功，也就说辨认准确性极大高于随意猜测的结果，则意味着选出的候选人阵容"不太公正"，而且结果也不能作为犯罪人身份的肯定证明。许多已经发表的科学论文中阐述的经验性研究均涉及这种对照标准。但是，就我们所知没有一个国家的法律体系设置这种有保障性措施，无论是总体上对于刑事证明来说，还是具体上针对身份辨认的证据来说。当人们应用这种测试，如通过一组照片辨认测试来确认德米扬鲁克是否是"恐怖的伊万"（Wagenaar，1988）时，会发现100%的局外人都指出德米扬鲁克是嫌疑人，即使他们之前根本没有见过面。

5.4 拖网捕鱼法

某些极具欺骗性的侦查结果可以通过我们所谓的"拖网捕鱼法"获得。这种方法属于嫌疑人驱动搜查法之一，我们采用该术语指称警方的一种侦查手段。这种侦查从笼统而没有任何指向性地怀疑某个人，或更常见地说某类人群出发，投入大量警力，调查他或她每一处值得怀疑的地方，直到找到纰漏为止。这就像在一个可能没有多少鱼群的地方撒下一张非常宽大的渔网，但只要这张网足够大，人们总会捉到几条鱼。市议员舒德卜案（Schuddeboom case）正是这样一个例子。

舒德卜是荷兰布林瑟姆自治市的一名市议员，他担任这份工作已有多年。每次市政府换届选举时（4年一次），这个地区的政客们经常被媒体谴责利用代理投票的方式作假。当地这种惯例一度引起国家层面的关注，政府向当地警方施压要求彻底调查此事。为什么当地政客对代理选票如此感兴趣，其原因显而易见。舒德卜的代理选票源主要来自附近移动屋社群居民以及一些外籍劳工，在荷兰他们拥有市政府选举的投票权。代理投票流程如下：如果某个选民想授权别人代替他或她投票，那么必须先填写一份表格，上面必须有自己（选民）以及他或她的代理人双方的签名。通常不允许一个人代理两个以上选民进行投票。因此，政客们不仅需要找到愿意出让他们选票的选民，还必须找到足够数量愿意"正当"使用他们代理权的代理人。需要填写的表格统一由市政府工作人员进行发放，每张表格都必须通过认证，而且每人不得填写超过4张表格。当时，市政府收到1000份来自舒德卜的代理投票表格，其中只有27%通过正式认证。显然，其他表格另有来源。于是，市长向未经认证表格上填写姓名的每位选民都发出一封信函，询问他们是否真的授权其他人代理投票。最终，只有35%的表格被认定程序合法。收集代理选票本身并不违法，但是伪造表格却涉嫌违法。警方针对所有经手未通过验证表格的人员展开刑事侦查，发现其中 7 人涉嫌骗选，但最终只针对市议员舒德卜一人提出刑事指控。

那么，舒德卜究竟做了什么？竞选期间，他曾从 4 名选民那里获得 4 张附带签名的代理投票表格，不过这些选民没有指定投票代理人。舒德卜需要找到 2 名代理人才能使这些表格通过认证。他的花匠表示愿意签字，成为其中 2 位选民的代理人，另外 2 名则由他的妻子签名代理。然而，实际上这位花匠——霍尔先生（Mr. Hol），伪造了他妻子的签名。市议员舒德卜被指控怂恿花匠伪造签名，而且签字时他也在现场。舒德卜自然否认曾这么做。除了这两份伪造签名的表格之外，再也没有发现其他证据证明舒德卜作假。最终地区法院判决舒德卜有罪，但是上诉法院却将其无罪释放。反而伪造签名的霍尔先生自始至终都没有遭到起诉，尽管他承认确实伪造签名。显然，霍尔先生的角色并不重要。这项调查直接针对舒德卜，因为他是一名市议员而且曾经否决警方购买昂贵调速器装置的提案。警方经过彻查几百份表格，终于找到伪造签名的那一张。它本来和舒德卜毫无关系，但即使是如此微不足道的证据也不得不用来作为指控他骗选的证明。

其他关于"拖网捕鱼法"的例子如巴克文案（Bakoven）和马顿斯案（Martens）。巴克文被指控在任职赌场保安期间同时领取失业救济金，他正是警方大规模撒网中捕到的那条鱼。警方调查了一个超过百名雇员而且涉嫌逃税金额高达数百万荷兰盾的赌场。然而，除了发现一些针对"笨蛋"巴克文的证据之外，警方一无所获。地区法院以诈骗社会保险为由起诉巴克文并判其有罪，但之后上诉法院将他释放。

马顿斯也有类似遭遇。警方怀疑特温特区的蔬菜竞拍中心（Vegetable Auction in Twente）存在大规模欺诈行为。政府会根据市场里蔬菜商贩进货的货物价值按比例征税。地方当局怀疑竞拍中心允许客户使用假名进行交易，这能帮助他们逃税。在一次名为"生鲜"的行动中，一组由金融专家组成的团队对竞拍中心的管理部门进行调查。他们发现了几百份用假名登记的销售账单，不过，在大多数情况下，要找出伪造账单之人几乎是不可能的事。由此可见，即使不是全部也有大部分客户参与伪造账单，但控方只对马顿斯一人提起诉讼。马顿斯是一名智力有些缺陷的年轻人，通常由父亲来帮他打理生意。蔬菜竞拍中心的主管承认，他们的确允许客户使用假名，但在这些能从中获益的人群里，他们大约只记住了马顿斯一人。然而，伪造账单的数量如此之大，其他许多商贩想必也会从中获益。竞拍中心的 2 名主管分别被罚款 500 荷兰盾和 1000 荷兰盾，而马顿斯需缴纳 7 万荷兰盾的罚款，另外追加 10 万荷兰盾作为补交的税款，这两笔罚款对马顿斯来说绝无能力偿付。"生鲜"行动的调查结果令警方无比失望。虽然竞拍中心存在明显的大面积欺诈行为，但几乎没人能够证明这一点，所以警方只能拿一条小鱼开刀，那就是马顿斯。他可以被判有罪，但没有能力缴纳罚款。

虽然不太明显，但拖网捕鱼法同样能使人们的判断误入歧途，某种意义上它与辨认程序有关（参见第 7 章）。其中一种方式是在全国新闻广播中播放嫌疑人的照片，并向公众询问"谁见过此人？"（譬如荷兰的"征求线索"，英国的"绳之以法"广播节目）。通常节目组会收到上百个回复。其中很可能至少有一个回复能使照片上之人入罪。例如，这种方式被应用在针对卡罗尔的侦查上，他被怀疑是一名爱尔兰共和军杀手。另一种方式是在尚未解决的案件中，让嫌疑人站到待辨认的候选人队列中，让多名不同证人进行辨认。同样，至少有些证人会认出他，这并非不可能。在埃德斯特案、哈纳克案以及斯博科曼案中，警方都采用了这种方法。第三种方式是向证人出示大量警方已掌握情况的犯罪人照片。范·德波尔（Van de Boor, 1991）曾经发现一起案例，警方曾向一名证人出示 570 张犯罪人照片。同样，很可能其中某张犯罪人照片看上去与证人在案发现场看到的行凶者十分类似。

拖网捕鱼是一种利用偶然性的侦查方法，所以人们应当尽量避免使用它。用这种方式寻找证据几乎可以找出针对任何个体足够多的犯罪事实。拖网捕鱼法有一种特殊属性，它能使那些表明某人清白无辜的无数事实从网眼中漏出去，只留下少许看起来有罪的事实，这些事实被保留下来构成充分的犯罪证据。鉴于这种收集证据的方式，获得的证据可能是一种随机性误差的结果。当渔网撒得足够广，网眼缩得足够小时，这种偶然性越容易发生。法院通常不了解这些效应，而且倾向于认为所有证据都是以独立方式获得。

96

5.5　逻辑的要求与实践的限制

我们已经讨论了三对相互对应的范畴：侦查与证明，犯罪驱动搜查与嫌疑人驱动搜查，以及证实与证伪。目前为止，人们可以清楚地认识到，在刑事侦查与建构证明过程中，逻辑上最可靠的方法是犯罪驱动搜查，辅之以权衡证实与证伪的方式。然而，这在实践中很难执行。

审判期间建构的证明一直是以嫌疑人为驱动，因为审判一开始就是针对某个被告人提出指控。因此，法院需回答的问题不是"这个犯罪行为是谁实施的？"，而是"他们（被告人）是否实施了犯罪行为？"换而言之，审判的目的不是发现真相，而是通过验证现有证据的质量来评估起诉书中叙事的可信度。即使诉讼期间存在关于犯罪驱动搜查的活动，那也只出现在预审阶段中。

然而，正如我们所见，即使在侦查阶段也鲜有犯罪驱动搜查。原因不在于警方不愿意遵循这样的侦查程序，而是我们语料库中的大部分关键案例并不能通过这种方式得以侦破。想要侦破许多这样的案件一般只能依靠嫌疑人驱动搜查。在其他一些案件中，甚至侦查正式开始之前嫌疑人就已被锁定，因此之后的侦查不可能在假装不存在嫌疑人的情况下进行。在大多数刑事案件中，嫌疑人驱动搜查在侦查阶段以及建构证明阶段都有所运用。

正如锚定叙事理论所言，嫌疑人驱动搜查正是大多数情况下人们会使用的侦查方法。审判一开始，控方会在法庭上向事实审理者描述涉案被告人在整个叙事中的所作所为和缘由。随后进行的证据分析是一种与锚点相关的嫌疑人驱动搜查。法庭并不反对在预审阶段针对相

关证据进行嫌疑人驱动搜查，因为它能准确地为法庭提供审判所需的信息。逻辑性较弱的嫌疑人驱动搜查反而有助于法庭决策。只有辩方能从犯罪驱动搜查中获益，但欧洲大陆普遍实行纠问制诉讼程序，辩方对法庭在审判期间的决定影响并不大。法庭掌控着审判过程，他们可能在不知不觉中利用权力使审判按照为其决策提供所需信息的方式来进行。

相同情况也发生在证伪过程中。法院首要关注的问题不是验证起诉书之外的其他假设，而是判断起诉书的内容是否得到证明。"合理怀疑"关心的问题是控方所提出的证据是否支持起诉书的内容，而不是某些（甚至是那些尚未提出的）证据是否可能支持其实另有他人（甚至可能是一个不知名的人）实施了犯罪行为。那些人并没有站在法庭上，法院无法对他们做出判断。所以，法院更倾向于证实指控的合理性，这种偏好对于那些不太容易找到可能存在其他嫌疑人的案件而言再自然不过。尽管如此，在我们语料库中的许多案例中明显还存在其他嫌疑人，而且有迹象表明他们非常可能是有罪的。一个突出例子是早前提到的瑞克布勒姆案。其他类似的案件还有：布恩迪亚案、卡罗尔案、科伦坡案、伊安鲁案（Eyunlu）、富兰克林案（Franklin）、格兰纳特案、葛瑞穆林案、卡拉卡亚案、卡夫案、里巴特案和施耐德案。在这些案例中，法院没有对起诉书内容进行证伪，或考虑进行证伪，或将其与证实所得结论对比权衡，因为表明被告人没犯罪的证据通常与那些证明其有罪的证据相对立。再一次，锚定叙事理论预言了这种偏好的存在，因为证实叙事可形成一种锚点，而证伪在锚定结构中没有相应位置。

相较于法院来说，检察机关应用证伪的频率更低。成功证伪起诉书中的假设可能会迫使控方撤销已花费不少时间准备的案件。审判一旦启动，呈递证伪证据意味着法庭需要一个喜欢受虐的检控官。一旦被告人被定罪，控方甚至可能主动选择隐瞒证伪证据，也许他们真心认为这项证据要么无所谓要么是错的，但有时也会充分意识到它的重要性。同样地，警方也可能以不报告证伪证据的方式来使用这一策略。检察机关默许这种做法，以免陷入进退维谷的窘境之中。如此看来，除辩护律师之外，所有人都有充分理由只关注证实起诉书的内容。

倘若辩方在呈递证伪证据方面也保持克制，那么诉讼过程可能会被进一步侵蚀。辩护律师有可能这么做，因为他们知道其他人对证伪起诉书不感兴趣，觉得那是在浪费时间。我们将在第 10 章讨论辩方可能面对的问题，届时再继续这个话题。

在侦查阶段与建构证明的过程中，刑事诉讼各方参与者都非常偏好使用嫌疑人驱动搜查与证实的方法，也许除了辩方之外。尽管这两个方面存在本质区别，但在得出结论上可能无法区分。案件侦查不再是发现嫌疑人，而是针对已知嫌疑人组织充分的法律证明。侦查员变成了审判者，虽然他们从未打算这样做。法官注定只能死板地复述侦查员已经完成的任务，不给无辜的被告人留下一丝期待审判可以得出起诉书所预见之外其他结果的希望。

人们对上述可能发生的情况心生恐惧，但补救方案并不包括改变 98 法院的推理方式。对于刑事诉讼决策来说，很可能不存在心理学上切实可行的方法来代替原有决策方式。补救方案应当包括识别锚定叙事策略设置的陷阱，并为防止滥用这一策略提供相应的制度保障。我们将在下一章中讨论一个简单但能充分说明问题的例子。在英国和美国的法律体系中，一份供词可以形成完整的法律证明。不过，招供属于证实叙事的一种方式。所以，这种规则授意法院可以只根据证实叙事作为定罪基础。合格的保障措施应当规定必须对供词内容进行证伪，即要证明除嫌疑人外的其他人无法犯下此罪行。我们很高兴地表示，荷兰法律为预防法院只根据证实叙事来定罪设置了制度性规则。

第 **6** 章 招 供

在一些国家，特别是英国和美国，供词本身即可构成充分的有罪证明。显然，在这里供词被认为能够安全地锚定起诉书中每个关键要素，即身份、犯罪行为以及犯罪意图。不过，我们将在本章中证明，许多供词其实没有在所有这些方面都提供足够详尽的信息。

除非我们愿意相信无辜之人绝不会承认他们不曾犯下的罪行，供词才可能被当作有罪的充分证明。如果我们相信这一点，那么只要有供词就不再需要其他额外证据。然而，这种假设并不可靠。在许多著名的历史案件中，确实有无辜的人为那些他们从未犯下的罪行顶罪。例如，在19世纪30年代，很多人承认他们是绑架了林德伯格家（Lindbergh）孩子的罪犯。

通常认为普通人不会做冒名顶罪的事情，因为他们没有任何理由这样做。这种想法显然不现实。一般来说，至少有四种顶罪理由：一是他们想要维护其他人；二是他们也许天性喜好说谎；三是他们可能受到警方诱供而冒名招供；四是也许他们对暗示过于敏感。因此，如果要对供词进行锚定，必须将上述四种可能性排除在外，这样供词才能作为法律证明被接受。

荷兰刑事证据法明确规定，仅凭供词无法构成完整的法律证明。也就是说，供词需要辅之以补强证据。不过令人遗憾的是，立法者没有规定什么可被认定为补强证据，更别说详细列出那些必须能排除上

述四种原因的补强证据。实践中，案件供词所需的额外证据不一定要
印证嫌疑人招供的真实性。任何事物都能充当额外证据。例如，尸检
可以成为符合要求的额外证据，即使尸检也没有说明究竟是谁杀了受
害人。这种不要求更深入调查的做法可能反映出同一种基本假定，即
招供往往是可靠的，它真的不需要进一步核实。我们会发现，不仅是
某些立法者秉持这个理念，大多数法官亦是如此。尽管在荷兰，供词
不足以构成充分证明，但在我们研究的许多案例中，法院倾向于将供
词视为充分的有罪证明，就算它们与其他一些信息产生冲突，或者之
后被撤回，又或者招供之事根本不可能发生。

100

　　大多数招供发生在警方审讯期间，特别是证据看起来非常不利于
嫌疑人的时候。为了获取供词，警方与嫌疑人对峙时以强有力的证据
否定他或她是无辜的可能，这种做法合情合理。

　　在这种情况下，招供可能是明智之举，因为不招供已然失去意义，
而且与警方合作也许能争取从轻处罚。以这种方式获得供词不存在任
何问题，但事实上这些供词的意义并不大。因为如果真的证据确凿，
就不需要招供了。

　　在缺少其他证据印证或证据不足时，招供往往存在很多问题，因
为这种供词通常是依靠嫌疑人驱动搜查得出的结果。警方从某个因一
点点理由就被锁定为嫌疑人的人开始侦查，并且试图在审讯期间获取
一份供词。这种供词经常是在长期审讯的情况下获得，而在这种诱导
式审讯下得出的供词往往不适合成为法律证据。验证供词可靠性的原
则是，供词的细节部分是否详实，是否包含"只有犯罪人才知道的信
息"。然而，在长时间的审讯过程中，警方人员很可能早就将这些细节
通过审讯的方式传递给嫌疑人，因而他们能在法庭上将故事准确地复
述出来。警方有很多手段和技巧来实现这一目的。

　　供词只是对起诉书内容进行证实，很多其他类型的证据也是如此。
因此，一名招供的嫌疑人所阐述的故事应当在逻辑上能够排除其他潜在
嫌疑人作案的可能，或者至少让这种可能性看起来十分低。但事实上这

种供词也鲜少被验证，因为在大部分案件中一旦警方获得供词，侦查立即停止（Morris，1980；Softley，1980）。造成这种情况的原因一方面是警方侦查受到时间限制，另一方面是还有许多其他犯罪案件等待侦查。由于这些以及下面即将讨论的其他原因，供词成了逻辑上最不可靠的证据类型。但令人诧异的是，在刑事案件中，它往往被视为最可靠的一类证据。

6.1　招供的频率

我们不清楚所有供词中假供词所占比例是多少。威格摩尔（Wigmore，1970）声称供词是一种比其他类型证据更具诊断性的证据，但他没有给出实证数据或其他理由来支持。这种说法可能只不过是一种常识性表达。威格摩尔这篇文献全文没有一项关于假供词出现频率的研究，究其原因当然是因为无法获得相关准确数据。不过，如果说供词必然比其他任何类型证据更具诊断性，而且对于安全定罪而言是一种充分证据，那么人们可以通过将其作用记录在表格中来评估效能。第 2 章表 2.1 表明，合格的列队辨认诊断值是 15。如果一名证人的辨认结果不足以证明嫌疑人有罪，但两名证人的可以，那么证明有罪所需的总诊断值为 15×15＝225。这个总诊断值也可以通过其他方式来计算。在第 4 章（表 4.5b）中，我们证明根据威格摩尔的准则，即释放 20 名有罪被告人比将一名无辜之人定罪效用更好，会得出 1.69% 的命中和 0.27% 的错判。如果我们算上 88% 的安全决策（对于所有命中来说），并且修正有罪基本比率，我们将得到 94.41% 的命中和 5.40% 的错判，这使得构成支持有罪的诊断值为 17.5。根据无罪推定原则，我们预先设定一定的有罪概率，比如 1∶10 *。因此，将从确定无罪的信念转换到确定有罪，总共需要的诊断值为 10×17.5＝175，这非常接近之前提及的 225 的诊断值。为方便论证我们假设在没有额外证据的情况下，用于定罪的供词所需诊断值为 200，所得结果如表 6.1 所示。

＊ 若设为 0，根据前述，后验概率的结果永远为 0。——译者注

表 6.1a 中，命中和错判之比等于 200。在表 6.1b 中重新引入有罪
基本比率，使得边际条件恢复到 95% 的有罪率和 88% 的招供率。如果
上述条件都达到要求，那么案件中假供词发生率不会超过 0.023%。也
就是说，如果在 4300 名嫌疑人中出现超过一名嫌疑人提供假供词，那
么人们才不应当将供词视作充分证据。这的确是一个相当高的标准，
因为它所要求的假供词概率比实际发生的低得多。雷特纳（Rattner, 102
1988）指出，在他研究的 205 起案例中，刑讯逼供是导致其中 16 起案
件错误定罪的主要原因。结合雷特纳的估计，即有 0.5% 的审判结果属
于错误定罪，那么得出每 2500 起案件中就有一起刑讯逼供。这一数字
必须算上嫌疑人自愿提供假供词的情况。在一些允许诉辩交易的国家，
一定有很多出于自愿的虚假招供。

表 6.1　要求供词为定罪提供 200 诊断值

(a) 已修正有罪基本比率

被告人	招供(%)	被告人否认(%)	共计(%)
有罪	92.61	7.39	100
无罪	0.46	99.54	100
诊断值	201	13	

(b) 未修正有罪基本比率

被告人	招供(%)	被告人否认(%)	共计(%)
有罪	88.977*	7.023	95
无罪	0.023	4.977	5
共计	88	12	100

* 原文笔误，此处应为 87.977。——译者注

我们也可以根据语料库中35起可疑案例进行分析。在我们的样本中，7名被告人曾推翻之前的供词（参见表6.2）。其中4份来自卡斯特林、敦克、葛瑞穆林以及卡拉卡亚的证言在某种意义上是假供词，因为招供者所言不实，尽管这些供词可以表明嫌疑人要么犯下其他罪行，要么以另一种方式犯下供词中所提到的罪行。在第1章中我们曾经讨论过，所有判决中可疑定罪至少占2%。若这2%案例中有4/35的判决建立在假供词基础上，那将意味着每430次判决中会有一次因法院采信假供词而得出可疑的有罪判决。根据这个比例算出供词的诊断值约为20，它仍然比其他任何一类证据的诊断值要高。所以说，当威格摩尔说供词是最好证据时，这个断言是正确的，不过在将供词本身视为充分证据这一点来看，这种说法仍然不正确。

6.2　假供词的来源

假供词可分为两种：自愿的和被迫的。司法界（Waller，1989）将自愿提供假供词的缘由分为两类：病态妄想症和病态受虐成瘾。卡辛和怀特曼（Kassin & Wrightsman，1985）区分了两类被迫提供的假供词：一种是招供者以为自己犯了罪；另一种是招供者有意说谎。我们暂时不考虑这些区别，因为它们与即将讨论的内容关联不大。但是我们注意到，在过去司法界忽略了两类假供词的重要来源，嫌疑人试图维护他人以及诉辩交易。此外，无论是司法界、卡辛和怀特曼都忽略了警方伪造供词的可能。

有人可能认为，自愿的假供词不会构成真正问题，因为它们很容易被人们所察觉。比如，这些供词中不包含只有犯罪人才知道的隐秘信息，甚至它们经常描述不可能发生的事情。接下来我们将证明，警方和法院往往没有意识到这种警示信号的存在。事实上因为来源不相同，所以必须通过不同的方式来检验这两种的假供词。自愿的假供词可通过分析招供者的品行或者他招供过程来检验真假；而被迫的假供词则与这些因素无关，它必须通过仔细审查警方的审讯方式来检验。

估计自愿和被迫假供词的相对频率比估计假供词的总频率要困难 103
得多。雷特纳（Rattner，1988）只研究了被迫的假供词，可能是因为
自愿的假供词大多来自诉辩交易，所以不应被视为司法错误。荷兰最
高法院（Crombag，Van Koppen & Wagenaar，1992，Chapter 1）关于纠
正刑事定罪的审查报告中，只记述了那些被告人为维护他人而提供假
供词的案件。报告没有涉及被迫提供假供词的情况，可能是因为被迫
招供不构成支持要求修改原判决结果的上诉理由。在我们语料库7起
包含争议性供词的案例中，有2起——卡拉卡亚案和伊安鲁案——似
乎是嫌疑人想要保护其他人，另外5起据说是警方逼供的结果。

6.3　法律制度保护

大多数法律制度都设定规则来保护嫌疑人免受外界压力而自证其
罪。绝大多数国家中，嫌疑人有权保持沉默；在许多国家中，他或她
有权聘请律师，他们可以保护嫌疑人不受警方胁迫以及避免仓促招供。
在某些国家中，警方获得的供词必须在法庭上复述一遍，成为呈堂证
供；而在另一些国家中，包括荷兰，并没有这样的要求。这种规定也
许不总能防止警方通过强制手段获取供词。在美国所谓的米兰达原则
（*Miranda v. Arizona*，284 US 436，1966）是维护嫌疑人宪法权利的一项
重要保障。然而，最近联邦最高法院却批准针对这项原则的例外情况，
即"安全考虑压倒一切"（*New York v. Quarles*，467 US，1984）。在英
国，保持沉默的权利一直被公众接受，但聘请律师的绝对权利只得到
1984 年"警察与刑事证据法"（PACE）（STET 58）的背书。在美国和
英国，撤回警方审讯期间得到的供词通常不被陪审团视为定罪的充分
证据。

在荷兰，防范警方刑讯逼供的措施十分薄弱。也就是规定嫌疑人
有权保持沉默，而且警方必须告知其拥有此项权利（在比利时警方无
需提出警示）。但荷兰最高法院认为，在某些情况下，行使这项权利可
能会被法院解释为承认有罪，这个例外无疑击中这一规则的核心要害。

在荷兰，辩方律师无权介入警方侦查，只有案件被转交给预审法官之后律师才有一些参与权，但这些权利也不是绝对的，因为它有可能因"关系到侦查的利害关系"而被迫中止。预审阶段获得的供词不必在法庭上重述，因为警方关于这种供词的报告可以用作证据。通常警方会让嫌疑人在审讯期间记录的口供上签名，但笔录不一定成为呈堂证供。即使供词缺少嫌疑人的签名，警方人员仍可以宣誓作证称嫌疑人在审讯期间已然招供，而且这名警员的陈述本身足以构成充分的法律证明。从所有这一切我们可以得出结论，各国反对刑讯逼供的措施不尽相同，但都一样的无能为力。

6.4 自愿性假供词

维护（所谓）真正的犯罪人是嫌疑人自愿提供假供词的一个好理由。我们语料库中有两个例子。其中一个是伊安鲁（Eyunlu）案。伊安鲁在谋杀土耳其工会领袖阿克曼（Okman）两年后被捕。起初唯一的证人，阿克曼有些弱智的儿子萨基尔（Sakier）辨认一名男子——穆罕默德（Mohammed）是凶手。但当另一名证人没有认出穆罕默德时，他的嫌疑便被排除，尽管实际上两名证人的证言都不太有价值，因为他们从来没有亲眼看到谋杀阿克曼的凶手。凶案发生不久后，伊安鲁向他的一名朋友，英格丽德·奈勒斯坦（Ingrid Nellestein）坦白实情。后来他对此解释说：

> 我招供的理由很简单。谋杀发生当天，我听闻自己的妹夫因杀人而被捕。我感到十分震惊。我了解到穆罕默德的兄长已经在土耳其监狱中服刑。我立刻意识到如果他也被关进监狱，那么这对他们的家庭来说会造成多大的伤害，因此我决定背负谋杀的罪名……然而，四天之后，穆罕默德被释放了，所以我认为自己已经没有顶罪的必要。不过这些我都没有告诉英格丽德，我以为这一切都会翻篇。

但是这一切都没有结束，因为在谋杀发生两年之后英格丽德去警察局举报，说伊安鲁已经向她坦白招供。

卡拉卡亚（Karakaya）是一名土耳其裔男子，被指控谋杀住在同一个街区的埃克斯老爹。警方审讯期间，卡拉卡亚提供了几份各不相同的证言，而且每一次都撤回之前的说法。他还给出做假供的各种理由，包括警方逼供以及语言障碍。还有一个原因，他认为这件事是他的妻子瑟米勒（Cemile）干的。他深爱着妻子（自称），因此想通过顶罪的方式来保护她。当后来得知瑟米勒打算离开他时，他就再也不想顶罪并且撤回了之前的供词。

与此同时，并没有证据显示这些供词是假的。由于这些案件都根据早期供词来定罪，我们至少需要某些证据来证明这些供词**不是**假的。供词必须被锚定在另外一些规则之上，而不是简单认为没有无辜者会愚蠢到承认自己没有做过的事情。锚定供词可以根据两类额外证据：嫌疑人的隐秘信息，这是只有真正的犯罪人才知道的信息；以及供词中不存在不可能发生的事情。伊安鲁案中，他向英格丽德坦白的内容非常简单，以至于无法根据这两类证据来验证供词。被羁押 10 天之后，令人奇怪的是伊安鲁又再次招供。他说他之所以谋杀阿克曼是因为他强暴了他的妹妹法蒂玛（Fatima）。这次招供的供词包含更多的细节，但这些已经不能作为隐秘信息的证明，因为在他家族内、土耳其社会以及各大报纸上都详细地讨论过这起案件。然而，法蒂玛故事中包含很多疑点。伊安鲁告诉警方，这件事他是听穆罕默德说的，穆罕默德又是听法蒂玛本人亲口说的，但无论是法蒂玛还是穆罕默德都从未告知警方这件事情，穆罕默德曾被短时期关押时也没有说。伊安鲁还承认在谋杀当日打了两次电话威胁阿克曼。但阿克曼的遗孀却否认接到过这些电话。法蒂玛据说她是在阿克曼组织的土耳其儿童夏令营中被强暴，但事后她一直与阿克曼保持联系，仍然在工会与阿克曼共事，而且还同意和他一起参加下一年的夏令营。这不是一名（土耳其）妇女被强暴后应有的反应。伊安鲁招供之后，警方从未从法蒂玛

105

或是其他证人那听闻阿克曼道德上存在问题。然后，伊安鲁再一次撤回他的供词。这次他声称是被土耳其社会中某些团体组织威胁招供，他不能说出组织的名称，否则会有生命危险。在这些情况下，将伊安鲁的供词视为证据是令人质疑的。

卡拉卡亚的故事更加复杂。他招供了好几次，每次的故事都有些不同，但这些变化都遵循一个图示，即它们随着警方最新的案件侦查进展发生改变。起初，警方认为埃克斯的尸体被犯罪人从一个房间拖到另一个房间中，果然卡拉卡亚承认他的确这样做过。随后，警方发现尸体不是被拖着移动，而是从一个房间扛到另一个房间，于是卡拉卡亚相应地更改之前的供词。案件中其他细节也是如此。杀死受害人之后，凶手在现场点火意图毁尸灭迹。一开始，笔录中卡拉卡亚已经承认他在埃克斯的尸体旁点火。后来警方发现起火点实际上在床底下，于是再一次卡拉卡亚应景地修改了他的供词。警方没有找到作案凶器，但法医认为可能是某种尖锐的器具，比如螺丝刀、匕首或钢笔。为了说明死者身上的伤口是如何形成的，警方拍了一张十字螺丝刀的照片并向卡拉卡亚出示这张照片。果不其然，他承认自己用十字螺丝刀杀死埃克斯。虽然这些接二连三的供词看起来包含着只有凶手才知道的隐秘信息，卡拉卡亚阐述的细节也如此契合警方的进展信息，但似乎是警方在审讯期间传递了（部分）隐秘信息，这不是不可能的。也许还有另一种解释：卡拉卡亚在案发后不久去过埃克斯的公寓，因此他了解到那些关于凶案的隐秘信息。不过，通过检验卡拉卡亚供词我们发现其中包含不可能发生的事情，这令我们对供词的真实性愈发产生质疑。在卡拉卡亚一系列供词中，谋杀时间发生在上午 11 点到 12 点30 分左右，但是至少有 3 名证人称他们在下午 2 点左右看到埃克斯还活着。除非我们愿意无视这 3 名独立证人的证言，否则这是一个明显的不合理之处。

这 2 起案例表明，自愿提供的假供词并不总会那么轻易地被人们识破。无论伊安鲁还是卡拉卡亚，他们都有理由说谎，但却难以判断他们是否真的说了谎。

我们还没有在语料库中发现病理上说谎成瘾的案例。但即使如此，认为这种病理能被轻易检测到的主张，没有完全得到法院已然接受那些明显具有精神障碍嫌疑人的供词这一事实的支持，如卡斯特林（正在接受精神病治疗），葛瑞穆林（村里人人皆知的"白痴"），卡拉卡亚（注射过超过计量的镇静剂），以及富兰克林（受到迷幻药影响）。法院在接受他们供词的同时，也承认了鉴定他们精神失常的医学报告，两者形成鲜明对比（参见第9章）。显然，法院背后的理念是，即使人们精神错乱，也不会提供虚假的供词。

6.5 被迫提供假供词

被迫提供假供词的典型情况是嫌疑人被严刑拷打。尽管不应容忍任何一种逼供方式，但中世纪的酷刑并不像如今想象的那般非人道，因为用刑前会设置许多预防措施（Langbein, 1977）。首先，酷刑只能在触犯严重刑事罪行的情况下使用，如被告人可能会被判处死刑或致残性惩罚。此外，用刑之前要求对被告人罪行已经"证明过半"，包括至少一名证人的证言或者相当多数量的环境证据。经过酷刑获取的供词应当包含只有真正的犯罪人才知道的隐秘信息。暗示性提问，以及任何向嫌疑人传递隐秘信息的方式都应当被禁止。供词的内容需要得到其他信息源的印证。另外，通过酷刑获取的供词本身不能作为证据，除非被告人在审判期间自愿将内容复述一遍（人们可能会质疑被告人在多大程度上自愿这么做，因为拒绝招供可能会再次受到酷刑的折磨）。

中世纪酷刑取证的预防措施在今天看来所剩无几。禁止酷刑取证之后，人们似乎认为在招供过程中不再需要采取这些预防措施。然而，警方如今仍在使用一些强制性获得供词的手段，法庭容许的和不容许的都有，它们在获得假供词上可能与酷刑取证有着异曲同工的效果。因此，我们依然需要防范被迫的虚假招供。

107

总的观点是，如果嫌疑人要招供，那么必须遵从他们的自由意志。不过，这在实际上几乎不可能。嫌疑人既不是自愿来到警察局，也不是主动接受警方审讯，也无法选择审讯他的警员。由于警方希望他们认下罪行，因此施加某些程度的压力在所难免。最重要的是，嫌疑人知道警方会采取各种方式向他们施压。对于嫌疑人来说，这不可避免地形成一种逼供的事态，于是他可能被诱使供出警方希望他坦白的内容。所以说，要求嫌疑人的供词应当是"他自由而理性抉择的产物"（*Greenwald v. Wisconsin*，390 US 519 1968）实在有些天真，因为它只会发生在那些违背嫌疑人"自由而理性抉择"的情况下。敦克案就是一个明显的例子。

敦克先生被指控性侵他的外孙女海伦（Heleen）以及她的朋友吉尔珍。但审判过程中发现，这些指控完全没有根据。不过，在预审调查期间，敦克先生的供词似乎在某种意义上承认了曾经性侵吉尔珍的事实。他是这么解释供词由来的。某天，敦克先生突然被警方逮捕，并告知他可能会被羁押一段时间。这里就产生一个问题，他住在芬兰的女儿和孩子们乘坐的班机即将到达阿姆斯特丹的史基浦机场。敦克先生已经很长一段时间没见到他女儿一家，所以他询问审讯他的警员能否加快程序进度，让他能信守诺言到机场迎接他的家人。警员看到这个契机，对敦克说，如果他不在供词上签字，那么就不会让他离开。女警员提醒他说："如果你一直拒绝招供，那么你将如何向你的女儿和外孙们解释这一尴尬的境遇呢？"面对进退两难的处境，敦克在一份笔录上签了字，承认他抚摸过吉尔珍一次，而且是在海伦的生日聚会上当着众人面。虽然敦克认为他只是承认一些看上去不那么清白的事情，但女警员将这份笔录视为他承认性侵的供词并让他离开。审讯期间，一份打印版文件作为证据呈交法庭，其中包括一份敦克承认曾在某公寓大楼的地下室猥亵吉尔珍的报告。文中还提到敦克清楚知道他的行为触犯了刑法。这份打印版的报告并没有敦克的亲笔签名，警方解释说这是他们"重述"手写原件的复制品，目的是让文字更清晰可读。

敦克否认他曾经坦白自己好色，更不用说承认自己的行为触犯刑法，这是个原本可以漂亮解决寻找**犯罪意图**的问题。法庭传唤警方出示手写原件，但被告知原件已经意外遗失。

　　本案中，有敦克先生签名的那份原始笔录无疑是警方强行逼供的产物，而那份打印版的文书很可能属于伪造。控方想必也意识到这一点，因为庭审一开始就撤销了关于吉尔珍的指控，只提出关于性侵外孙女海伦的指控，不过法庭最后还是判敦克无罪。所以，这是一起嫌疑人被迫招供的案例，如果敦克先生说的那些也算招供的话，过程中没有使用刑架，而是通过同样有效的控制手段，并且这种手段并不像过去使用时那样需要戴上镣铐。

　　许多情况下，我们并不知道一份供词是否经由非法手段获得。警方当然也不会承认曾经使用此类方法。不过，他们自己的记录偶尔也会泄露真相。比如葛瑞穆林案就是这样。葛瑞穆林被指控在都德村犯下多起纵火案。葛瑞穆林一直患有严重的记忆障碍，这个事情人尽皆知，因为他 10 年前经历一起严重的交通事故。然而，在警方审讯过程中，葛瑞穆林居然承认自己在 6 年 *期间曾犯下 27 起纵火案，还给出每一起案件具体的日期、地址和作案手法。警方坚称葛瑞穆林是自愿招供，没有受到审讯警员的授意或暗示。不过，与此相反的是，审讯笔录上有这么一段话："你说的是照片上这幢房子，我记得曾在那儿放了一把火……"后来，这位警员承认在审讯期间他们向葛瑞穆林出示了每一起纵火案的发生日期、地点和作案手法，并质问他是否招供。显然，警方当时已经发觉事情有些不对劲，葛瑞穆林很可能会撤回之前的供词，假如日后果真如此，那么他们需要采取措施来避免遭到刑讯逼供的指控。所以他们篡改审讯时的问题，更甚至，他们在笔录中添加了一些令人震惊的内容。

108

---

　　* 后文也有一处为 6 年时间。译者认为或者是笔误，或者是不同作者写作时的材料出现时间上的差异。——译者注

"我在没有获得来自你方（警方）任何暗示的情况下承认犯下这些纵火案。""我完全出于自愿做出本项声明，而且我对警方没有任何怨言或者对布尔玛（Boerma）警官也没有任何怨言。"

"我完全出于自愿做出本项声明。警方从未承诺我任何事情。我自己决定对所犯之罪供认不讳。"

"我完全出于自愿做出这些声明。我本人最终选择公开犯罪事实。我所说的一切全部属实，任何人都无可置疑。我没有被任何人强迫做出这些声明。"

上述笔录明显看出葛瑞穆林十分配合警方的审讯，但难以令人相信这就是事实。从引述的段落中我们可知，至少这部分声明不那么真实，即葛瑞穆林从未从警方那里得到任何关于纵火案的暗示。后来，他还投诉在关押期间，警方要么对他进行漫长的夜间审讯，要么将他关在单人禁闭室，二者之间来回轮换。由于关押牢房的日志记录不完整，所以审讯葛瑞穆林的时间无法得到确认。警方承认，他们曾向葛瑞穆林许诺，替他保守纵火的秘密不被村民知道。这显然是一个愚蠢的承诺，因为纵火案在村民心中早已印象深刻。看来葛瑞穆林并不是一个十分聪明的家伙。

葛瑞穆林的供词没有包含任何只有犯罪人才知道的隐秘信息。相反，他所有没有得到警方提示的供词之后证明都是错的。比如他承认将一张点燃的纸板塞到一辆汽车底部，从而烧毁这辆汽车；然而犯罪现场照片显示，汽车轮子刚好压在纸板上。又比如他说有一次纵火之后他回到家中："我回到家，我的父亲正要出门，他是一名义务消防员。我问他去哪？他说去救火……我在家里等他回来。他告诉我后面街区哈格曼家（Hagemans）发生了一场大火。"但消防队的出警名单显示，葛瑞穆林的父亲并没有参与这次救火。除此之外，案发当时葛瑞穆林正巧因为过敏在床上躺了大约十天，这点得到他的诊疗医生证明。最后，这场火灾发生在周日晚上，根据葛瑞穆林父母的说法，他们从不允许他在周日晚上去酒吧。在葛瑞穆林关于其他纵火案的供词中，还存在更多类似甚至是根本不可能发生的事情，但这些貌似都没有引起警方、检控官乃至法庭的注意。鉴于葛瑞穆林的智商不高，对他的审讯方式很可能带有强制性。

6.5.1 心理机制

存在五种可能导致嫌疑人会屈服于来自警方压力的心理机制。第一种是认为这是逃离困境的"最轻松的出路"，但他们并未意识到这样做带来的后果。经过几个小时的询问，"说了你就可以回家"这样一句建议，可能变得极具诱惑力，变成压倒骆驼的最后一根稻草。人们倾向于认为，即便坦白了，之后再撤回证言就可解决问题。这在一些国家或多或少可行，但在另一些国家就不是这样。

第二种心理机制与第一种有些关联，认为屈服是逃离困境的"唯一方式"。当询问过程令人难以忍受，或者像敦克案那样，由于其他原因不得不希望审讯马上结束时，这种机制可能会起作用。如果我们选择相信卡斯特林所说的，那些关于他因涉嫌性侵儿童案而被警方审讯时发生的情况，那么事情会变得更加令人无法容忍。他说审讯时他被当地警方羞辱，他们脱去他的衣服并讥讽他。审讯耗时漫长且强度颇高，警方威胁将把他的行径告知街坊邻里。法庭要求荷兰国家警察厅调查这些指控是否属实，警察厅的结论是"未发现任何违纪情况"。他们并未全部否认卡斯特林的指控，只是指出警方的审讯方式并没有明显违背法律。

"畏惧权威"是第三种心理机制。招供的嫌疑人往往思想比较单纯，他们畏惧警方权威，比较容易被哄骗。我们语料库中有 7 名被告人的供词具有争议性，其中有 5 名属于头脑简单型。卡斯特林是一名智障人士，还患有抑郁症；在长期居住的村子里，葛瑞穆林被人们称为"村里的白痴"；马顿斯是一名心智发展迟缓的男子，35 岁仍与父亲同住，日常生活由父亲照顾；卡拉卡亚是一名流离失所的土耳其人，既不会说荷兰语也不会说英语，因此难以弄清楚在他身上究竟发生过

110

什么事情；富兰克林是一名瘾君子，在迷幻药的影响下，他被一名友人说服承认纵火烧毁了一间房屋，但他本人对此毫无印象。

"催眠"是第四种心理机制。警方有目的地催眠嫌疑人的情况很少，但某些特殊环境能够营造类似催眠的效果。荷兰关于审讯室内部装修的指导方针如下，这些房间的墙壁应当是裸露无遮挡，房间内没有窗户，照明灯具统一配备，审讯桌上不应放置任何物件，或者任何地方都不应放置能够吸引嫌疑人注意力的物件，隔音效果要足够好，等等。这种环境会人为地创造一种感官剥夺的状态，再加上白天或夜晚全天候长时间的审讯，反复持续多日，这本身就可能诱使他们进入一种被催眠的状态。

第五种心理机制是"突然袭击"抓住要害，即趁嫌疑人没有意识到他或她正在被警方审讯，放松警惕时进行。让嫌疑人相信警方只是在进行一次不记录在案的友好交谈，或者甚至只是在试图安抚他或她的情绪。

6.5.2　警方的审讯技巧

怀特（White，1989）曾阐述过大量警方在审讯过程中使用的审讯技巧。这些技巧都应用了上述心理机制，而且尽管它们十分具有误导性，但在美国这些审讯手段并非不合法，而且在其他国家很可能也是如此。

其中一种技巧是让嫌疑人认为自己没有被正式审讯。有时，一名伪装的警务人员被安排与嫌疑人关入同一间牢房，或者一名真正的犯罪人同意诱导他或她的室友说出能使其自证其罪的供词。这种做法公然违反嫌疑人保持沉默的权利，以及被审讯时可以要求律师在场的权利。嫌疑人根本没有意识到，在这种情况下他们丧失了自己的权利。类似的技巧还有假装审讯者是一个朋友。索夫特雷（Softley，1980）研究指出，当有相当数量嫌疑人招供的内容比原本警方对他们怀疑的多得多，这意味着审讯人员十分善于创造一种类似治疗互助小组的氛围，而不是刑事侦查。这种情况明显发生在葛瑞穆林案中。他所说的

111

内容比他想"交代清楚的事情"多得多。葛瑞穆林被审讯时确实可能
处于某种精神放松的氛围里，但很难想象警察局会是能够营造这种氛
围的地方。

另一种经常用的审讯技巧涉及曲解法律规则。比如，告诉嫌疑人
保持沉默实际上可能等同于招供；或者告诉嫌疑人招供可以从轻处罚；
又或者告诉嫌疑人他的罪行已被同伙供出，如果还保持沉默一定会被
定罪。所有这些技巧都可能促使嫌疑人自愿放弃他或她的权利。

第三种审讯技巧涉及歪曲侦查中犯罪事实的严重性或本质。嫌疑
人可能被告知受害人只是受伤，但实际上已经身亡。由于嫌疑人对可
能承担的后果预估错误，所以这样做会更容易给出假供词。索夫特雷
（Softley，1980）在英国警务侦查研究中发现，6% 的案件会出现这种贬
低犯罪事实严重性的情况。我们发现在语料库中有几起案件表现出这
种审讯技巧特殊形式，即先让嫌疑人坦白承认犯下一次罪行，然后在
指控条目中增加数起类似的其他案件。根据荷兰法律，当多起案件相
互关联时，只要其中一起的定罪证据确凿，那么对另外几起定罪证据
要求就不那么高，因为案件相似性本身会形成一定程度的证明力。这
种危险的惯例缺少逻辑辩护。根据相似性关联多起案件是嫌疑人驱动
搜查的一种表现形式（参见第 5 章），因此本应要求比平时更多的证据
支持而不是更少。关联案件又加上诱供，这便成为打击嫌疑人的致命
武器。斯博科曼案就是一例。斯博科曼承认犯下一起银行劫案后，仅
仅因为另外 5 起尚未侦破的劫案或多或少与该案类似，所以他被数案
并罚，一起定罪。另一起案例更明显，哈纳克案。哈纳克被指控抢劫
了武尔登市的一家超市，后来他同意进行列队辨认，因为原本以为辨
认他的都属于武尔登超市抢劫案的证人。但他并不知道在这些证人中
有一些是另外几起超市劫案的证人。没有一名证人认出哈纳克是武尔
登劫案或其他案件的劫匪，除了一个例外，一起发生在宰斯特市的劫
案。就是因为这起劫案哈纳克被判有罪。当然，嫌疑人自愿加入待辨
认的队伍中并不等于招供，但这同样是警方惯用的伎俩，临场混淆嫌

疑人原本涉嫌的指控。

　　警方使用的大量审讯技巧皆与威吓和许诺有关。在美国，明示的威吓和许诺是非法的（*Bram v. United States*，168 US 532 1897），但这种说法显然不适用于诉辩交易（但在英国适用，参见 *R. v. Turner*，1970，2QB 321；54 Cr. App. R. 352，C. A.），也不适用于只是暗示而没有明确表示的威吓和许诺。比如，"你坦白一切就会好过些"，这种暗示并不被禁止。实际上，在美国警方偶尔会使用以下这种审讯技巧，它显然被认为是合法的，即嫌疑人被安排站进伪装的列队中，警方令其相信他或她被号称看到案发全过程的"证人"认了出来。这可能会震慑嫌疑人，在某种意义上他们也许会主动承认某项罪行，以希望警方不再继续追查下去。

　　索夫特雷（Softley，1980）发现 7%的案件中存在警方威吓和许诺的证据。我们在语料库中也发现了类似例子。比如，欧弗林案，证人欧查雷特夫人（Mrs. Ochalek）在警方的威吓下做出针对欧弗林的虚假指控。警方警告她说，如果她不配合，她的女儿将被儿童福利会带走，她本人也可能将面临 10 年有期徒刑。虽然这是个"空洞洞的威胁"，但欧查雷特夫人是外国人，所以她并不知道。卡斯特林案则体现出另一种威吓方式。卡斯特林同样涉嫌性侵儿童。根据他本人的说法，警方曾威胁他若不招供，就将他的行径告知街坊邻里并交由他们处理。

　　最后一种审讯技巧是"我们已经知道了一切"的老生常谈。使用这一招的理由当然是警方并不知道所有情况，非常需要嫌疑人自己坦白。索夫特雷（Softley，1980）研究称，15%的案件中使用过这种技巧。如果与夸大犯罪事实严重性相结合使用，这种技巧能够发挥很大作用。当警方说，他们已有充分证据证明谋杀成立，比如根据共犯的证言，那么嫌疑人可能更愿意坦白一些没那么严重的罪行。我们语料库的案例中，警方可能已经使用了这种技巧，因为尽管法律上明文禁止，但在荷兰，共犯的证言通常会被法庭接受为证据。

6.6　通过锚定叙事来解释

我们研究的 35 起案例中，有 7 起的供词存在争议。如敦克案，控方根据被告人（部分）供词内容提起诉讼，但其中一项指控在开庭之前就被撤销，另外一项敦克完全不承认的指控也在庭审期间被撤销。剩余 6 起案例，法庭将那些具有争议性而且还曾被被告人撤回的供词接受为证据，并罗列在书面意见的证据清单中。所有这些案例的供词均属于核心证据，缺少供词嫌疑人将无法被定罪。

为什么在缺少印证，甚至存在证据与供词相冲突的情况下，供词仍如此轻易地被法院所接受？在第 3 章中我们解释了为什么控方的叙事能如此有说服力，以至于似乎不需要其他任何证据加以印证。当一个完美的故事配上一份供词，指控即变得无懈可击。问题起源于警方的侦查行动。警方并非随机迫使任意公民招供，他们只审讯特定的人群，因为这些人符合警方侦查的案件特征。很多时候，警方完全相信侦查"走在正轨上"，他们只需寻找能够锚定故事的证据即可。这时也许需要施加一些压力，但这是合理的，因为警方认为他们是正确的。反过来说，法院之所以能被说服，不是因为他们不加判断地信任警方所采集的供词，而是因为某些案件中供词与起诉书内容十分契合，几乎没有可供进一步质疑的空间。通过反向追溯嫌疑人的供词，甚至可以使供词与起诉书叙事之间的契合度达到惊人的一致。供词还有一个好处，就是它们通常不止包含案件发生的细节，还包含犯罪人作案时的心理状态，因此利索地解决了非常难以确定的犯罪意图问题。招供对于法律来说，就像合手的手套一样恰如其分。

与此同时不应忘记的是，供词同样可能具有相当高的诊断值，这点我们之前提到过。作为证据，供词的作用至少和辨认结果一样好，同时远比许多类型的法庭科学证据要好。然而，这点却无法解释人们普遍漠视嫌疑人否认作案或者撤回供词的事实，如前所示，即使如此供词仍有 13 的诊断值（参见表 6.1a）。虽然这个数值低于供词原本的诊断值，但仍比绝大多数其他类型证据的诊断值高得多。为什么嫌疑人否认作案的举动经常被人们所忽视？根据我们理论的解释，之所以如此是因为否认作案与起诉书的既定内容相悖，而且被告人只有提出还存在另一名潜在嫌疑人时，他的否认才会被接受，同时还必须很好地说明为什么另一名嫌疑人会犯下此罪行。这便是我们在第3章中介绍的最优辩护策略。斯博科曼案可作为一个样例。他被指控犯下6起银行抢劫案。他承认其中一起的确是他所为。当然，他没有否认另外5起抢劫案发生，只是不承认涉案其中。不过他没有向法庭提供更多关于这5起悬案的信息，也没有提供其他劫匪或同伙的线索。正因如此，斯博科曼的否认远不及检控官起诉书阐述的故事好，即一个承认犯下一起劫案的人很可能也犯下其余5起。

格兰纳特案，这个案子我们将在第11章详细讨论。被告人否认自己作案，指出妻子玛利亚才是杀害婴儿的凶手，但他并没有成功。格兰纳特的问题在于无法提供一个更可信的故事版本让玛利亚看起来更像是凶手。检控官的故事反而比较可信，因为这个孩子是玛利亚和格兰纳特哥哥的孩子，他出于妒忌杀害了这个孩子。

在这方面，瑞克布勒姆提出的另一版本故事要好得多，因为他提供了受害人妻子的作案动机，即她掏出手枪指向瑞克布勒姆，却意外地误伤了自己的丈夫。对于瑞克布勒姆来说，这是一个很好的尝试，但事实证明依然无济于事。班纳特和费尔德曼（Bennett & Feldman，1981）认为，拒绝招供的被告人所提出的其他版本故事往往不符合好故事的范式。换句话说，这些故事缺少明确的核心行为或者具有说服力的背景设置。他们只是简单地否认作案，而把寻找真相的难题留给法院，所以说这种做法对于洗脱罪名并不够好。

一开始承认作案但后来撤回供词的嫌疑人会面临更大的问题。我们研究了7份具有争议性的供词，似乎它们的诊断值与被撤回前一样高。同样，根据"锚定叙事"理论这点很容易解释。对于法院来说，撤销供词会产生一个问题。虽然撤销供词会使得之前的故事与被告人再

114

无关联，但它本身还是一个好故事。要撤回之前的供词，新的叙事至少
需要包括三部分内容或子故事：（a）解释之前为什么做假供；（b）提出
另一名潜在嫌疑人人选，并解释为何他可能作案以及/或者自己为什么
无法作案；（c）解释为什么检控官的故事并不属实，也就是辩护律师
劝服自己撤回供词中的那个故事。被告人关于为什么自己起初做假供
随后又撤回供词的解释通常无法达到上述全部三项要求。伊安鲁承认
杀人真的只是为了保护穆罕默德一家人免于面临生计困难吗？卡斯
特林承认强暴两名幼童真的只是因为他在审讯期间被警方羞辱吗？

从定义上来说，供词是可信的，因为他们的确符合检控官起诉书
的叙事内容。但被告人否认作案以及撤回供词的行为之所以没那么可
信，是因为他们无法提出另一个强有力的故事版本。供词的可信性建
立在这样一种信念上，没人会承认他们从未犯下的罪行。被告人关于
为什么他或她起初做假供，之后又要求撤回供词的解释，并不比控方
给出的解释更合理，即供词的内容真实，只是辩护律师劝说被告人翻
供而已。供词先入为主地在法官和陪审团脑海中形成被告人有罪的深
刻印象。之后否认的行为很容易被已经存在的叙事解释。因此，锚定
叙事理论为事实审理者几乎盲目采信供词的强烈倾向提供了一种解释，
这种倾向得到许多国家证据法的宽容，而且即使它在另外一些国家不
被法律所容许，也未曾真正地被禁止过，包括荷兰在内。

6.7 补救措施

我们需要一些预防假供词的措施以及检测它们的方法。

6.7.1 预防措施

预防出现假供词的方法有很多种，许多方法在莫里斯（Morris，
1980）、英曼（Inman，1981）以及司法界（Waller，1989）那里都曾
讨论过。其中一种经常被提到的预防措施是在刑事审讯过程中辩护律
师应全程在场。司法界主张只有在嫌疑人招供时辩护律师才需要在场。
鉴于我们所了解到的警方审讯技巧，这很可能是一种过于勉强的提议。

115

之前关于警方审讯部分的讨论中，无论这些嫌疑人的法律援助律师是否在场，他们可能早已沦落到任由警方摆布几乎准备承认任何事情的地步。即使嫌疑人拥有完整获得法律援助的权利，也无法完全杜绝他给出假供词的可能，因为在开始与警方接触后，嫌疑人很可能已经被哄骗放弃了自己的权利。莫里斯（Morris，1980）认为，在警方审讯全过程中，让预审法官代替律师在场是一个很好的选择，而且欧洲大陆纠问制体系能够提供这个条件。然而，在荷兰大多数案件庭审之前都不会指派预审法官，即使指派，通常也只发生在预审调查的最后阶段。

索夫特雷提供了一个有意思的统计数据（Softley，1980，表3.4）。他发现，在所谓"任何调查阶段每位公民应当能够与律师进行私下沟通和咨询"的制度下，168起案件中只有8起中嫌疑人明确要求打电话向律师咨询，同时另外19起案件的嫌疑人自己要求申请法律援助。在8起警方主动提供援助律师的案件中，有6起的嫌疑人拒绝接受该提议，而在嫌疑人自己要求法律援助的19起案件中，有6起嫌疑人的要求被警方拒绝。因此，尽管嫌疑人拥有获得律师援助的绝对权利，但实际上只有9%的案件能做到这一点。

第二种预防出现假供词的方法是录制招供全过程的音频或视频。这种做法明显的优点在于，招供过程的详细内容以及相关背景可供警方、辩护律师以及法官事后查阅。不过，还有一个问题，即人们既无法保证所有审讯过程都能被录制下来，也无法得知在那些没有被记录的时间里人们会说什么、做什么。也许有的审讯没有记录是因为它们不被认为是一次正式审讯或能够称为审讯。我们语料库中至少有两例，巴克文案和富兰克林案。警方在嫌疑人招供之前进行了大量审讯工作，而这些早期审讯过程自然没有记录存档。记录审讯过程的优点是双向的，一方面防止被告人以后宣称他或她是在不公正或被哄骗的情况下招供，另一方面也防止被告人称他或她的说辞在笔录中被曲解。而且事实上，威利斯、麦克劳德和纳什（Willis，McLeod & Naish，1988）的研究表明，由于警方录制审讯过程而使得英国的定罪比例有所上升。

6.7.2　检验方法

最广为人知区分供词真假的方法是，寻找案件中只有凶手才知道的隐秘信息以及发现不可能发生的案件情节。只有某些确定性信息在嫌疑人招供时尚未被警方得知，或者为了检测隐秘信息而故意不让审讯警员知道的情况下，隐秘信息才能作为有意义的判断标准。在第一种情况下使用此方法更可取，因为这样便可以排除只有凶手才知道的隐秘信息被警方无意间将信息传递给嫌疑人的可能。我们之前提到的卡拉卡亚案，明显反映出存在这种可能。在卡拉卡亚不断更新的供词中，在细节部分十分应景地跟上警方侦查的最新进度。找出供词中不可能发生的故事看起来可能是一种检验供词真实性的公认标准。但是，即使真的找到可能也无法解决实际问题，因为法院倾向于将故事的不一致归为细节上记忆的差错、误会，以便他们继续相信剩余的证言。当葛瑞穆林承认犯下那些在周日晚上发生的纵火案时，相当于承认某些不可能发生的事情。因为他的父母明确表示，从来不允许他在周日晚上出门。然而，法院可能倾向于认为要么是父母记错了时间，要么是他们无法保证每一次禁令都能执行。当卡拉卡亚交代他杀害埃克斯是在中午，法院可能认为那三名在下午两点仍看到埃克斯还活着的证人都只是记错了时间。

检验假供词的另一个标准是补强证据的缺失。荷兰法律明文规定，呈交供词作为证据时需要额外的证据进行印证。在我们看来要求补充额外证据很合理，即要证明那份供词可能不为假。如果有人承认自己杀人，那么尸体本身并不是一种印证，因为尸体的存在不能排除其他嫌疑人作案的可能，如果能排除那么"印证"便没有任何存在的意义。然而，卡拉卡亚案和葛瑞穆林案缺少这样的补强证据。锚定叙事理论能告诉我们供词的哪些具体内容需要被印证。它必须要么包含定罪的三个基本方面，即身份、犯罪行为和犯罪意图的隐秘信息，要么得到关于这三方面证据的支持。除此之外，还应当存在排除供词可能作假的合理根据，无论嫌疑人是自愿招供还是被迫招供。我们能合理排除嫌疑人因维护他人而顶罪的可能吗？我们能合理排除嫌疑人患有病态性招供倾向的可能吗？我们能合理排除警方不是靠诱骗或胁迫获取供词的可能吗？我们能合理排除嫌疑人是否对暗示过于敏感的可能吗（参见暗示性感受测试，Gudjonsson，1987）？如果对上述问题的回答都是否定的，那么我们需要通过进一步的锚定来排除存在假供词的可能。我们语料库中的争议性供词显然都没有通过这项检测（参见表6.2）。

除此之外，证伪的逻辑也要求当供词被撤回后应证伪另一个故事版本。我们语料库中的诸多案例再次说明在这方面存在严重问题。这些案例都存在嫌疑人另有他人的可能，除了敦克案，因为起初根本不存在所谓的犯罪行为。卡斯特林案中，他被指控性侵两名小女孩，但有一名叫维格曼（Wigman）的男子，女孩们去卡斯特林家之前曾和他待在一起，而维格曼是一名性虐狂；伊安鲁被指控是杀害土耳其工会领袖欧客曼的凶手，但案件唯一一名智力不健全的证人最初作证称穆罕默德才是杀人凶手；在富兰克林被指控是纵火犯的案件中，他的朋友莫蒂默（Mortimer）当时也在犯罪现场，他既有作案机会又有更强烈的作案动机，但他在接受辩方律师交叉询问之前已经被警方引渡回国；葛瑞穆林被判下多起纵火案，而村里另外两名男子早前也曾因类似罪名被定罪；卡拉卡亚被指控谋杀埃克斯老爹，但至少还有另外两人也有作案机会和作案动机，分别是卡拉卡亚的妻子瑟米勒和埃克斯的儿子希茨（Sietze）；马顿斯案中显然许多其他商贩也曾参与使用假签名购买蔬菜产品的犯罪行为。上述 6 起案件，法院都不曾认真地去尝试证伪另外那些故事版本。

表6.2 7起案件争议供词中缺失的锚点

	维护他人	病态倾向	警方哄骗	易受暗示
卡斯特林	—	—	X	X
敦克	—	—	X	—
伊安鲁	X	—	—	—
富兰克林	—	—	—	X
葛瑞穆林	—	—	X	X
卡拉卡亚	X	X	X	X
马顿斯	—	—	X	X

　　嫌疑人一旦招供，警方将不再继续求证供词的真实性，更别说证明供词内容并不属实，这种做法可以理解。警方清楚法院一贯主要依据供词定罪，无论之后供词是否被撤回，相较于求证供词的真假，他们可能更专注其他优先事项。追求办案高效阻碍了对供词真实性的验查。劳丽（Laurie，1970）研究发现，"每起争议性案件平均需要多消耗一名探员两星期的额外工作时间"，因此"每一次提出无罪诉求都是对探员极其不稳定工作量的威胁"。莫里斯（Morris，1980）引用一名警员的话说："花2个小时获得的供词能为你在法庭上节约5个小时"。关于这位警员的说法，索夫特雷认为（Softley，1980）：

　　　　询问嫌疑人还有一个好处就是能为顺利完成侦查工作提供一条捷径，从而节约警方的宝贵时间。超过30%的案件侦查警员说，如果嫌疑人拒绝回答他们的问题，他们就需要收集掌握更多的证据。

　　想要完全杜绝假供词的办法是将所有供词排除在证据来源之外。但这种禁令在世界任何地方都不存在，也不太可能被采用。然而，有大量研究表明，刑事案件中绝大多数情况下不需要供词建构法律证明。

118

沃尔德和他的同事（Wald et al.，1967）研究表明，在 90 起案件中只有 4 起的供词起到决定性作用。我们的观点是，供词必须被锚定，绝不能仅凭表面上的说法就信以为真，这很可能意味着我们总会需要更多其他证据来印证，实际上这样一来供词在司法过程中将会失去意义。

　　与招供一样，身份辨认也是嫌疑人驱动搜查的产物。警方从侦查特定的嫌疑人开始，通过身份辨认判断他或她是否与当前侦查的案件有关。身份辨认也属于证实的一种形式，需要验证的人数不会太多，只是为了确定他们并不像其余人群那样得到警方的信任。很多时候因为目击证人数量有限而阻碍了证伪时进行这种验证。由于这些问题的存在，辨认测试理应符合程序安全的最高标准，而且如果可能，它还应当得到犯罪驱动搜查证据以及证伪证据的支持。但这些要求几乎从未达到过，身份辨认程序往往十分薄弱，相关证据要么缺失要么不可靠。这就是为什么雷特纳（Rattner, 1988）在罗列导致错误定罪的原因清单中，错误的身份辨认是首要原因，占案件总量的52%。

　　身份辨认的证据只与指控的一个方面有关，即确认犯罪人身份。在很多案件中，确认犯罪人的身份是主要问题，另外两个有待证明的方面，犯罪行为和犯罪意图只是次要问题。由于被告人坚称自己没有作案，在逻辑上他或她根本无法说出其他两方面的内容。假如犯罪人的身份得不到确认，起诉书中其他两方面内容就会变得无关紧要。我们语料库中有10起身份问题存在争议的案例，它们无论在犯罪行为还是犯罪意图上都没有异议，不过，这并不意味着在这些方面的举证已经锚定充分。然而，当法院解决这些案件中身份问题的障碍之后，通常依据薄弱的证据，似乎对被告人来说已经毫无回转之余地。在大多

数这些案件中，关于身份问题的结论虽然不太站得住脚，却能成为构成证明基础的最佳证据。接下来我们将说明，尽管大部分案件的辨认程序都存在问题，然而法院依然采信这样的证据，这几乎违背一切常理。

夏佩尔案（Chapelle case）是一个能够说明身份辨认会存在差错的绝佳案例。夏佩尔是一个5人犯罪团伙的成员之一，这个团伙经常在阿尔克马尔市及其周边游荡进行犯罪活动。当地警方经常对这个团伙成员进行监控，警员们的钱夹里存有他们的特写照片。某天夜晚，当地一家银行遭到抢劫。劫匪驾驶一辆橙色福特牌汽车逃逸。很快这辆车被警方定位正行驶在开往维申市方向的高速公路上。于是，警方出动4辆警车展开追捕。突然，逃逸车辆在阿克斯洛特镇停了下来。接着，一名警员走下警车。正在此时，劫匪们开始朝追捕的警员们开枪，打伤4名警员，其中一名伤势严重。后来，劫匪们成功逃逸。除了受伤的4名警员外，枪战现场附近还有一名证人，罗亚克尔先生（Mr. Rooyakker）。他在80米开外看到一名男子从车上跳下来，朝站在路灯下的警察开枪。由于当时没人看清劫匪的外貌，他们的身份问题即成为本案的焦点。要找到嫌疑人不成问题，因为从一开始夏佩尔犯罪团伙的5名成员就是警方的怀疑对象。

让我们先来思考一下唯一一名非警务人员证人，罗亚克尔先生能为本案做些什么贡献。一项简单的实验表明，在当时的照明条件下从罗亚克尔先生所在位置想要看清劫匪外貌是不可能的事情。罗亚克尔本人也没有否认这一点。他说他看到的只是一个人的形态，并没看清对方外貌。尽管如此，警方还是让他参加辨认测试，站在他面前的正是那5名犯罪团伙的成员。在这种情况下，不存在辨认失败的可能，因为无论罗亚克尔认出谁，都可以为本案提供证据将全部5名成员与银行劫案扯上关系。然而，罗亚克尔称他无法认出他们中任何一个人。当他离开警局时，一名警员指责他不与警方合作，对此罗亚克尔回应说，他非常希望能够配合警方。警员又问他，那你刚才为什么不尝试

在大致上认出劫匪呢？于是，罗亚克尔同意再试一次。为了帮助他辨认，这名警员告诉罗亚克尔一些他希望罗亚克尔辨认的那名劫匪外貌特征，这些信息罗亚克尔之前并不知道，因为他没有看清劫匪的外貌。果然，罗亚克尔之后认出劫匪谢弗（Scheffer），他的外貌正好符合那名警员告诉他的特征。就像报告其他任何辨认结果那样，警方报告了关于谢弗的辨认结果；罗亚克尔成功认出了谢弗，事实就是这样。直到辩方律师要求罗亚克尔出庭作证时这件事情才真相大白。一开始，检控官拒绝传唤罗亚克尔出庭作证，因为他认为没有必要。不过法庭自有判断。因此，法庭得知罗亚克尔是如何认出谢弗的，通过一次暗示夏佩尔和他的犯罪团伙涉案其中的辨认测试。夏佩尔被定罪后提起上诉，罗亚克尔辨认谢弗的报告再次成为呈堂证供。再一次，辩方律师指出，那位在枪战中受伤的警员，正是他向罗亚克尔施压让他辨认谢弗。但这依然无济于事，上诉法院再次判决夏佩尔及其犯罪团伙有罪。不过，这一次罗亚克尔的辨认报告没有被法院列入证据清单中。

　　"确认嫌疑人身份"往往是那些要么是证人的感官，要么是记忆遭到质疑的案件中存在的问题。比如在不良照明条件下看到犯罪人（卡罗尔案和夏佩尔案），或者犯罪人戴着头套（尼尔林案和罗维勒案），又或者时隔一段时期才辨认嫌疑人（斯博科曼案和伊安鲁案）。在这些情况下，确定证人的感官和记忆是否可靠非常有必要。身份辨认需要证人的可信度作为支撑其判断结果的锚点。只有辨认程序本身才能为此提供锚点，辨认测试必须是一个严格的测试，如果说证人无法清楚地回忆犯罪人的外貌，那么将宣告测试失败。精心安排列队候选人能做到这一点，草率的测试则没有这种效果。

121

7.1 列队辨认的逻辑

　　安排列队辨认的目的在于同时回答这两个问题，即"辨认出的嫌疑人就是犯罪人吗？"和"证人关于犯罪人外观特征的记忆可靠吗？"为实现这一双重目标，证人需要从一队外观特征与描述中的犯罪人大体相似的候选人队伍里进行辨认。其中一名是真正的嫌疑人，其余是作为陪衬的清白之人，而且证人不认识他们。证人的任务是从队伍中辨认他们识别出的犯罪人，无论哪一个。辨认过程的内在逻辑参见表 7.1。

所有证人都能成功辨认嫌疑人只会发生在一种情况下，即嫌疑人真的有罪，**并且**证人的记忆是准确的。如果嫌疑人实属无辜，那么他不会被那些记忆清晰的证人认出来，因为他与真正的犯罪人相似度没那么高；而如果证人的记忆力不够好，他们要么拒绝辨认任何人，要么只能通过猜测来选择，或者辨认时在人选上举棋不定。假如辨认过程进行顺利，那么此类测试的诊断值为 15.0（Wagenaar & Veefkind，1992）。在最理想的情况下，其诊断值可高达 23.0（Lindsay et al.，1991）。不过，一般来说这种辨认测试过程不会完美无缺。很多情况下，测试的诊断值低于平均值，甚至可能为 0。这是因为程序上出现的错误与辨认测试内在逻辑相违背。因此，这种辨认测试的可信度实际上比较低（Wagenaar & Loftus，1990）。

7.2　十一种程序错误

瓦格纳（Wagenaar，1988）定义了 50 种在列队辨认时可能出现的程序错误，其他学者也总结了一些经常在辨认过程中遇到的程序错误（Gross，1987；Clifford & Davies，1989）。接下来我们将讨论 11 种最常出现的错误，并结合语料库中 10 起主要以证人辨认结果为定案依据的案例来说明［分别是卡罗尔案、夏佩尔案、埃德斯特案、伊安鲁案、哈纳克案、尼尔林案、罗德里格斯（Rodriguez）案、罗维勒案、施耐德案以及斯博科曼案］。相对于语料库中 35 起案例来说，这 10 起所占比重自然不能代表所有的刑事案件，但是我们有理由相信根据它们得出的结论不会太离谱。范·德波尔（Van de Boor，1991）分析了 233 起随机刑事案例，它们来自荷兰各个地区。其中有 70 起使用身份辨认程序，这类似于我们从语料库 35 起案例中选出 10 起的比例。11 种程

序错误在 10 起案例中的表现情况参见表 7.2

表 7.1　列队辨认的内在逻辑

	证人记忆可靠	证人记忆不可靠
嫌疑人有罪	准确认出嫌疑人	猜测或者 无法辨认任何人
嫌疑人清白	不会辨认任何人	猜测或者 无法辨认任何人

7.2.1　证人认识嫌疑人

如表 7.1 所示，列队辨认的内在逻辑只有当证人不因其他缘由与嫌疑人相识的情况下才能成立。若他们认识嫌疑人，则会面对这样一种情况，即在一组不认识的陪衬者中有一个是他们认识的人。这种情况下对嫌疑人进行身份辨认收效甚微，根本无法达到预计的证明效果。在卡罗尔案中，嫌疑人的照片曾刊登在全国电视新闻广播中，并注明此人很可能是一名正被通缉的爱尔兰共和军恐怖分子。荷兰全国上下每份报纸上几乎也刊登了同一张照片。这些事情发生后，警方才向两名证人出示卡罗尔的照片，因为恐怖分子驾车逃离时曾经路过证人公寓楼下，他们碰巧在一瞬间看到其中一名恐怖分子的外貌。毫无疑问，这两名证人既在电视新闻中也在报纸上见过卡罗尔的照片。他们认出了卡罗尔，但是这项测试的**安排**存在问题：证人是根据之前卡罗尔的照片认出他，还是真的在犯罪现场见过他？认出嫌疑人的外貌并不意味着能确定第一次遇见他的场景在哪里。人类的记忆会不断更新（参见第 8 章），这使得回忆的时间点难以确定，也就是说，无法确定证人与嫌疑人第一次打照面是在何时何地。

123

表 7.2　10 起案例中出现的程序错误类型[a]

错误类型	Ca	Ch	Ed	Ey	Ha	Ne	Ro	Rw	Sc	Sp	总计[b]
1. 证人认识嫌疑人	–	–	+	+	+	+	+	+	+	–	4/10
2. "一对一"辨认	+	+	–	+	+	+	n/a	–	+	+	3/10
3. 使用入案照	–	+	+		+					+	2/10
4. 重复测试	–	+		+	+	+	+	+		+	3/10
5. 不报告否定结果	+	–	+	+	+	?	?	?	+	+	1/7
6. 证人之间的交流	–	+		+	+	+	+	?		+	3/9
7. 不正确或模糊的描述	–	–	+		+		+		+	+	5/10
8. 不正确的引导		–	n/a	n/a		n/a	n/a	n/a		–	7/7
9. 陪衬者数量不足	+	–	n/a	+	n/a	–	n/a	n/a	+		3/7
10. 不适当的陪衬者	–	–	n/a	–	+	–	n/a	n/a	+	?	4/6
11. 暗示	?	–	+	n/a	+		+	+	+	+	4/9

注：a. 姓名简写：Ca＝卡罗尔，Ch＝夏佩尔，Ed＝埃德斯特，Ey＝伊安鲁，Ha＝哈纳克，Ne＝尼尔林，Ro＝罗德里格斯，Rw＝罗维勒，Sc＝施耐德，Sp＝斯博科曼。符号表示："＋"程序正确，"–"程序不正确，"n/a"没有应用，"?"未知。

b. 此栏数据表示程序不正确所占比例。

　　夏佩尔案中的大部分证人都认识嫌疑人，因为他们是警察，钱夹中存有他的照片。正因如此，警察们也明白进行辨认测试时希望他们认出的是哪一个人。伊安鲁被证人成功辨认，也是他在法庭上的肖像画被全国大多数早报刊登出来之后的事情。

　　斯博科曼中，在证人参与相关辨认测试之前，一个类似"绳之以法"的荷兰罪案节目播出一段据称是他抢劫银行时的监控录像。除了进行辨认测试之外警方别无他法，因为在节目播出之前他们没有锁定任何嫌疑人。然而，后来警方犯了一个严重错误。一些参与辨认其他劫匪的证人之前没有看过节目，那些劫匪与斯博科曼一样也被指控涉嫌抢劫银行。但警察居然在测试之前给这些没有受到影响的证人播放录影带，从而破坏了他们辨认的有效性。顺便一提，斯博科曼经常光顾的那家面包店的老太太也"认出"他是银行劫匪。

7.2.2 "一对一"辨认

当没有其他陪衬者而只有一名嫌疑人出现在证人面前时，即使证人不曾见过嫌疑人也可以将他或她认出来。当然，人们可能认为，如果证人不认识嫌疑人就不应当辨认他们。但"一对一"的辨认测试无法保证上述情况不会发生，无论证人有意或无意。人们只是简单地相信证人辨认结果而已。所以说，"一对一"辨认不是一项能够界定犯罪人的关键性测试。

我们研究案例中有 3 起都曾采用"一对一"辨认测试。埃德斯特被安排站在那些没能从之前的照片测试中认出他的证人们面前。他之所以成为嫌疑人是因为他的外貌特征。因此，一开始就假设有嫌疑的候选人与犯罪人的外貌高度相似。这才是鉴定型测试所需的情况，而不是"一对一"辨认所需的。罗德里格斯（Rodriguez）是一名黑人男子，被怀疑在一间人群拥挤的酒吧里杀死了另一名男子。92 名证人，全是白人。他们的证言几乎在每个细节上都互相矛盾。当时酒吧里有 4 名黑人男子都可能是凶手。这种情况下需要进行一项能够界定犯罪人的关键性测试。但是，辨认测试时只让一名黑人男子出现在证人面前，这样做极具暗示性。另一起案例中，罗维勒被一名现场证人辨认是抢劫银行的蒙面劫匪。如果人们不曾见过某个人的面容，那么似乎不太容易将他从人群中认出来，但这在"一对一"辨认中很容易做到。

7.2.3 使用入案照辨认[*]

124

列队辨认通常由普通人在现场组成队列进行识别，不过原则上也

---

[*] 入案照（mug-shot），尤指警方用于存档涉案人正面及侧面照相。这个概念在 1870 年由法国人贝迪永（Bertillon）正式提出，指在标准灯光下，拍摄涉案嫌疑人正面以及侧面的照片，并记录其外貌特征（如瞳孔颜色、发色、肤色、身高体重等）。——译者注

不反对使用照片，因为照片辨认的诊断值也相当高（Wagenaar & Veef-kind, 1992）。使用照片进行辨认测试的要求和使用候选人一样。比如，作为陪衬候选人的照片必须符合相关犯罪人一般性描述。向目击证人出示入案照与使用普通照片进行辨认不太一样，因为并非所有人在入案照档案册中的照片都能符合一般性描述。此外，采用入案照进行测试意味着没有一个候选人是无辜的，因为照片中所有人都是潜在嫌疑人。所以，任何辨认结果都可被视为有效辨认，证人的所有反馈都不会被解释为"误认"。最后，由于向证人出示入案照是一种侦查方法，目的是寻找嫌疑人，因此它经常让辩护律师既不清楚也无法检验警方究竟在做什么。

我们语料库中有两起警方向证人出示入案照档案册的案例，分别是卡罗尔案和埃德斯特案。埃德斯特案暴露出一个使用入案照档案册进行辨认存在的普遍问题，即事后无法得知当时警方向证人出示了多少张入案照，以及分别是哪些人的。"舒心旅途"旅行社被抢劫后不久，警方向当时在场的证人出示大量候选人的入罪照，但是他们都没有认出其中哪一个才是本案的劫匪。我们无法确定埃德斯特的照片是否也在其中。这点很重要，因为半年之后，埃德斯特参与"一对一"辨认时被证人们认了出来。这是因为证人们之前就见过埃德斯特的照片吗？还是他真的是当时抢劫旅行社的劫匪？另一个重要问题是，作为备选的入案照数量可以十分巨大，而且同一个人的照片可能两次甚至三次出现在同一个证人面前。假设 10 号、320 号和 560 号照片都是同一个人，根据范·德波尔（Van de Boor, 1991）的研究报告称，警方最多曾在半小时内向证人出示 570 张照片。在那种情况下，证人能认出嫌疑人也许只因为他们重复地看到同一个人的照片。然而，反对使用入案照档案册的最大理由是，这是一种侦查手段，用来构成证明不合适。当入案照的数量很多时，这种辨认测试充其量只是一次摸底调查，在 570 张照片中总能找到一名与犯罪人长相相似的人。最糟糕的情况是，这种方式会对证人的记忆造成不可逆转的干扰和污染。在英国警务守则（PACE，1985）中已经启用一项规则，即如果能够让嫌疑人现场参与列队辨认，那么就禁止使用入案照来进行身份辨认。如果这项规则能应用到卡罗尔案，那么应该可以避免出现那些最终使其无罪释放的错误。

7.2.4　重复测试

让一名证人对同一名嫌疑人进行重复测试，这种安排明显存在问题。先向证人出示入案照档案册，然后紧跟着进行列队辨认，这实际上也是一种重复测试。这样的测试曾发生在卡罗尔案中。那两名据称曾看到爱尔兰共和军杀手逃离的证人，他们不仅在新闻广播中见过卡罗尔的照片，也在卡罗尔站进候选列队之前看过警方向他们出示的照片。即便如此，测试时也只有一名证人认出卡罗尔。于是，检控官建议将第二名证人之前的入案照辨认结果作为证据。接受此提议的法庭又安排了一次辨认测试。就这样，辨认测试能一直重复直到所有证人都至少认出嫌疑人一次为止，在这种条件下发生这种情况不可避免。卡罗尔案中，我们研究小组的一名专家证人的证言让检控官意识到列队测试存在缺陷。

我们语料库中有 3 起案例曾出现重复测试的情况。范·德波尔（Van de Boor，1991）发现，在随机选择的 233 起案例中，有 19% 的证人至少进行过 2 次辨认测试。如果证人数量非常少，只能使用入案照来辨认；而他们又迷失在从一堆入案照中寻找身份辨认的证据中，应当禁止重复测试。但这可能导致一种情况，即一名潜在嫌疑人在多种对质方案中被认出来，但之后却无法采用合格的方式证明他的身份。很多时候这个问题是因为测试过于匆忙或测试方式过于蠢笨造成的。那起爱尔兰共和军案件中，只有两名可能辨识出嫌疑人的证人。警方让他们进行入案照辨认，其实当时完全可以选择使用列队辨认的方式。

7.2.5　不报告否定结果

从概率上来说，辨认时所有证人都可能偶然选中一名无辜的嫌疑人。不过这在证人数量足够多时不太可能发生，而且如果陪衬人数足够多，这种概率可能会更小。所以，对法院而言了解辨认测试的陪衬人数以及证人数量十分重要。若只有肯定结果被报告，那么势必将对法院的判断造成误导。这种情况经常发生。德米扬鲁克被指控为德国纳粹特雷布林卡集中营效力，是操作毒气室柴油发动机的刽子手。进行辨认测试时，有 9 名证人认出他，但同时至少有 32 名证人没有认出他，甚至有人确定说操作发动机的人不是他。但只有 5 份肯定结果的报告呈上法庭，因而形成一种达成一致的假象。范·德波尔（Van de Boor，1991）估计大约 90%的辨认测试不成功，与此同时只有 6%否定结果的报告会被呈上法庭。警方为此辩解称，那些失败的辨认与故事无关。显然，他们对证伪在辨认测试中的作用不以为然。辨认测试的否定结果属于证伪的一种形式，因此它与案件非常相关。

人们通常难以发觉瞒报测试结果的情况。在许多案例中，我们有理由怀疑警方瞒报了否定的测试结果。罗德里格斯案中，警方向 92 名证人征询杀害格里特·霍克曼（Gerrit Hoekman）凶手的线索。根据档案记录，其中只有 6 名证人和嫌疑人对质。这 6 名证人的证言也十分奇怪，23 号和 36 号证人说，他们只看到一名黑人男子进入酒吧，但是检控官在起诉书上写的是 2 名黑人男子一起走进酒吧。若起诉书的内容是正确的，即说明 23 号和 36 号是不可靠的证人。那么，为什么要选择他们二人的证言来断定凶手就是罗德里格斯呢？何况此案并不缺少人证。答案可能是，尽管许多其他证人也参与辨认测试，但是他们没有认出罗德里格斯。类似的疑问也出现在尼尔林案中。有 10 名自称看到尼尔林抢劫银行的证人，其中 2 名是银行雇员，4 名是银行客户，另有 4 名声称看到劫匪逃逸过程。但只报告了其中 3 名的辨认结果，他们（或多或少）都确认尼尔林是劫匪之一。人们不禁要问，为什么不使用其他证人的辨认结果？或者他们参加测试了吗？

7.2.6 证人之间的交流

证人只有在独立作证的情况下，肯定的身份辨认结果才能互相印证。然而，存在多种情况会使证人失去这种独立性。一个明显的例子是，证人之间互相交流关于犯罪人外貌的信息，或者谈论辨认测试的内容。实际上，证人之间互相交流信息在所难免，因为他们通常是家人或者工作同事，又或者是住在同一街区的邻居。在他们讨论过关于犯罪人外貌的信息后，也许就已经形成了一个相似的形象。接下来，他们都会指认队列中同一个符合该形象的人，创造出一种诱人但错误的印象，即在所谓的独立证人之间达成一致。有时候，警方会主动创造机会让证人们互相交流。发生在鲁尔蒙德的爱尔兰共和军杀手案再次为我们提供了一个令人震惊的样例。此案有两名证人，阿维坎普先生和他的夫人，他们辨认卡罗尔是其中一名杀手。阿维坎普先生的辨认测试在某日上午 11 点进行。结束之后，他与妻子共进午餐。这对于夫妻来说再自然不过，但对于本案而言却不应发生，因为阿维坎普夫人的辨认测试将在下午 5 点进行。午餐期间，夫妇俩有充足时间来讨论卡罗尔的外貌信息，以及测试如何进行等，特别是还有其他哪些备选照片以及有多少张。能为警方抓捕犯罪人提供有效信息的市民可获得一笔 10 万荷兰盾（5 万美元）的奖金，这也许成为促使夫妇俩交流比照信息以实现"成功辨认"的强烈诱因。显然，辨认测试不应受到这种外因影响，而且警方也很容易采取安排证人进行紧凑连续的辨认测试来避免这种情况发生。但事实证明，警方连在一系列备选照片中，改变卡罗尔照片所在位置和序号这么简单的预防措施都没做到。这种失误难辞其咎。阿维坎普夫妇是否在午餐期间讨论过关于辨认测试的信息，这个问题在法庭上被提了出来。阿维坎普先生承认他们讨论过，但他的夫人极力否认。她说她对卡罗尔照片的序号不感兴趣（虽然她也承认自己和丈夫经常收听警方电台频道，也曾向警方举报过一些有用的犯罪信息）。法庭当时似乎并不认为这两名关键证人在如此重要的测试中交流信息所造成的问题能有多严重，随后仅仅根据他们的证言即裁判卡罗尔有罪。这个裁决是合法的，因为本案有**两名**证人，并未违反"单一证人"规则。显然，法庭不仅认为阿维坎普夫妇既是独立

127

也是可信赖的证人，即使他们当中一定有人记错了测试当天午餐时讨论的内容。

夏佩尔案中，所有参与枪战的警员都作为证人一起进行辨认测试，而且是四人同时辨认，期间还互相印证对方的结论。法庭并不认为这有什么问题，因为根据荷兰法典警务人员不会犯错。伊安鲁案中，证人们在互相交谈之后改变了当初关于犯罪人的描述。起初，巴克先生（Mr. Bakker）说他无法描述那个人的外貌特征。但一个星期后，他提供的特征描述恰好与他妻子的证言一致：犯罪人是一名小个子男人，很结实，宽脸盘以及有一头黑色卷发。法庭对巴克先生忽然恢复记忆这件事没有一丝惊讶，同时拒绝考虑巴克先生的记忆可能受到他妻子影响的事实。

7.2.7　描述与嫌疑人不符

进行辨认的前提假设是，证人脑海中留有犯罪人外貌特征的记忆，但他们的语言表达只能粗略地描述一个大致印象。列队辨认的目的就在于，验证这个印象是否能精确到足以排除那些外貌特征也符合描述因而容易引起混淆的候选人。因此，倘若证人描述的重要特征与嫌疑人外貌不符，人们就没有必要再进一步验证这名证人的记忆。例如，假设证人说犯罪人是一名白人男子，但嫌疑人是一名黑人，这意味着证人描述的是另外一人而非嫌疑人，而且他也不应当参与这次辨认，除了给指控增加风险之外，这次测试没有任何作用。可以允许证人语言表达和嫌疑人外貌特征之间存在些许差异，但差异太大则必须进行解释。伊安鲁案就是一个很好的例子。伊安鲁被指控谋杀土耳其工会领袖欧客曼。2名之间没有关联的证人曾目击到一名潜在的犯罪人，是一名高高瘦瘦的男子，留着一头柔细的直发。但是伊安鲁是一名身材矮小粗壮的男子，头发又粗又卷。2名目击证人描述的还是伊安鲁吗？又矮又壮的伊安鲁能给人留下一个又高又瘦的印象吗？如果证人记忆的可塑性这么强，他还值得信赖吗？既然存在充足理由可怀疑证人记忆的准确性，难道警方至少在安排列队候选人方面不应更细致些

吗？在下一节我们将证明，对伊安鲁身份的识别建立在有缺陷的列队 128
安排上，但无论是警方还是法庭都没有得出这个结论。

　　这个案例中还有另一处相类似的情形。巴克夫人是 3 名目击证人
中说"凶手是一名没胡须男子"的人。只有一名证人称看到犯罪人留
着胡须。伊安鲁留着小胡子，但就我们所知，胡须是一种比较显著的
特征，不记得对方是否留着胡须这种情况很少见。但后来巴克夫人称，
她之所以认出伊安鲁"是因为他留着小胡子！"这与她当初的记忆差
别很大，所以根据她之后的证言来看，似乎胡须是留在她脑海中唯一
的细节。

　　更明显的例子是证人之所以无法描述犯罪人的外貌特征，是因为
他们根本没有真正看到犯罪人。发生这种情况可能是因为双方照面的
时间太短，环境过于黑暗，或者是犯罪人戴着面具，等等。在这些情
况下还能成功辨认需要多么惊人的识别力，人们反而认为没有成功辨
认嫌疑人才更令人难以理解，直到他们意识到其实这种测试在很多方
面都存在着缺陷。

7.2.8　不正确的指引

　　辨认测试时警方最应当告知证人的指引是，犯罪人可能没有站在
待辨认的列队中。证人需要回答的问题是，犯罪人**是否**站在列队中，
而不是其中**哪一个**是犯罪人。若有迟疑，证人就不应辨认任何人。这
个指引会将决策标准的箭头向右偏移（参见第 4 章）。马尔帕斯和迪瓦
恩（Malpass & Devine，1981）发现，如果没有此类提醒，80% 的证人
都会指出列队中的某个人是犯罪人，即使列队中只有无辜的陪衬者。
琳赛等（Lindsay et al.，1991）发现，缺少正确的指引，即所谓"偏
见指引"，是削弱辨认测试诊断值的两个要素之一。无论是荷兰还是我
们了解到的其他许多国家，辨认测试中警方不会采用标准化的指引方
式。通常，警方给出的指引不会记录在笔录报告中。我们认为，警方
不大可能直接告诉证人："我们已经抓到犯罪人，你是否能认出他？"
这种指令当然暗示着警方已经知道犯罪人的身份，而且他就在队列中，

因此证人只要从中选出一名最像犯罪人的即可。

我们知道警方常常在辨认测试中给出不正确的指引，这点反映在许多案件中证人的辨认选择上。每次辨认应当只允许证人做出一种选择，以避免无限选择使得偶然选中嫌疑人的可能性高得令人难以接受。另外，只有证人确定站在当前列队中的某人真的曾在犯罪现场出现，才能做出肯定的辨认。如果证人在 2 名候选人之间犹疑，那么证明他并不确定谁才是犯罪人，所以应当完全避免这类证人进行辨认。卡罗尔案中，证人比斯乔普（Bisschop）说，发生 2 名澳大利亚游客被谋杀的案件后，曾有 2 名说英文的男子来过他工作的加油站。他形容其中一名男子长着一张"印尼人"的脸。这点应当作为验证比斯乔普证言是否真实的关键，因为辨认测试时没有一名嫌疑人长得像印尼人。当时有两队候选人出现在比斯乔普面前，每队中都有一名男性嫌疑人，但比斯乔普对此不知情，他也不知道每个队伍只能辨认一个人。他从第一组列队中指出 2 个人，在第二组列队中又指出 2 个，也就是说他十分认真且充满自信地指认了 4 名男子，但他自己作证说是 2 名男子来过加油站。检控官并不觉得这有什么不对劲，而且还将辨认结果呈递到地区法院和上诉法院。

警方对辨认次数的不正确指引，再加上不报告辨认记录，这会是一种致命的做法。因为在次数足够多的情况下，证人根本不可能辨认失败。从之前的夏佩尔案我们了解到，证人罗亚克尔在一名警员的压力下进行第二次辨认，同时警方笔录中并没有报告第一次辨认的结果。类似地，伊安鲁案中的证人也受到来自警方的压力。证人博施（Bosch）称，他没有辨认任何人，因为他们都不是土耳其人。随后，他被说服认出 2 名男子，尽管对结果"有所保留"。其中一人正是伊安鲁。检控官将此次辨认结果作为一份简单的肯定结果呈交法庭。

斯博科曼案中，嫌疑人的照片一开始就被刊登在全国新闻广播中。9 名证人中有 7 名认出斯博科曼，而这些人都看过新闻报道，所以他们辨认之前已经见过他的模样。因而，这些证人本来该被询问的真正问题是，嫌疑人（斯博科曼）是否就是那名犯罪人。但是警方却要求他们辨认谁是**嫌疑人**，这显然是一个错误的问题，也最终令斯博科曼被判有罪。

我们语料库中有 7 起案例都曾出现警方在辨认测试时给出不正确指引的情况。

7.2.9 提升随机猜中的概率

列队辨认的内在逻辑是，如果嫌疑人清白无辜，那么他或她被证人偶然选中的概率会很低。有鉴于此，候选列队中最少要有 5 名陪衬者。但即使如此，嫌疑人随机被选中的概率仍有 17%。如果陪衬人数低于 5 人，并且证人可以多次辨认，再加上同一队列中的嫌疑人不止一人，那么偶然选中的概率可能会高得难以令人接受。

之前我们已经讨论过允许一名证人对同一列队进行重复辨认的危害性。根据荷兰警方的惯例，允许采用交换候选人站位的方式来进行重复测试。哈纳克案中，一名证人在第一次辨认中将一名陪衬者当作犯罪人，而只在第二次辨认中选中哈纳克。这种情况能算作一次成功的辨认吗？当然，证人的这种表现可能会引起对他的记忆是否准确的一些质疑。也是在哈纳克案中，另一名证人在进行第二次辨认时收回之前的辨认结果。那么，第一次辨认的结果是否应当被放弃？如果只有主动、即时地辨认结果才可作为证据，那么进行第二次辨认根本没有任何意义。无论如何，连续进行两次辨认完全没必要，因为再一次辨认只能说明这名证人可以识别出他刚刚见过的那个人。如果在第二次辨认中，证人选中另外一人，这也只能证明这名证人甚至无法回忆起刚刚才见过的那副面孔。还有一种解释就是，这个证人是个白痴。所以说，每名嫌疑人和每名证人都应当只能参与一次列队辨认。

陪衬者人数越少证人偶然选中嫌疑人的概率就越高。尼尔林案的辨认测试中只有 4 名陪衬者，而且这 4 名陪衬者甚至不符合犯罪人的描述。瓦格纳和维夫康（Wagenaar & Veefkind, 1992）通过研究证明，辨认时列队里有 5 名陪衬者所得出的诊断值最优。超过这个人数，陪

130

衬者的干扰作用会被证人猜测次数的增加抵销。同一研究结果还发现，"一对一"辨认的诊断值在 3~4 之间。

另外，使同一列队中嫌疑人的人数超过一名也可能导致列队中陪衬者的比例减少。哈纳克案中，警方安排两名嫌疑人站进同一列队中，并且让证人辨认两次。这种安排使得至少偶然选中嫌疑人的概率上升至 49%。同样还是哈纳克案，证人连续进行两次列队辨认。这又使得在任何一个列队中至少选中一次的概率上升至 74%，而哈纳克至少被选中一次的概率为 46%。夏佩尔案里待辨认的列队中有 5 名候选人，但没有一名是无辜的陪衬者，因为所有候选人都是夏佩尔犯罪团伙的成员，他们涉嫌一起参与银行抢劫。当然，最根本问题在于，证人是否以及在多大程度的不确定下会进行猜测。似乎证人在程序上受到某些方面影响时猜测倾向会特别突出，比如在警方特定指引和出现暗示性提示时。猜测的总次数可通过证人辨认无辜陪衬者的次数来估算。我们将在本章后半部分讨论这个问题。

7.2.10 选错陪衬者

陪衬者应当是合理的备选人，以免一名对犯罪人外貌没有清晰回忆的证人毫无理由地去选择嫌疑人而不是陪衬者。比如，如果犯罪人被描述为一名操着苏里南口音的黑人男子，那么所有候选的陪衬者应当都是黑人，或者甚至是克里奥尔人 *。非克里奥尔人的陪衬者不应当站到列队中。我们可以寄希望于警方足够聪明所以不会犯这种错误吗？

尼尔林被指控参与了一系列银行劫案，所有目击证人皆称，劫匪是一名操着苏里南口音的黑人青年男子。尼尔林被逮捕后，被安排站进 4 名北非裔陪衬者之中进行辨认测试。选择这些陪衬者完全错误，

---

* Creole，克里奥尔人，尤指居住在西印度群岛的欧洲人和非洲人的混血儿。——译者注

因为任何人都能很容易地区分克里奥尔人和北非人*。警方给出的辩解理由是，与普通的克里奥尔人不一样，尼尔林的肤色较浅，而且找到其他操着苏里南口音但同时肤色也较浅的人比较困难。但对于了解阿姆斯特丹的人来说，这是一个令人难以理解的理由。无论真假，这种列队得出的结果不足以成为证据。因为它的可靠性和列队中没有一名陪衬者的结果一样，或者更糟，因为证人可能误以为他们真的认出犯罪人。

伊安鲁案中，目击证人称犯罪人是一名土耳其人。列队辨认时，伊安鲁是唯一一名看起来像土耳其人的候选人。一项以学生为受试者的简易实验表明，当要求他们指出队伍中的土耳其人时，每个学生都选择了伊安鲁。所以说，列队中其他陪衬者的选择并不合理。哈纳克案在陪衬者选择上犯的错误更为微妙。证人作证称劫匪是一名身材高大的男子。哈纳克在列队中明显个子最高，所以选中他再自然不过。

一种为了公正的明智之举是在证人正式辨认前对列队进行一次预先测试。这项测试最早的提出者是杜布和基尔申鲍姆（Doob & Kirschenbaum，1973）。测试原理很简单，先将关于犯罪人的描述告知受试者，这些人不曾在犯罪现场以及其他任何地方见过嫌疑人。随后要求他们猜测谁是**嫌疑人**。测试时鼓励受试者根据候选人外观上的任何线索进行猜测，如服装、表情、行为动作等。如果这组列队安排的人选是公正的，即没有针对嫌疑人设置偏见，那么嫌疑人被选中的概率不应高于1/6。据我们所知迄今为止，世界上没有一个国家将如此易于操作的杜布和基尔申鲍姆测试纳入辨认标准程序之中，也鲜少提倡警方采用这种测试。一项关于德米扬鲁克案的研究表明，那次根据照片来确定他就是"恐怖的伊万"的辨认测试，其实完全没有达到这项测试要求：全部 25 名受试者十分轻松地就选中了德米扬鲁克。我们语

---

* 北非人主要是穆斯林白人，相比之下的确很好区分。——译者注

料库的案例中警方都没有预先进行测试，这样做通常都有一个非常充分的理由，即在卡罗尔、伊安鲁、哈纳克以及尼尔林的案件中，他们使用了不适当的陪衬者。

还有一种可以应用这项测试的情形是，大部分证人的记忆可能已经受到全国新闻广播的影响，比如卡罗尔、伊安鲁以及斯博科曼案件中发生的情况。在这类案件中应用预先测试有两个方面好处：一方面可以避免不公正的辨认结果，另一方面也可以避免人们对测试的公平性提出异议。

7.2.11 暗示

暗示在辨认过程中起着巨大的影响作用。警方可能向证人暗示犯罪人已经被捕，因而剩下的工作只是确认他的身份。倘若证人在辨认之前被告知此类信息，那么他很容易认为嫌疑人一定站在列队中，从而做出肯定辨认；或者他相信其他证人已经认出嫌疑人。这种暗示性或其他类似的建议可能会降低证人做出肯定辨认的门槛。

影响证人选中某个特定候选人的可能性有很多。我们遇到最直白的暗示来自德米扬鲁克案中警方向证人提出的问题（Wagenaar，1988）："难道你不认识 16 号候选人吗？"更巧妙的暗示方式是将多张嫌疑人的照片放入一组备选照片中。还有一种暗示方式是让嫌疑人穿上与其他陪衬者不一样的服装或鞋子。瓦格纳和洛夫特斯（Wagenaar & Loftus，1990）曾描述过这样一起案例，辨认测试时嫌疑人穿着破烂的拖鞋，而其他陪衬者穿着擦拭光亮的黑色警靴。

警务人员的某些行为可能会暗示证人应当如何做出选择。例如，如果证人辨认的是一名陪衬者，他们不作任何回应，又或者要求证人再仔细看看。倘若警务人员忽然在证人辨认某人时中断测试，那么证人可能会猜到自己选对了人。这种情况在照片辨认中发生的可能性更高。警务人员向证人出示嫌疑人照片时，停顿的时间可能比陪衬者的更长，或者当证人选出嫌疑人的照片时，他们会表现出更大的兴趣或者明显地屏住呼吸。

一种可以预防暗示影响的重要措施是，不让执行测试的警务人员提前知道列队中谁是嫌疑人。这与使用警犬进行气味鉴别的标准类似。这种方式被称为"盲测"，但它很少应用到人类证人的测试中。显然，人们认为人类对暗示的敏感度比犬类低。

盲测本该应用到卡罗尔案中。如前所述，该案有 2 名目击证人，阿维坎普先生和他的妻子。阿维坎普先生曾在电视节目以及报纸上见过卡罗尔的照片，因此他并不适合作为证人。他的妻子声称没有见过照片（但事实并非如此，参见第 8 章），所以她的辨认更有价值。测试时，备选照片一共有 32 张。其中 2 张是卡罗尔，这 2 张照片早已被刊登在各大媒体上。阿维坎普先生理所当然见过这些照片。然后他挑出了卡罗尔的照片，于是警方便明白哪 2 张嫌疑人照片是阿维坎普夫人应当选择的。之后安排阿维坎普夫人测试的是同一批警务人员，他们可能不知不觉中向她传递了他们知道的信息。

罗森塔尔（Rosenthal，1966）对辨认测试中实验者能以多种方式影响受试者的判断表示出担忧。然而，令人不解的是，这些具有代表性的结论并没能促进警务程序标准的改进与更新。

7.3　多少次肯定辨认？

若一组列队由 6 名候选人组成，那么可预计每 6 名证人中会有一人偶然选中嫌疑人。因此，这种辨认结果应当被排除，即 6 名证人中，有一次肯定辨认不应被接受为证据。然而，坚持要求所有证人都认出嫌疑人一样不切实际。表 7.3 中，我们给出了测试时证人对嫌疑人做出肯定辨认的次数，其结论被荷兰法院接受为识别犯罪人身份的证据。表格中的数字表示证人进行辨认的最后结果，不考虑整个过程中认错的次数。在"接受为证据"一栏中，我们给出此次辨认的最终结论，数据多来自上诉法院，它意味着辨认测试作为定罪证据被法院罗列在书面意见中。假如被告人被宣告无罪，或即使被定罪但辨认结果没有作为证据列入在书面意见中，那么辨认结果记为"未接受"。除了罗

133

维勒案和施耐德案，这些案件的辨认结果在一审时一直作为证据被法院所接受。

表7.3说明，即使大部分合格的证人没有认出嫌疑人，法院也会将其辨认结果接受为识别犯罪人身份的证据。最极端的例子是尼尔林案，4名证人中只有一人认出嫌疑人，但法院依然接受了这个结果。表7.4是表7.3的数据总结，它反映出当肯定辨认的比例是相对于做出选择的证人人数的情况下，法院接受或排除辨认结果的决定看起来会更为合理。在辨认结果被法院接受为识别犯罪人身份证据的案例中，证人几乎没有给出错误的辨认，只出现拒绝选择的情况。在未接受的案件中，75%的选择不正确，但是无论法院是否接受辨认结果，证人拒绝做出选择的次数基本一样。

表7.3 10起案例辨认结果
（哈纳克、尼尔林以及斯博科曼被指控参与的劫案不止一起）

		证人人数	认出嫌疑人	认出陪衬者	未做选择	接受为证据
卡罗尔		3	1	1	1	未接受
夏佩尔		10	5	–	5	接受
埃德斯特		2	2	–	–	接受
伊安鲁		3	2	–	1	接受
哈纳克	1	5	1	1	3	未接受
	2	4	2	–	2	接受
尼尔林	1	3	3	–	–	接受
	2	4	1	–	3	接受
罗德里格斯		6	6	–	–	接受
罗维勒		6	2	–	4	未接受
施耐德		2	–	2	–	未接受

续表

	证人人数	认出嫌疑人	认出陪衬者	未做选择	接受为证据
	1	3	3	–	–	接受
	2	2	2	–	–	接受
斯博科曼	3	5	1	2	2	未接受
	4	5	–	3	2	未接受
	5	5	4	–	1	接受
	6	4	3	1	–	接受

表 7.4　从表 7.3 得出的数据总结,第一个百分比是认出嫌疑人的证人与证人总数之比;第二个百分比是认出嫌疑人的证人与做出辨认的证人之比

	证人人数	认出嫌疑人	认出陪衬者	未做选择
接受为证据	46	33 (72%) (97%)	1	12
未接受为证据	26	5 (19%) (36%)	9	12

134

证人未能从列队中认出任何候选人的情况法院当然不会知道。然而实证研究表明 (Wagenaar & Veefkind, 1992),在合理安排的列队辨认中未做选择的诊断值为 4.25,这个数值已经足够成为可采证据,当然是作为支持被告人无罪的证据 (见表 7.5)。

表 7.5　6 人列队中,进行辨认 v. 未做选择
(Wagenaar & Veefkind, 1992)

嫌疑人	证人	
	进行辨认 (%)	未做选择 (%)
有罪	83	17
无罪	29	71

7.4 嫌疑人驱动搜查

辨认测试是一种以嫌疑人为驱动的搜查方式，我们在第 5 章中曾讨论这种侦查方式存在的本质问题。因此，仅仅依据辨认结果就将被告人定罪具有风险性。最好将辨认结果与根据犯罪驱动搜查得出的证据相互补充，比如指纹证据、被匿藏的凶器或是消费大量赃款的记录。我们语料库中大多数采用辨认测试的案例都没有补充其他额外证据，但有 3 起例外。

卡罗尔（所谓的爱尔兰共和军杀手）在一处匿藏军火的武器库附近被警方逮捕，其中有两支枪正是谋杀澳大利亚旅行者的凶器。虽然地区法院判卡罗尔有罪，但在法庭书面意见中并未提到此项证据。另一起是罗德里格斯案。被逮捕时他手里正握着凶器，上面沾有受害人的血迹。6 起银行劫案发生后，斯博科曼曾大笔大笔地挥霍金钱，但警方无法将这些钞票与抢劫案联系起来。通常，警方最初的怀疑源于嫌疑人的外貌特征。接下来进行的辨认测试没有太多的证明价值，因为嫌疑人之所以参加此次辨认测试，正是缘于他与警方要寻找的犯罪人外貌相似。原则上可能发生三种基于外貌的预选情况。

嫌疑人的选择。警方要求证人观看数张入案照档案册。如果一名无辜的嫌疑人被选中，那么意味着他或她的外貌可能与犯罪人十分相似。

证人的选择。嫌疑人的照片被广泛传播，比如通过全国新闻。一些观众自称认识嫌疑人，然后他们参与了辨认测试。因此，我们可能在辨认之前就已经选中那些更可能做出肯定辨认的证人。

指控的选择。警方让证人对某个身背多宗不同罪案的嫌疑人进行辨认。他们只会选择那些至少有一名证人做出肯定辨认的案件进行进一步调查。

会发生这些情况并不稀奇。格罗斯（Gross，1987）研究指出，在他收集的司法错判案例中，由于受到上述选择程序的影响，60%的错误定罪存在针对被告人的偏见问题。瓦格纳（Wagenaar，出版中）发现，在 26 起案例中有 13 起出现类似情况。我们语料库 10 起案例中有 4 起也出现这种预选情况。卡罗尔案的证人是从全国范围内征寻的；埃德斯特与"舒心旅途"旅行社的劫案扯上关系是因为他的外貌符合对犯罪人的描述；警方之所以认为哈纳克与宰思特市的劫案有关，也是基于外貌上的考虑，在他因武尔登市劫案被警方逮捕之后；斯博科曼案的两名证人，以及针对他提出的指控都是通过展开全国性调查得出的结果。这种选择程序很可能极大地降低了辨认测试在案件中的诊断值。

7.5　证实和未全面质疑锚点

肯定的辨认结果可以证实起诉书的内容，但无法证伪由被告人所提出的另一叙事版本。这个叙事也许同样可指向另一名潜在嫌疑人。警方不太可能根据辩方提出的怀疑对象来安排辨认的队伍。根据荷兰法律，辩方不能自行安排进行这种测试，因为他们没有权利接触控方证人。我们收集的案例中这种情况十分常见，因为在 35 起案例中至少 13 起的确可能存在其他潜在的嫌疑人。

人们没能全面地质疑与检视锚点，这背后暗含的逻辑甚至会让事情变得更糟。在存在争议性辨认结果的案例中，辩方通常不会对控方叙事中除身份辨认之外的其他方面提出质疑。我们语料库中 10 起案例采用辨认测试，其中 7 起涉及抢劫案，另外 3 起涉及谋杀。抢劫案中，辩方想对证明犯罪行为或犯罪意图的证据提出质疑基本属于徒劳无功，因为案件发生的过程和原因十分明确。唯一的问题是究竟谁才是犯罪人。然而，嫌疑人辩称"不是我干的"和"我不是故意的"在逻辑上是互相矛盾的。这个问题在另外 2 起谋杀案中的表现略有不同。罗德里格斯被起诉的酒吧谋杀案原本可能只是一场意外。因为没人亲眼看到受害人被他人蓄意用刀捅伤，或者只是他自己摔倒时被刀子扎进身体。谋杀土耳其工会主席欧客曼的凶手伊安鲁的杀人动机迄今为止仍

136

是个未解之谜。另外，此次谋杀是一人完成还是多人参与也尚未可知。这些谋杀案中，确认身份问题分散了法院关于其他方面问题的注意力；一旦他们接受关于身份问题的证明，便会接受控方的所有说辞，即使这些地方仍缺少相关证据。

锚定叙事理论对这些问题进行了解释。一旦被告人否认自己是犯罪人的谎言被拆穿，他对起诉书其他内容的否认也会随之成为谎言，因此等同于承认有罪。于是"一旦说谎，便一直说谎"成为足以安全定罪的锚点。类似案件中，法院通常只在书面意见里列出辨认结果，而且从未提及起诉书中任何关于其他方面内容的证据。所以说，在这种类型的案件中以"不是我干的"来为自己辩护的风险性很高，因为这容易导致被告人落入上述逻辑陷阱中。

7.6 法庭裁决

尽管辨认测试中出现大量程序错误，地区法院仍将辨认结果接受为证据，17 起案例中有 15 起皆是如此（哈纳克、尼尔林和斯博科曼被提起多项指控）。上诉法院对 14 起案例中的 10 起也是如此处理（参见表 7.3）。此般操作使得法院承担了相当大的错误定罪风险。在某些案件中，甚至大多数证人在测试中都没能认出嫌疑人，但辨认结果依然被法院接受为身份辨认的证据。还有一些案件中，他们接受了从破绽百出的辨认测试中得出的结果。

为什么法院愿意接受少数证人得出的辨认结果？在我们看来唯一的答案是，即使证人没能认出任何人也不算被告人清白的证据，只是他们记忆部分缺失的结果。从未有人问及证人为何拒绝从列队中选出某个人。是因为他们记不清犯罪人的外貌，还是他们很确定列队中的候选人都不是他们看到的犯罪人。通常人们很容易将大部分证人辨认失败的原因归结于人类记忆系统存在缺陷这项一般规律上，这是心理学家经常提到的论证。我们相信，这句话不能成为一个安全的锚点。正如我们之前所言，因为它忽略了证人未能做出辨认这一行为的诊断

137

值对于证明被告人无罪的意义。所以说，证人没有做出选择与他们将陪衬者错认为犯罪人的意义同等重要。

为什么法院常常接受存在缺陷的辨认程序呢？因为法律本身不要求辨认必须遵循正确的程序规则。只有英国自 1986 年（PACE，1985）开始，才设立一套合理的程序规则规定辨认测试必须符合要求。多数其他国家没有类似的、具有法律效力的程序规则。瓦格纳和洛夫特斯（Wagenaar & Loftus，1990）收集的案例证明在荷兰和美国的确如此。10 起案例中有 8 起的专家证人向法院解释为什么辨认过程存在问题，以及倘若他们接受这些结论将会承担怎样的风险。法院从未意识到这些提醒已经影响他们接受或排除辨认结果的判断。大部分案例中，法院拒绝接受辨认结果的理由似乎归结于做出肯定辨认的证人比例太少，而不是辨认程序本身存在问题。只有在罗德里格斯案中有一些迹象表明地区法院并不信任辨认程序。斯博科曼案中，地区法院解释他们接受辨认结果的理由是，辨认测试是在"极为审慎的条件下"进行的。表 7.2 再次印证这个观点，只出现两次重大程序失误根本算不上什么问题。

法院普遍愿意接受存在问题的辨认结果，这必然意味着他们没有意识到程序错误与结论错误之间存在关联。正如他们十分相信，错误的辨认程序中不可能出现信心满满的证人，或是不可能得出大量肯定的结果。也就是说，法院似乎并不是依据程序合理性来评判辨认结果的可信度，而是依据其他标准，不过据我们所知这些标准实际上不具备甄别意义。目击证人对自己的判断充满信心不意味着他的判断正确（Deffenbacher，1980）。证人之间达成一致并不意味着结论可靠。带有偏见的程序很可能导致证人辨认时会犯同样的错误。格罗斯（Gross，1987）在 136 起出现辨认错误的案例中，发现有 60 起不止一名证人犯下同样一个错误。更令人吃惊的是，其中有 2 起案例 17 名证人全部选中同一名无辜的陪衬者。在所谓战犯瓦鲁斯（Walus）的审讯中，12 名证人认错人，其中一名还是跟随了这名战犯整整一年的侍从（Wagenaar，1988）。

因此，虽然我们所有关于辨认测试的研究都表明，辨认结果必须锚定在严格的程序基础上，但法官和陪审团可能依旧认为这些程序并不重要。相反，他们将辨认结果的可靠性锚定在证人是否自信，或是认出嫌疑人的证人绝对数量之上。他们可能将相关程序缺陷视为例行公事，甚至认为这些缺陷无关紧要，因为它们的存在并没有违反任何法律。

7.7 补救措施

无论实行哪种法律体系，全世界都应采用统一的列队辨认程序规则。没有特别的理由来说明为什么英国应当在警务守则中设定相关规则，与此同时其他大多数国家却没有这样做。

显然，这些规则至少能避免在测试中出现上述 11 种程序错误。这些错误并不违法，但有违逻辑。瓦格纳和洛夫特斯（Wagenaar & Loftus，1990）以及我们的研究都表明，这些错误的危害性有据可查，它们出现的频率也颇高。一般来说，避免这样的错误并不难。采用正确的辨认程序不会增加刑事司法体系的负担，或是提升建构法律证明的难度。必须承认的是，证人数量过少可能导致一个问题，特别当其中一名或数名证人不得不通过入案照识别犯罪人时，因为此时警方还没有锁定怀疑对象。正如之前所言，参与查看入罪照的证人将无可避免地失去作为辨认测试证人的资格。虽然我们语料库中并没有类似案例，但这种情况的确存在。解决此问题的一种可行方案是，采用人脸拼图或模拟画像代替入案照。最糟糕的情况是，警方可能不得不重复使用同一名证人，一次为了案件侦查，一次为了获得识别犯罪人身份的证据。但这种违反逻辑规则的情况应当记录报告并向法庭解释，同时法庭也应当意识到这份报告的辨认结果也许不那么可靠。

避免程序错误的最好办法是采用规范化、专业化的刑事辨认程序，培养训练一批专业警员。这不仅能够保证辨认测试的专业性，同时也保持测试时警方的中立立场，因为经过训练的专业人员在解决具体案件时更为理性。创建专门的身份辨认机构看起来有些令人难以置信，但如果人们记起 52% 错判案例源于错误的辨认，那么也许会认为这些困难没有想象的那么大（Rattner，1988）。法官与陪审团倾向于信赖辨认证据，有时即使这个结果违背逻辑以及其他所有建议。这是因为辨认结果很容易被锚定在这样一种信念上，即自信的证人或数名证人不可能认错。我们将在下一章专门讨论这种坚信证人可靠性的信念。

第 **8** 章 证 人

　　许多案件的起诉书主要建立在目击证人证言的基础上。我们语料库的 35 起案例中，这类证言构成指控被告人有罪的核心证据。很明显，证人证言既是关键，也是一种充满风险性的证据。证人的陈述经常出错，他们的确会犯错甚至说谎。

　　为查明可能发生的误会以及揭露说谎的原因，在对抗制传统中证人必须接受控辩双方的交叉询问，过程往往剑拔弩张。而在纠问制传统中，询问证人的工作主要由法官来完成，但通常法官对证人的询问没有人们期望中那么严格与挑剔。此时辩护律师可能会通过提出尖锐问题来弥补不足，而且有时法官允许辩护律师直接向证人提问，然而我们经常发现法官倾向于维护证人免受律师太过严厉的提问。这确实令我们感到担忧，因为在刑事诉讼中证人证言是最主要的风险性来源。

　　一名目击证人提供的证言可能会令法院对故事产生某些误解。这种证言若由数名证人提供，那么误导性会更强。一般而言，不同证人提供的证言不尽相同，若能正确挑选，这些证言几乎可以证明任何事情。众所周知，证人之所以提供误导性证言最常用的借口是，他们只是按照法院的意愿说出事实而已。关于排除某些不愿接受的证言，法院的理由通常是，人人皆知证人常常犯错。法院对证人证言的不信任不仅会导致错误，在某种程度上也是一种肆意专断。只有完全了解证言在哪些条件下可信或不可信才能解决这个问题。我们将在本章中详细探讨这些条件。同时，我们也会阐明对证人可信性毫无理据的构想，是如何引发锚定证据过程中的种种争议，以及之后又如何促使法院接受未经证实的指控。

　　本章一个主要目的在于区分不小心犯错的证人和主动说谎的证人。区分二者是有意义的，因为使得证人犯错和他们主动说谎的条件不一样。同时，区分也强调这两类不真实证言的本质并不相同，而法院似乎往往将二者同等视之，实际上法律本身也忽视了这种区别的存在。根据荷兰证据法，警务人员提供的证言不证自明。这项规则存在的理由之一是可以提高警方的工作效率。如果没有这项规则，几乎警方开展所有的工作都必须由两人搭档完成。然而，除非我们假设警察绝不说谎而且他们很少犯错，这项规则才能被接受。但为什么我们要假设警务人员犯错的可能性比普通人低？实际上我们有理由相信，警务人员犯错的可能性更高，因为他们作证时被提问到的大多属于例行公事问题，所以很可能回答时会混淆相似的经历。此外，人们也无法保证警务人员只说真话。我们研究的 35 起案例中，警察说谎的比例相当高，这将在下一节进行讨论。这甚至也暗示着相较其他证人，警务人员说谎的可能性**更高**。

　　接受目击证人证言的风险性更高，因为法律中涉及此类证据的规则普遍比较模糊。合理的规则应当关注如何正确地锚定证言。遗憾的是并不存在这样的规则。荷兰法律涉及目击证人证言的规则只有一项，即孤证不足为凭（单一证人原则）。所以说，倘若法律要设定正确锚定证言的规则，应当规定呈交证言时需要提供印证的证据。罗维勒案正是一例。

　　罗维勒被指控抢劫了一间银行。很多证人看到数名劫匪走向并进入一家位于古德莱根广场的银行，他们实施抢劫后迅速逃走。只有一名证人的证言能将罗维勒与这起银行劫案扯上关系。米斯特斯夫人作证说，她看到两名男子跑过古德莱根广场，其中一名跳进路边停靠的一辆汽车并驶离现场，车上没有其他乘客。由于罗维勒承认自己曾驾

140

车驶离古德莱根广场，因此他的供词与米斯特斯夫人的证言结合起来形成了将其定罪的证据，即罗维勒就是那个跳入汽车并驶离现场的劫匪。但罗维勒称他并没有开车逃逸，也没有抢劫银行。于是，他的说法与这名证人的证言相左。法庭通过引用大量证人的证言来为判决做辩护，但他们恰好忘记只有一名证人证言提到的内容与罗维勒有关。

如果法庭认为有必要认真对待罗维勒案中这项关键性证据，那么他们本该发现其中问题相当多。首先，米斯特斯夫人的目击时间与案发时间有差距（比案发时间晚半小时）；其次，逃逸汽车的颜色也不对（原本应是蓝色而米斯特斯夫人说的是红色）。除此之外，她并没有看清那辆汽车是四门开还是两门开，因为她所站之处视野并不太好，所以她很可能没有看清那名跑步穿过广场的男子是跳入汽车的驾驶座还是后座。更有甚者，她根本没有看到这两名男子从银行里出来，她看到的只是他们中途跑过古德莱根广场而已。也许米斯特斯夫人看到的那两名男子根本不是所谓的银行劫匪。

这只是一个可以证明目击证人的证言需要仔细审查的例子。认为证人永远是对的，这种观点绝对错误。针对证人的每一句陈述人们可以至少提出这两个问题：一是为什么能假设证人没有犯错；二是为什么能相信证人没有说谎。锚定叙事理论指出，当证人证言符合起诉书内容时，人们会过度信赖它们的真实性；当不符合时，即使这些证据具有同样锚定效力，往往也会被人们忽视。本章中我们会举出更多的例子来说明这两种效应。

8.1 错误的证言

证人作证的内容主要来自于他们对案件的知觉和记忆。因此，错误的证言要么来自错误的知觉，要么来自错误的记忆。这两类心理机制在 20 世纪都曾被心理家们广泛研究，但是法律界似乎在相当程度上忽略了这些研究成果。我们的研究主要集中在记忆的问题。之所以选择这部分是因为我们研究的案例中关于记忆的问题发生频率更高，而且部分关于知觉的问题我们在之前的章节中已经讨论过。

8.1.1　自传记忆

目击证人的证言通常建立在自传记忆（autobiographical memory）基础上，即回忆证人生命中特定时间和特定地点发生的事情。这种记忆必须和语义记忆相区分，后者存储的是关于世界的一般知识。比如，猫是食肉动物，这个知识属于语义记忆，它是一种大部分人一旦获取之后不会刻意记住的一般性事实。但是记得有一只猫喜欢吃奶酪，特别是法国奶酪，这基本可以确定属于自传记忆。它是人们在特定时间、特定地点的记忆，之所以能记住是因为我们认为这只猫是一个例外。自传记忆和语义记忆不仅在本质上有区别，而且有研究表明二者在功能上也不尽相同（Wagenaar，1986，1992）。其中一项重要区别是，自传记忆容易被更替，而语义记忆往往更稳定。比如，我肯定记得今天我把车停在哪里。但如果昨天停车的地点和今天不一样，我只需记住今天停车的地点即可，没必要还记住昨天和上周的停车地点。关于停车地点的记忆可以形容为一项下拉菜单，今天的在列表最顶端，下一条可能是还保存着的昨天的停车地点，再下面是前天的，直到这些记忆被不断更新的记忆推出列表。每次更换停车位意味着自传记忆的更新，同时相应地将之前的停车记忆向下推。有些自传事件在被推出列表之前可能会被摘选出来，因为它们与其他同类记忆不同，于是将其从列表中移走并储存到另一个特殊的地方。因此，我们能记住结婚纪念日、入职第一天、一次重要会议，或者文献中经常举的例子，肯尼迪总统（President Kennedy）被刺杀的日子。不过，大部分日子都很平常，大部分事情都不会因为任何理由而值得记忆。

一个关于目击证人证言的基本问题是，法院往往想从自传记忆中获取案件的有关信息。他们并不想知道普通的猫是什么样子，而是在特定时间、特定地点出现的那只猫是什么样子。当时是什么时间，和我们在一起有哪些人，某些人什么时候离开？平时很多此类信息都会被推移到记忆列表的底部。人们如何能够在数日、数周甚至数年之后，

142

再次想起过去某个时间里发生的一件极其普通的事情呢？在这里我们选一个案例来解释。

马顿斯是一名蔬菜商贩，他靠在市场上卖菜为生。他被指控从蔬果竞拍中心进货时，使用假名来逃避缴纳营业税。警方怀疑这种做法在交易中十分普遍，于是他们开展了一次名为"生鲜"的大规模调查行动。通过行动他们对特温特蔬果竞拍中心5年内所有账单记录进行核查。警方在搜查中发现数百张疑似使用假名交易的账单。其中一张是4年前的，采购商的姓名是皮特森（Petersen），显然这是一个假名字。竞拍中心主管基普（Kipp）称，他记得这张票据是马顿斯签的名。警方从成千上万相似的交易票据中选出五百张左右疑似使用假签名的票据，基普是如何能从那么多票据中记起这一张特定的账单呢？

审理法官（该案由一名法官进行审理）相信证人拥有非凡的自传记忆本领，并判处马顿斯7万荷兰盾的罚款（相当于3万5千美元）。而坦白自己对竞拍中心大规模诈骗交易知情的主管基普只被判罚款500荷兰盾。看起来似乎基普从他出色而且令法官颇为满意的记忆力中获益匪浅。

并非所有法官对证人在回忆日常事件这方面的能力上都如此信任有加。斯博科曼就是一个最好的例子（我们在第7章已经谈过），他的不在场证明就是由于记忆力问题而被排除。斯博科曼是一名抢劫银行的惯犯。控方指控他犯下6起银行劫案，但斯博科曼只承认其中一起。他向警方提供另外2起案件发生时自己不在场的证明。其中一份不在场证明由一间家具店老板提供，他证明劫案发生时斯博科曼正在店里购买家具。家具店购物小票的日期证实这次交易的确存在，不过上面当然没有记录具体交易时间。另一份斯博科曼的不在场证明由一名旅行社职员提供，他作证称，劫案发生时他正在为斯博科曼办理出游事项。法庭怀疑这些不在场证明的真实性，认为证人不可能对在某个特定时刻见到某个特定人物的事情记得那么清楚。也许他们记错时间或是人物。将马顿斯案和斯博科曼案两相对比之后（我们发现很多相似

143

之处），更证实我们之前的假设，即当证人的回忆符合起诉书内容时，法庭倾向于采信这些证言；当不符合时，则不予以采信。

另一个例子是葛瑞穆林案，法庭采信供词的原因也是来自表面上看起来出色的自传记忆能力。众所周知，早年发生的车祸导致葛瑞穆林的记忆力严重受损。然而，他向警方坦白犯下 27 起纵火案，时间跨度长达 5 年，并且还提供了每一起纵火案发生的准确时间和地点。其他由于记忆力问题而被排除不在场证明的还有阿基拉案和亨德里克斯案。

8.1.2 冲突的记忆

很多案件中，不同证人证言之间可能存在冲突。因此对于法院来说，最好的方式是只接受其中一种说法，并且拒绝接受其他的说法。倘若法院排除证言的理由归结于记忆问题，那么人们也许会问，为什么这种说辞只用在被接受的证言上，而没有用在其他被排除的证言上。锚定叙事理论认为，法院从相互冲突的证言中选择接受哪一种，并不是建立在分析影响记忆质量条件的基础上，而是根据这份证言是否符合起诉书指控内容。一个突出的案例是卡拉卡亚案，他被指控谋杀住在同一栋公寓楼内的埃克斯老爹。当日大约下午 2 点左右，有人曾看到卡拉卡亚在社区的青年中心贩卖受害人的收藏品，于是我们有理由假设他在此之前已经杀害埃克斯老爹。然而，3 名证人作证称，他们在下午 2 点 30 分左右看到埃克斯还活着。此外，至少还存在另外 2 名可能意图谋害埃克斯的嫌疑人，卡拉卡亚只是那些潜在嫌疑人中的一名，而且他在案发时有不在场证明。不过，地区法院和上诉法院坚持认为，证人记错了在下午 2 点 15 分后看到卡拉卡亚的事实，因此卡拉卡亚的不在场证明并不成立。谁也没有给出理由说，为什么要采信那份号称案发时间在下午 2 点之前的证言，但法院恰好从众多证人中选中这份符合指控内容的证言。人们也许好奇为什么法院不全部排除案件中涉及时间的陈述，因为每个人看起来对此都非常迷糊。

鲁尔蒙德发生的爱尔兰共和军杀手案更能说明这一点。这起案例我们在第 7 章已经详细讨论过。此案的症结在于，在证人阿维坎普夫妇进行照片辨认之前，被告人卡罗尔的肖像早已被刊登在全国电视新闻以及各大报纸杂志上。阿维坎普先生证实他和妻子都曾在电视节目和报纸杂志上看到过。但阿维坎普夫人作证称她都没看过。那么，法庭如何解决这个矛盾点呢？他们认为夫人的说辞才是正确的，而丈夫的不正确。因为这样才能为法庭提供一个没有受到照片影响的目击证

144

人。这起案件还有另外一个令人惊奇的决定。警方让阿维坎普夫妇分别在同一天上午 11 点和下午 5 点进行辨认测试，午休时段夫妇俩还能一起共进午餐。他们是否在午餐时讨论过辨认测试的内容？"我们讨论过"，阿维坎普先生说。"没这回事"，阿维坎普夫人说。这个矛盾点又被法庭以假设夫人的记忆没有问题而先生的记忆发生错误的方式解决了。正是这个假设为法庭定罪提供了关键性证据。书面意见中法庭用一刀切的办法解决争议信息，即引用证言时截去出现矛盾的部分。于是，证人记忆中被法庭采信的部分恰好符合起诉书的内容，其余所有部分皆被毫无理由地删除。但我们可以推测一点，如果法庭迫于压力非得给出删除理由时，他们一定会引用"人人记忆都会出错"这个广为人知的事实为自己辩解。不过，上诉法院以证据不足为由，推翻地区法院的判决，最终将卡罗尔无罪释放。

我们在第 5 章中曾描述过更多关于证据选择的例子。显而易见，法院从未在书面意见中提到与他们裁决相矛盾的证言，但这也说明无论证言是否被接受为证据，记忆问题都占有重要地位。这也更加说明，没有一起案例法院试图核实那些存在问题的证人证言。即使在卡拉卡亚案和卡罗尔案中，法院似乎也没有完全采信证人的证言。但为什么他们没有去核实这些陈述，即给出他们接受和排除的理由。法院验证证人证言可信度的方式似乎是看看这些陈述是否能构成一个似真的故事，如果可以，那么这些陈述所言必然正确。法院貌似相信，虚假的陈述无法构成一个连贯的故事。它们真的不可以吗？

8.1.3　记忆衰退

我们的大脑经常充斥着各种信息，令人惊奇的是这些信息大部分都存储在记忆里。我们是如何应对这项艰巨任务的呢？20 世纪 30 年代英国著名的心理学家费雷德里克·巴特莱特爵士（Sir Frederic Bartlett）提出，人类记忆的标准图示数量是有限的（Bartlett，1932）。以每周去一趟银行为例。通常情况下，这件事的一般图示会保持一致，即我们开车去银行，停车，进入银行，排队，在相识的银行职员协助下办理业务，然后离开。只有那些与人们熟悉的记忆图示相距甚远的信息才会令人印象深刻。例如，某日银行来了一位新员工，或者排队时弄丢了钱。我们似乎也能记住此次去银行时另外一些平常的小细节，因为我们可以很容易将它们从这个图示中重构出来。然而，我们确实也会遗忘某件事中的特别之处。这方面也许不太明显，因为我们可从记忆图示中寻找其他细节进行替补。因此，当记忆图示出现得越多，记忆出错的可能性就会越大，这也是巴特莱特从实验中得出的结论。图示化记忆根本不是大脑在收集信息，而是将信息重组的结果。由于我们没有意识到二者的区别，所以令重组的记忆看起来内容连贯且真实，这是一个可怕的现象。语料库中有两起案例可以帮助我们解释重组的记忆是如何在刑事审判中发生作用的。

伊安鲁被指控谋杀土耳其工会领袖欧客曼。所有证人都知道这是一场发生在土耳其社群内部的谋杀，因此凶手几乎肯定是土耳其人。案发现场的目击证人最初作证称，看到一名疑似凶手的男子，他没有留胡须。这点十分奇怪，因为大部分土耳其男子都留着胡须。因此这名神秘男子并不符合土耳其男子留胡须这种印象图示。警方花了两年时间找到一名嫌疑人，他的确留着八字胡，因此辨认测试时证人面对的是一名留着八字胡的嫌疑人。没人对这样的安排提出异议。这名证人称，她之所以辨认伊安鲁正是因为他留着八字胡。似乎她已经忘记两年前自己曾经说过，那名疑似凶手的男人没有留胡须。之后她又根据"土耳其男子通常留胡须"这个印象填补了记忆中的空白。正如第

145

7 章提到的，当时队伍中只有一人长得像"典型的土耳其人"。这便创造一个绝佳机会令嫌疑人与该图示相匹配，替换了证人最初的记忆。

安德鲁·金（Andrew King）被指控擅闯祖姆迪克（Zomerdijk）家的住宅。本案的关键在于金是否真的曾经潜入到屋内。因为人们看到金时，他只是站在祖姆迪克家的后院中，但是由于之前祖姆迪克先生听到卧室里有动静，所以才认为金曾经闯进他家。当祖姆迪克听到一楼卧室有声响，他立即走了过去，透过（紧闭的）后院大门上的窗户看到金正站在院子里。他赶紧告诉妻子说："家里进贼了！"然后他打开大门冲上去试图抓住金。令人惊讶的是金并没有逃走。起初，祖姆迪克夫人的回忆也是如此，但三天后却发生了改变。现在她的说法是，听到丈夫大叫："家里进贼了，后门还开着呢！"她说她亲眼看到后门是开着的。这与祖姆迪克夫妇之前的说法不一样，却符合小偷行窃期间被人发现后匆忙逃走，同时也来不及把门关好的图示。

然而事实上，根据祖姆迪克先生复述的证言，他走进卧室时门是关着的，这与小偷逃走的情状刚好相反。就凭这一点完全可以撤销指控。如果人们对小偷行窃的图示化印象刚好就是本案所发生的实情，那么对于控方来说这极为有利，对于法庭更是如此，因为他们都希望看到被告人的行为与证人阐述的图示一致。不过，该图示在事件开始时就不大可能发生，一名窃贼匆忙逃走时如何还能小心翼翼且悄无声息地关上大门。但是，图示化印象通常更可信。因此，相较于证人第一次回忆现场的描述，法庭可能更愿意采信后一种说法，即使每个人都知道记忆会随着时间的推移而逐渐衰退。法庭无需担心证人的记忆前后不一，只要这种变化朝着更可信的方向发展即可。或者从理论上来说，记忆会因遗忘而发生改变，所以法庭需要安全锚定的内容会更少而不是更多。我们语料库的 35 起案例中，有 15 起证人的记忆发生过根本性改变。不过，所有改变都朝着更符合法庭所采信的故事方向发展，更改后的证言也从未被法庭排除。

法庭愿意接受证人修改证言与他们完全拒绝被告人翻供之间形成

鲜明对比。我们研究的案例中有 5 起被告人曾撤回之前的供词。这些
案例中，被告人最初的供词都曾被法庭采信，而后来翻供也都被法庭
无视。我们已经在第 6 章解释过，出现这种情况可能存在双重原因。
一方面，在大多数案件中，被告人翻供通常不被认为是早前记忆出现
问题的缘故；另一方面，翻供通常与之前的指控内容相左，因此即使
法庭接受也只是理论上接受案件存在另一种可能而已。富兰克林案是
一起供词中涉及记忆问题的案例。

富兰克林被指控蓄意纵火。起初，他对所犯之罪供认不讳，但随
后又撤回之前的供词，他说纵火案发生当天曾服用迷幻药而导致神志
不清。在迷幻药副作用的影响下，他在所谓的"朋友"，可能也是帮
凶，莫蒂默的怂恿下承认自己就是纵火犯。富兰克林说，事实上，他
根本什么都不记得。所以，后来他开始怀疑自己是否真的放火，因为
他实在想不出自己有什么作案动机。然而，莫蒂默却有动机，他的前
女友和另一名男子就住在那所房子里。但法庭仍然不相信富兰克林的
说辞和他的解释，认为迄今为止并没有证据证明迷幻药的副作用能影
响人们的记忆，而且还能强化人们接受暗示的效果。尽管有两名专家
证人出庭作证指出迷幻药的确存在上述作用，法庭仍然坚持自己的
主张。

导致记忆衰退的因素有很多，其中一个是证人被反复提问。富兰
克林案中，莫蒂默被反复提问多达八次，每一次他的表述都不相同。
这就为警方从他的回忆中得出想要的故事版本提供了机会。时间跨度
也会对记忆衰退造成影响。一般来说，从案件发生到警方对证人进行
询问之间会相隔一段比较长的时间。伊安鲁案（参见上文）的时间间
隔为两年，而欧弗林案长达五年。如此长的时间间隔绝非少有。

这方面有一个特别值得关注的问题，即警务人员为侦查过程作证
的证言。侦查通常遵循严格的程序规则，这些规则如同存储在记忆中
的各种图示一样。当一名警务人员无法回忆起很久之前某个具体案件
的侦查内容时，他或她可能根据侦查时必须遵循规则图示来组织记忆，

147　并称一切都按照规矩执行。因此，警务人员比普通证人更容易犯错，而不像荷兰证据法设想的那样，他们犯错率更低。他们的证言实际上更像是回答例行公事，因此更可能是重新组织好的表达。然而，这种例子并不好找，因为只有警务人员公开承认，或者他们之间证言不一致时才会被察觉，但有些时候这种情况也会发生，就像哈纳克案那样。

　　正如第2章所述，哈纳克被发现躲在尼沃海恩市一座城堡外的护城河中。当时警方正在追捕两名劫匪，但期间曾失去他们的踪迹。后来，警方在护城河附近发现了哈纳克，怀疑他正是其中一名劫匪。被捕时哈纳克并未身着慢跑服，然而警方在护城河对岸发现了一件慢跑服，但哈纳克否认这件衣服属于他。警方随后进行气味测试，警犬嗅出这件衣服上有和哈纳克一样的味道。倘若测试的安排和操作都符合规定，那么这个结果会对哈纳克极为不利。哈纳克有苏里南血统，苏里南料理以辛辣为主，因此作为干扰选项的其他气味也应当具有苏里南特色。那么现在的问题是，气味测试时是否如此安排。负责安排气味测试的警员称，如果嫌疑人是一名黑人，测试时**通常**会准备几份来自另外一两名黑人身上的气味作为干扰项。根据他的说法，法庭认为哈纳克的气味测试也是这么安排的。后来这名警员坦诚自己实在记不清那次测试时究竟如何操作，同时也没有具体的实验记录。所以，他报告时根据测试必须遵守的程序规则重新组织记忆。然而，如果他重组的记忆出错，那么将对被告人十分不利。我们很难想象如果这种错误发生在法院身上会如何。站在法院的角度上，如果他们也采用这种标准，即警务人员采集或排除证据取决于这项证据是否符合记忆中的正规程序图示，那么很可能会强化错误所带来的负面影响。这一点可以从欧弗林案中体现出来。

　　欧弗林被指控对两名幼童实施性侵，6岁的妮可（Nicole）和4岁的诺艾尔（Noelle）。这两个女孩都是关键性证人。两名女警员为她们录口供，后来发现这两份口供相似度颇高，而且措辞十分"官方"，不像小孩子的口吻。因此，预审法官在这两名警员宣誓后询问她们做笔录的过程。其中一名警员说，年纪较小的那名女孩——诺艾尔，根本什么也没说，她只说了些断断续续而且难以理解的话。于是，她们模仿妮可的口吻为诺艾尔编造了一份笔录。针对这个问题，法庭决定在审判时再次传唤这些警员上庭作证。然而，也是这名女警员撤回了关于之前违规取证行为的指责，解释说一切都是误会，诺艾尔当时已经说出一个完整的故事。但另一名女警员否认她的说法，称诺艾尔的表现连断断续续都称不上，她们基本上算是根据妮可的陈述编造出一个完整的故事。人们可能认为当这一切被揭露出来后，法庭不会再采信孩子们的证言。但事实恰恰相反，法庭排除了这两份由不同女警员在宣誓情况下作证的证言，即诺艾尔的笔录属于伪造。排除理由显然不能是警员在伪造证言这件事上又说了谎，因为这将使她们所有的陈述都蒙上可被质疑的阴影。所以，法庭只能认为这两名警员在报告违规取证这件事上搞错了。

148

8.1.4　事件后信息

存储在记忆里的信息，尤其是自传记忆中的信息，不仅会随着时间推移而自动衰退，更可能受到新习得的信息干扰。我们还是使用下拉菜单进行类比。可以想象一下，每当大脑习得某个事件的新信息时，它将被放置于事件列表的最顶端，所以每当回忆时人们最先想起的通常会是最新的信息。比如，在罗德里格斯案中，一个关键性问题是两名黑人男子是一起走进酒吧还是先后进入酒吧。本案中 92 名证人之间的证言冲突性很大。我们想象一下，许多证人一开始说他们是一前一后进入酒吧的，之后又说他们是一起走进酒吧。是否存在这样一种可能，有的证人脑海中原初的知觉被新的记忆所代替，而且这个新记忆居然还附带知觉属性。

洛夫特斯（Loftus, 1979）是研究记忆中事件后信息效用的先驱代表。她的主要研究成果是，她发现事件后信息经常更改记忆，而且新的信息会形成一段仿佛主体曾亲身经历过那般真实可信的记忆。原初记忆越模糊，这种效用越显著。比如时隔很长一段时间才回想起的事

情，或是起初没留意的事情。事件、面孔、姓名、日期、季节等都可导致记忆扭曲。亚拉恩·沃普（Adriaan Volp）案正是一起综合了多种导致记忆扭曲因素的案例。

沃普被指控烧毁自家商铺骗取保险金。两名证人作证称，沃普在起火前对他们说打算"烧掉那家该死的作坊"。不过，他们是在起火以及得知沃普被警方怀疑涉嫌保险诈骗后才这么说的。这些信息可能改变了他们之前与沃普对话的记忆。沃普自己说，他其实在和两名证人讨论不公平的税负问题。对话中他抱怨，如果还逼着他缴纳这么高的税负，他或许"也要放把火把这间该死的作坊烧掉"。如果说这两句话内容差别不大，指的是它们的字面意义而不是在不同语境下的实际意义，而且也许恰好是这一部分内容被事件后信息所改变。

149   第三名证人说，沃普曾经详细地和他说过如何让一起火灾看起来像一场意外。不过，提前告知他人自己的犯罪意图实在太傻。沃普说，他在起火之后曾和这名证人说起这场火灾是如何发生的，对方听说他被起诉后，想必将他们对话的时间线提前了。这并非不可能。

还有两名证人恰好透过工作室窗户看到起火过程。他们说，沃普看到他们后十分吃惊，没有采取任何救火行动就逃跑了，比如去找灭火器之类。相反，沃普说那两名证人看到他时，他刚刚发现店里起火。当时着火点在一堆瓶装稀释剂附近，随时可能发生爆炸，这也难怪他看起来十分害怕。沃普说，这也是为什么他不去拿灭火器的原因。无论真假，沃普的说辞相当有道理。有人可能问，证人如何得知**为什么**沃普会害怕。在任何情况下，人类的这种准观察力实际上是一种推断能力，在我们看来它对事件后信息格外敏感。

刑事审判过程为引入误导性事件后信息提供了大量机会。证人之间经常交流案件信息，有的从报纸上读到相关报道，有的通过电视栏目得知一些细节。他们被警务人员、预审法官、地区法院以及上诉法院等反复提问，这些都可能导致他们的记忆不断发生改变，直至变为符合人们预想的故事为止。

促使上述情况发生的一个原因是，警方做笔录时习惯总结证人的口供，而不是逐字逐句地记录，完成后再念给需要签名确认的证人听。这样一来，笔录的遣词造句即由警务人员或预审法官决定，行文上或许与证人所述只是略有不同，但本质上却与证人真实的回忆以及他或她的表述方式有着决定性的差异。警方或预审法官也许会辩解称，他们这样做只是为了让证人的表述更清晰而已。但是，将总结出的陈述念给证人听会引入误导性的事件后信息，这将使证人在下一次被提问时，回答内容变成重复笔录的信息，而非他们原初的记忆。人们可以想象一下，若询问者脑海中已经预设了一个特定的故事，他们也许会无意识地根据这个故事改写口供，同时相应地更改证言的意义。由此可见，事件后信息往往会改变证言，使其与控方起诉书中预设的故事保持一致。

为确保证人上庭作证时表述清楚，警方会提前让证人做预演练习，这也许强化了事件后信息影响证人记忆的效果。在荷兰，让证人开庭前进行预演并不合法，但在其他国家，比如在美国这不罕见，不过这种情况偶尔在荷兰也会发生。我们以夏佩尔案为例，此案在第 7 章已经讨论过。证人罗亚克尔先生曾经目击劫匪与警方的枪战过程，警方为其出庭作证做了充分准备，以确保他告诉法庭他认出其中一名嫌疑人正是劫匪，但实际上罗亚克尔先生没有成功认出任何人。事实上，这是一场企图左右一名单纯男人记忆的精心安排。法庭听完罗亚克尔的叙述后，排除他所有证言（但没有对违规警员采取任何措施）。在其他一些案件中，警方违规影响证人口供的情况可能不那么明显。而且在某种意义上，重复提问证人（富兰克林案中出现 8 次；卡拉卡亚案中出现 7 次）也可能产生类似预演的效果。

显然，同案的其他证人也是事件后信息来源之一。不同证人对故事的知觉和回忆不尽相同，他们通过对比交流信息影响对方的记忆，最终形成一份统一的证言。似乎在证人之间最流行的版本会是那个能构成最佳故事的版本。在很多案件中，这个版本正是控方告诉他们的

150

那个版本。我们还以夏佩尔案为例。

夏佩尔被指控是 5 名抢劫银行的劫匪之一，案发后他们驾车逃离现场。警方出动数辆警车追捕逃犯。所有警员皆称认出劫匪中有夏佩尔，但最初只有一名警员在报告中称自己在追捕中认出夏佩尔（而且是在可质疑的情况下，如第 7 章所述）。后来在辨认测试中，有 4 名警员认出夏佩尔正是劫匪之一。如今看来，这要么是他们奇迹般地恢复了记忆力，要么是事件后信息以及/或者之前对夏佩尔的印象影响了这次辨认结果。

有时，证人受到来自同案其他证人的影响并非偶然，这可能是侦查程序出现错误的结果。我们之前提过欧弗林案，2 名受害人分别是 4 岁和 6 岁的小女孩，她们一起接受警方的询问。在这种情况下，如果说 4 岁小女孩的证言只是在重复姐姐之前的话当然不奇怪（如果她真的能重复说些什么，这点我们并不确定）。伊安鲁案（被指控谋杀土耳其工会主席欧客曼）在这方面的表现得尤为突出。

案发现场唯一的目击证人就是欧客曼的傻儿子——萨基尔。警方到达现场后，最先询问的是欧客曼的妻子，而非萨基尔本人。欧客曼夫人不曾目击到这场谋杀，因此她并不清楚谁是犯罪人。她也从未说过凶手就是之前与她起过冲突的穆罕穆德。萨基尔适时地重复着母亲的说辞。他非常熟悉穆罕穆德，所以他知道母亲口中的穆罕穆德指的是谁。后来伊安鲁被指控谋杀，萨基尔的证言便成为起诉伊安鲁的障碍。幸运的是，萨基尔更改了他的证言，朝着有利于控方的方向发展，他说凶手是一个他不认识的"坏蛋"。于是现在的问题变成，他最初的证言是否因受到母亲供词的影响而与事实不符，还是说他第二次的证言受其他人的影响而与事实不符。比如警方无意中或多或少地暗示萨基尔，让他以为自己第一次的说法是错。当然，一开始采集萨基尔证言时就应当避免受到他人影响，但警方似乎没有意识到单独询问证人的重要性。

我们发现在研究的 35 起案例中有 15 起存在证人被事件后信息影

响的可能。如上所述，事件后信息通常促使证人的记忆朝着有利于控方起诉的方向发生改变，也正因如此它很容易被法庭接受。但是，如果事件后信息的作用刚好相反，让记忆朝着有利于辩方的方向发展时，法庭又将作何反应？巴克文案正是一例。

巴克文嗜赌成性，天天混迹于荷兰格德拉普市的一家赌场里。某天，当地警方突击搜查这家赌场，因为他们怀疑这里存在大量偷税和诈骗社保金的行为，但最终所有警察将目光集中到可怜的巴克文，绰号"呆子"的身上。许多证人称，他们看到赌场的经理付给巴克文一笔钱，可能是因为想雇他担任赌场的门卫。这就可能涉嫌违法，因为巴克文当时正在领失业救济金。但不久后，证人们更改了证言，因为赌场经理提醒他们说，他给巴克文的是赌场筹码而不是钱。这种筹码只是一种安慰性补偿，补偿那些在赌场里输掉很多钱的客人。赌场的收纳也证实他们没有支付"呆子"一分钱。庄家们也证实，原则上不允许赌场员工（如门卫）在自家赌场里赌博。没有人记得亲眼见到巴克文曾在这里担任门卫。如此说来，当时警方根本没有锁定任何嫌疑人。但是，巴克文依然被起诉。法庭排除证人们第二次作证的证言，因为认为第一次的记忆更可信。检控官甚至还以伪证罪起诉这些证人。

综上所述在事件后信息的影响下记忆会发生改变。当改变后的记忆符合起诉书故事时，它们容易被法庭接受为一种待证假设，而不符合时则会被法庭排除。

8.1.5 前摄图示效应

记忆图示不仅能影响记忆，它们也能决定在知觉形成记忆之前如何诠释这些感觉。我们的知觉并非总是确定无疑，同时事物细节部分经常被人们所忽视。于是，大脑会通过应用各种记忆图示来填补知觉遗漏的空隙，这种情况既合逻辑也很常见。这一点的证明我们已经在第2章关于故事的转向效应中讨论过。其中一种记忆图示与相邻事件之间的因果关系有关。如果 B 在 A 之后发生，我们倾向于认为 A 是导致 B 发生的原因。研究这种心理学现象的先驱人物是比利时心理学家

米洛特（Michotte，1954）。另一项实证研究成果来自于布雷纳德和约
152 翰逊（Brainard & Johnson，1981）。我们在语料库中发现不少案例存在
受到这种效用影响的情况。比如我们之前提到的金的案件。

某日，祖姆迪克一家人正在家中客厅聚会，忽然他们听到从孩子
们的卧室中传出一阵声响。于是，祖姆迪克先生朝着一楼的卧室走去，
并且透过门上的窗户看到一名黑人男子正站在后院中。他将男子和早
前听到的声响联系到一起，认为那是他造成的结果。祖姆迪克先生大
叫："房间里有一名陌生男人"，虽然其实他并没有真正看到金进入过
这个房间。实际上，造成卧室声响的原因可能还有几种。祖姆迪克夫
人曾说，她从后院收回晒好的衣物后并没有锁上后院的门。还有一种
可能，风把门吹开，这也会发出吱吱的声响。除此之外，祖姆迪克家
还有两条狗，声响也可能是它们造成的。

8.1.6 预置信息

日常经验被人们以记忆方式存储到大脑中之前，图示化知识，比
如那些关于世界的一般性知识，并不是使这些经验条理化、整合化的
唯一力量。某些信息也能造成类似效果，它们刺激大脑对未来产生预
判，有时这种影响甚至可能比感官刺激造成的影响更加强烈。比如，
假设邻居抗议我们把汽车停在路边而没有停到住宅旁的车道上，还曾
威胁说如果不按照他的要求做就弄坏我们的车。他的行为会让我们产
生一种强烈的预期。当某天深夜看到有人正在破坏我们的汽车时，我
们很可能认为那个人就是这位邻居。知觉的形成通常需要将接收到的
外界刺激与记忆中某些心理图景相结合。这种结合使得我们能够识别
出那个外界刺激是什么。在某些特殊情况下，心理图景可能强烈到能
对知觉产生暗示性指引，即我们所见即为我们所想见。当外界对感官
的刺激越弱，这种心理图景造成的暗示效果则越强。比如，身处环境
很昏暗或者与目标物距离很远，或者视线与目标物接触时间非常短暂，
或者同时映入眼帘的事物数量过多，又或者由于类似事物之前见过太
多次，因此由于预期偏见，我们倾向于跳过观察直接得出结论。必须

指出的是，这种人体机制所生成的错误会更容易对被告人造成不利。因为当这些错误与起诉书的待证假设吻合时，它们更容易被法院接受。关于这点我们还是以夏佩尔案为例，这个案例之前已经提过两次。

警方曾经派人监视夏佩尔帮派成员长达两个星期左右。警方怀疑他们正谋划某事，虽然还没收到任何确切消息来证明这一点。所有执勤警员的钱夹中都存有夏佩尔及其团伙成员的照片。忽然某天，城里一家银行发生了抢劫案。警方马上判断这正是夏佩尔犯罪团伙一直在筹划的行动。于是，警方出动警车追捕逃逸车辆。当时已是深夜。其中一名驾车的警员 BRZ10（在荷兰允许使用警用代号代替警员的真实姓名）试图逼停逃逸车辆，当时车速高达每小时 100 公里。在两车胶着并行期间，BRZ10 从另一辆车中认出其中一名劫匪正是夏佩尔，至少他是这么说的。与他同车的另外两名警员在报告中说他们**没有**认出夏佩尔。为了证明的严谨性，这两名警员没有成为控方的证人，而称没认出夏佩尔的这份证言被视作与起诉无关（参见第 5 章）。但是，肯定有人要问，如此一来 BRZ10 说他认出夏佩尔又能有多少意义，毕竟当时环境那么昏暗。他看到的真的是夏佩尔吗？还是说他之所以"看到"夏佩尔是因为他希望看到的人就是夏佩尔？

另一个例子是葛瑞穆林案（参见第 6 章）。警方怀疑葛瑞穆林是纵火犯，因此派出警员进行盯梢。某天晚上，警方认为他们当场将葛瑞穆林逮了个现行。警方报告是这么记录的：

> 忽然，我们看到嫌疑人站在第 16 号独立屋大门前，手里拿着打火机并朝着邮箱弯下腰。不一会儿（打火机没点着），他走到房屋旁的车道上。正在此时，Wi（汇报情况的警员）拦住他。后来警员 Har（另一名参与监控的警员）也走过来，他们发现第 16 号独立屋就是葛瑞穆林的家。因为周围的光线太暗，所以他只是打算点火照亮大门的钥匙孔。因为打火机打不着，所以他打算绕到后门进屋。

153

这几乎就是一个反映预期效应的滑稽案例。不过有些事情可能没有人们想象的那么单纯，因为写报告的警员在笔录中附注说，这件事说明葛瑞穆林"使用打火机很熟练"。

我们在研究的案例中发现更多受到预期效应影响的例子。科索特、罗艾米克以及瓦伦特（Kersholt, Raaijmakers & Valeton, 1990）已经证明预期效应具有重要意义。在他们的研究中，26%预想见到某位熟人的受试者都说他们认出了那个人，但实际上这位"熟人"当时并不在场。

8.1.7　幻觉

证人犯错也可能是幻觉的产物。甚至证人自己都对这些幻觉深信不疑，所以也不能说他们在说谎。严重的幻觉可能是一种病态表现，但患有这种病症的人未必不能成为一名证人。伊安鲁案中，受害人欧客曼的傻儿子作证称，杀害父亲的凶手是另外一名叫作穆罕默德的男子。警方在很长一段时间内都将这份证言视为关键证据。直到这名智商有些问题的男孩的证言被排除后，法庭才判决伊安鲁有罪，而且排除的理由并非原则性问题，只是因为男孩的证言与起诉书内容不吻合。另一个例子是敦克案，他被指控猥亵一名 6 岁的小女孩（参见第 9章）。最后，法庭撤销了指控，但敦克先生的后半生却因此尽毁。

154　　　　不过，最令人震惊的是舒尔德·沃尔特斯（Sjoerd Walters）案。沃尔特斯是一名男护工，他服务于一家专门收留精神有问题的女性患者的福利院。他被指控性侵两名女病患，但证据只有这两名受害人的证言，而她们都患有精神疾病。这两名女病人经常沉浸于性幻想中，福利院的报告称她们常常混淆现实与幻想。控方并没有因此气馁，即使明明知道不可能再找到其他证据。

证人的确常常犯错，这个事实确实更令人担忧，因为这种众所周知的可能性为法院提供了一个挑选证据的现成借口。法院的选择通常不是建立在证据信息的可靠上，而是建立在获取信息的便利上。我们研究的案例中，没有一起法院曾试图对一个看上去就有问题的证言进行锚定，质问为什么要相信这名证人提供的证言，尽管在表面上看起来那么可疑。一般来说，证据基本上都是由法院来挑选，他们选择的理由基于一种流行观点，即取决于这份证据是否符合起诉书的内容。排除证言也是基于这个理由，基本上所有被排除的证言都源于它们与起诉书的内容不吻合。在那些案例中，即使证人的记忆出现问题，证言也会默认接受，即使法院给不出什么特别好的理由这样做，估计他们也没有。卡夫案就是一个很好的例子。

　　卡夫被指控袭击蒙克斯，导致其后半生瘫痪。卡夫承认他的确动手打人，但出手并不重。有 11 名证人作证称，蒙克斯倒地之后还被踢了几脚。一名医学专家证人称，正是这几脚导致蒙克斯瘫痪。那么，是谁踢的蒙克斯？ 5 名证人说是卡夫的兄弟汤姆干的；4 名证人说是卡夫和汤姆两人一起踢的；1 名证人说卡夫只是打了蒙克斯；最后 1 名证人说，汤姆和卡夫跳到蒙克斯身上踩来踩去。最后 2 名证人的证言可以忽略，因为他们缺少其他人的印证。剩下的证言大概对半分，我们应该相信哪一方？也许有些证人的话更值得采信，因为他们能证明自己对故事其他方面信息的了解得更为准确。比如这个细节问题，是谁将受伤后的受害人抬出酒吧？据我们所知是汤姆和另一名酒客苏比克（Schoonebeek）。有 3 名证人说错这个细节，他们都是说卡夫踢伤受害人的证人。也许正是这一点，证明这组证人的证言相较于另一组而言不那么可信。然而，法庭仍然坚持认为就是卡夫踢伤蒙克斯。判决书中引用了 3 名证人的证言，其中 2 名正好说错是谁将受害人抬出酒吧的证人。法庭相信的案发经过显然是卡夫和汤姆一起踢伤受害人并将他抬出酒吧。但这个故事只得到 2 名证人的支持，其他 9 名证人的证言与此相悖。

8.2　说谎的证人

　　证人证言出错，既可能是他们犯了错，也可能是他们根本就在说谎。一直以来，立法者都在思考这个问题，也就是为什么证人在作证之前必须宣誓的原因。人们曾一度认为，宣誓是一种说真话的保证，上帝将惩罚那些作伪证的人。今天的立法者不再相信宣誓具有这样的作用，这点基本上可以从普遍得到认同的"单一证人原则"看出来，即我们不能仅凭一名证人的证言就判被告人有罪。这意味着判决需要被证据所印证，但是只要用于印证的证据标准一直不明确，那么这项规则作用依然不大。如果还有第二名目击证人，证言就可信了吗？如果可信，我们凭什么相信第二名证人没有说谎，特别是当他们拥有共同利益的时候。这种情况就发生在瑞克布勒姆案中。

瑞克布勒姆被指控谋杀女友妮可的父亲。当死亡降临的那一刻，屋里子有 4 个人，分别是：瑞克布勒姆、妮可，以及她的父母——兰伯特夫妇。两位女士作证称，是瑞克布勒姆杀害了兰伯特先生。而在瑞克布勒姆的故事中，兰伯特先生是意外地被自己妻子开枪打死的。虽然验尸报告支持了瑞克布勒姆的说法，但法庭还是判他有罪。判词中包括两份宣誓后的证言。但是，这两名目击证人不是独立证人，她们不仅有血缘关系，还有充裕的时间编造故事情节，另外她们在指控瑞克布勒姆上还有共同利益。

人们需要的是一种如何确保证言能被安全锚定的规则，也就是说，基于什么前提我们可以相信证人说的是事实。原则上有两种方法可以实现这一点：一是存在其他证据证明证言的内容属实；二是证明目击证人没必要说谎。刑事诉讼经常采用第一种方法，但这种方法很危险，因为它可能导致人们基于起诉书的内容来挑选证据。我们在第 5 章曾讨论过，这种方法很容易导致自我印证假设，它只能用来验证故事的真实性，而不能用来证伪。接下来我们将注意力集中在第二种方法上，它是一种时常被遗忘的锚定证言方法，即调查证人说谎的理由。

8.2.1　维护他人的证人

证人说谎可能是为了保护某个人。最常见的就是证人为维护嫌疑人而为其提供不在场证明，比如施耐德案。

施耐德是一名职业盗窃犯，专门入室打劫老年人。通常施耐德被警方抓获后都坦诚罪行并毫无怨言地入狱服刑。但这一次，对施耐德的指控已经超出他平常的作案模式，他被指控强行破门而入并粗暴地袭击受害人。施耐德说自己憎恶暴力（有些人的道德准则很难让人理解），因此他激烈否认参与这次抢劫。他的女朋友为他提供不在场证明，说施耐德整夜都和她在一起。之后她撤回供词，因此被法庭判处伪证罪。令人意外的是，后来经过上诉，施耐德最终被无罪释放。

　　不在场证明很难令人相信。大部分不在场证明都由嫌疑人的朋友或亲人提供，法院自然认为他们可能会在庭审时说谎。瓦格纳和洛夫特斯（Wagenaar & Loftus，1990）讨论过一个令人头疼的案例，特德·拉乌德（Ted Larwood）案。拉乌德的不在场证明无懈可击，不仅很多证人能证明这一点，而且电脑监视器也证明案发时他在另一个地方。但是，法庭依然以身份辨认可信度存在问题为由排除这份证据。另外一起法庭没给出任何理由就排除不在场证明的案例是斯博科曼案。还有一个是葛瑞穆林案。

　　葛瑞穆林被指控在都德村犯下多起纵火案。他是一名智力有问题的35岁男子，由于无法独自生活，他一直和父母住在一起。每逢星期六晚上，葛瑞穆林的父母允许他去村里另一头的酒吧喝酒。由于大部分纵火案都发生在星期六晚上，而且还发生在葛瑞穆林从家去往酒吧常走的路上（其实途中还有不少人家的房子），因此警方对他产生怀疑。经过审讯，葛瑞穆林承认犯下27起纵火案，虽然人人都知道他的记忆力存在严重问题（参见第6章）。在他承认的案子中，有几起发生在**星期天晚上**，后来他撤回了这几起案件的供词。他父母作证说，他们不允许葛瑞穆林在星期天晚上去酒吧，因为这样会让他星期一没法好好去上班。葛瑞穆林父母的证言为他提供了不在场证明，但是法庭没有采信，他们依然判定那些发生在星期天晚上的纵火案也是葛瑞穆林干的。假如法庭接受了星期天晚上的不在场证明，那将意味着至少对于这些案件来说，葛瑞穆林是被迫提供假供词的。

　　亲朋好友的证言不可信，法院并非完全接受这项规则。如果证言有利于将被告人定罪，那么就可以接受，即使有时证言违背逻辑。最典型的如布恩迪亚案，我们在第 1 章已经提过。

在一次聚会上，发生了一件仿佛莎士比亚戏剧般的事件。布恩迪亚先往自己身上扎了一刀，再刺向已经与他分居的妻子奥莉安娜，最后刺向他的大舅子阿弗雷多。但法医证据显示奥莉安娜和阿弗雷多衣服上的血迹来自另外两个不知名人士。不仅如此，法医还确认造成阿弗雷多身上的刀伤并导致其死亡的匕首并非布恩迪亚手上的那把。这一切都意味着，当时现场还有另外两名陌生人以及另一把匕首。这些证人全部来自居住在荷兰的马略卡人，他们中没有一人提到那两名陌生人的存在。大部分证人甚至坚决否认还有其他人在场。显然，他们在说谎，这便降低了他们关于其他所有事情说辞的可信度。但是，全盘否认他们的证言会让法庭连开庭的理由都没有。因此，即使明知是谎言，法庭还是采信这些证据，因为它们一致指向布恩迪亚就是凶手。由此可见，只有当亲朋好友的谎言符合法庭期望的故事时（或者出于自身利益?）才会被接受。证人们显然在维护那两名很可能是真正凶手的陌生人。但法庭似乎不太顾虑这种可能性。看来，维护他人的谎言通常不会被法庭排除，除非它们维护的是被告人。

8.2.2 来自潜在嫌疑人的谎言

证人说谎的一个更重要原因是，如果他们不说谎就可能被当作嫌疑人。这种情况大多发生在所谓"隔离屋"的情况下，也就是说，犯罪人可能就是当时出现在案发现场的几个人之一。许多国家法律规定，证人豁免提供那些可能使自己入罪的信息。然而，证人提出豁免要求的行为可能使他看起来更像嫌疑人。在这种情况下，证人更愿意指控他人，特别是当他们就是犯罪人的时候。证人以避免自证其罪而提出豁免要求，这并不确保他对同伙的指控属于诬告。如果一名证人因自首而成为案件的嫌疑人，我们需要一个充足的理由作为锚点来判断他是否在说谎。我们收集的案例中几乎无一例外地都缺少这些锚点。令人惊讶的是我们有不少案例属于这种类型：科伦坡案、富兰克林案、格兰纳特案、卡拉卡亚案、里巴特案、瑞克布勒姆案以及施耐德案，总共 7 起案例。我们接下来会具体谈谈富兰克林案和里巴特案。

　　富兰克林案的主要问题是存在两名潜在嫌疑人：富兰克林和莫蒂默，他们都是苏格兰人，也都没有工作。他们曾经前往阿伦-简·德温格（Arend-Jan Dwinger）的住所。起火点在这间住宅的二楼。两名嫌疑人互相指控是对方点的火，同时也都否认自己参与其中。两人之中，莫蒂默有纵火动机，因为阿伦-简和莫蒂默的前女友就住在那所房子里，他们曾因此争吵过。问题是这两人中究竟是谁在说谎，富兰克林还是莫蒂默。最终警方决定相信莫蒂默，虽然他不断地更改证言，这　　158说明他对自己的话没有信心。下面是几段摘要：

　　　　版本 1：我没去过那所房子。

　　　　版本 2：我和本尼*去过那所房子，因为阿伦-简欠本尼一些钱。我偷了一辆自行车，本尼自己上的楼。本尼当时没有嗑药。

　　　　版本 3：阿伦-简欠**我**一些钱，而不是欠本尼的。是的，我承认让本尼替我进屋追债有些奇怪。

　　　　版本 4：我和本尼一起进去。我们在一楼叫到："阿伦-简，阿伦-简。"（这样做是为了确认阿伦-简不在家，因为他是个危险人物；不过，如果阿伦-简真的不在家，莫蒂默打算干什么呢？）本尼上了二楼，我下楼后在屋外等着。阿伦-简欠我俩一些钱。本尼去之前磕了药。我之前之所以否认这一点，是因为我觉得本尼不喜欢我在背后告他的状。（成功转移目标！）

　　　　版本 5：如果本尼说是我干的，他就是在说谎；我为什么不招供？反正我都会被引渡回国！本尼嗑药之后晕晕乎乎的，根本不可能知道当时**我**在做什么！

　　首先，有人可能会问，为什么警方选择相信一名信口雌黄的证人，

---

　　*　此部分中提及的本尼即为前文的富兰克林。——译者注

而且每次改变的都是故事的关键信息点。而且，最后几句话似乎特别能说明问题，因为莫蒂默是一名苏格兰人，他的确可能被法庭下令引渡回国。显然，警方曾告知他原本应当被引渡回国，这意味着警方不再将其视为嫌疑人，或者更糟，他们打算撤销莫蒂默的指控以换取用他的证言坐实富兰克林的罪名。如此一来，莫蒂默当然非常乐意在自己的证言上签名，指控是富兰克林纵火烧毁阿伦-简的房子。更加可以肯定的是，莫蒂默遵从警方的安排后，毫无预兆地迅速被引渡回国（纵火案发生 9 天之后）。由于警方没有对他提起任何指控，因此他在被预审法官或辩护律师提问之前早已逃之夭夭。本案中，我们不得而知警方出于什么理由将富兰克林和莫蒂默分别视为嫌疑人与证人，在法庭的协助之下也没有出现任何转机。莫蒂默的个人信誉自然不是警方做出这个重要决定的依据，因为之前提过，他信口雌黄这件事情明显说明其信誉不佳。不过，摆在警方面前的难题显而易见，一起案件两名同样可疑的嫌疑人，没有任何证据指向谁才是真正的犯罪人。在这种情况下，法庭可能被迫同时释放两名嫌疑人，以避免承担错判的风险。

分析本案中法庭锚定其决策的方式是一件有趣的事。很显然，在接受莫蒂默证言这件事上，法庭根本找不到合理的锚定理由，因而决定完全无视这份证言。根据惯例，法庭只需证明一种故事为真即可，即起诉书中描述的那种。于是，莫蒂默这号人物的存在以及他作案的可能性都没有被提及。这一故事版本最初得到富兰克林自己供词的证实，但随后他又撤回之前的说法。富兰克林解释说，他之所以招供是因为嗑药之后神志不清，在莫蒂默的怂恿下才承认是自己点火烧的房子。他意识清醒后，说实际上他完全不记得任何事情。这份招供的供词是裁判富兰克林有罪的唯一证据。它的确能证实那些针对富兰克林的指控，但如果要在两名同样可能作案的嫌疑人之间做出选择，那么对这两种可能性的证伪都要提上日程，即莫蒂默是犯罪人或者富兰克林和莫蒂默一起放的火。但从没有人试图证伪这些可能。

第二起案例与里巴特以及他的妻子艾琳有关。他们的婚姻并不那么幸福。夫妻俩育有 4 个孩子，第 5 个孩子即将出生。他们经常吵架、打架。里巴特曾因用刀刺伤艾琳被判过刑。5 月 15 日艾琳又向警方提起另一项控诉，说里巴特用威士忌酒瓶砸她的头。警方还没来得及处理此事，5 月 29 日又发生了一件更可怕的事。当天艾琳将里巴特扫地出门。里巴特转头想取回自己的衣物，但艾琳拒绝让他进屋。里巴特爬上阳台，打破窗户，强行进屋。艾琳和其中一个孩子逃进浴室并反锁浴室大门。里巴特打碎浴室门上的窗户。艾琳走了出来。从这里开始，两人的证言出现分歧。艾琳说看到里巴特时他手里拿着一把剪刀。她从浴室走出来，里巴特抓住她的肩膀，用剪刀扎伤她的后背。她说自己感到里巴特用尽全力地把剪刀扎在她身上。里巴特拔出剪刀后他们厮打在一起。但里巴特是这么说的，当他正试图撞开浴室大门时，艾琳自己走了出来，手上拿着一把剪刀。他举起胳膊准备防御，艾琳的剪刀正正地扎在他的手臂上。两人都冷静下来后，艾琳替里巴特包扎伤口，然后他们决定去医院。就在这时，警察赶到现场，是邻居报的案。他们逮捕了里巴特。里巴特极力反抗，因为他觉得自己什么也没做错，但最终还是无济于事。后来警方并没有太为难艾琳。

我们再一次看到本案又是警方做出决定性的判断，即认定丈夫是嫌疑人，而妻子是受害人，同时也是关键性证人。但事情的发展却出乎意料，里巴特因伤势过重不得不入院就医。而艾琳只是受了一点皮外伤。经检验证明，剪刀上的血迹属于里巴特，而公寓里四处飞溅的血迹也都属于里巴特，这与艾琳说的事情经过有些偏差。除此之外，尽管艾琳的裙子上的确有被裁剪过的痕迹，但经法医鉴定，这种痕迹不是剪刀造成的。至于她的裙子究竟被什么东西裁剪过我们依然不得而知，但不能排除这是事后艾琳自己剪的。里巴特和艾琳都有一把理发师用的剪刀。艾琳说里巴特偷了**她的**剪刀，藏起来直到他们打架那天才拿出来。但后来她又说找到了那把剪刀，所以打架时里巴特用的肯定是他自己的剪刀。显然，这一切对警方来说相当混乱，因为他们没有进行任何进一步的调查。

160

那么，法庭能拿这些证据怎么办？根据警方的说法，里巴特扎伤艾琳。但所有证据都指向相反的方向，只有一项例外，艾琳的证言。最符合逻辑的结论似乎是艾琳在说谎，是她可能出于自卫的原因扎伤了里巴特。然而，上述情况并没有写入起诉书，从而使得法官（本案只有一名审理法官）没有考虑到本案还存在这种可能。当然，法官可以证据不足为由将里巴特无罪释放，但他的暴力前科史可能让法官不会做出这种决定。里巴特不仅有过前科，还是一名瘾君子，作为4个子女的父亲，他没有尽到抚养家庭的义务，而且在即将迎来第5个孩子的情况下，他还被指控用威士忌酒瓶砸伤妻子的头部。案发当天，他强行破门而入，宣称要拿回自己的衣物，但"显然"是准备殴打艾琳。因此，对于这些指控来说，他哪一点算得上清白？也许里巴特并没有用剪刀扎伤妻子，但他理应为他以前的行为受到惩罚。因此，法官用自己设想的故事代替了检控官提出的版本，最后裁定里巴特**咬伤**艾琳的背部。警方在报告中从未提过二人发生撕咬，艾琳也没有提，直到庭审时法官不经意地问艾琳，她背上和手臂上的刮痕是不是被里巴特咬的？艾琳没有否认这种可能，于是里巴特因咬伤艾琳而被定罪。有鉴于此，这位法官在判决书中引述艾琳第一次被询问时说的话："就在刚才，我的丈夫基恩·里巴特，强行闯入我家。我们打了起来，扭打过程中他咬了我。"在这个问题上，这位法官是"用他自己的语言"复述了艾琳的话。实际上他就是那样做的，因为他把艾琳原话中的"扎"这个词换成了"咬"。我们再也找不到一个更明显的例子，法庭为了维护起诉书中描述的故事情节，居然相信一名明显在说谎的证人，而且为了圆一个与事实截然相反的故事，居然走到法官本人亲自把谎言加入证言中的地步。

在对抗制传统中，庭审时法官常常会提醒陪审团留意来自利益相关方的证言，这种情况并不少见。而人们通常假设纠问制传统的法官会自觉地以身作则，审慎对待各方的证言。但从我们语料库收集的案例来说，明显可以看出法官并不总能秉持这种审慎处理的态度。在35

起案例中，有 7 起来自利益相关方的证言对最终判决起了决定性作用。即使是显而易见的谎言也被当作证据被法庭接受，因为它们符合起诉书的内容。有时为了配合起诉书的故事，这些证言甚至还被法官本人夸大。之所以会出现后一种情况是因为法庭有义务给出判决的理由。陪审团一般不需要给出裁判理由，所以我们永远无法得知哪些陈述对他们来说是真，哪些是假，又有哪些陈述在某种程度上被重新解读，以便更符合他们所相信的故事版本。由此可见，在这方面，普通法系的处理方式可能也不见得就比大陆法系要更好。

还有一种可能，人们之所以站出来指证他人是为了避免自己被以其他罪名提出指控。金的案件可以很好地说明这一点。金被指控试图潜入祖姆迪克家进行盗窃，因为他被人发现站在祖姆迪克家的后院中。祖姆迪克先生与他的兄长以及一名客人一同上前试图抓住金，但其实金根本没有逃跑的意向，后来他们将金打成重伤，以至于他因肺穿孔在医院里住了 5 天。因此，对于祖姆迪克家来说，这显然是一起人身伤害案，所以他们只能以出于自卫为理由祖护这次袭击行为。然而，倘若金被判有罪，这将阻碍他向祖姆迪克提起刑事或民事诉讼。因此出于自身利益考虑，他们要提供能让金定罪的证据。他们也的确这样做了。

8.2.3　共犯的证言

同案共犯之间出于自身利益考虑互相指控对方才是主谋或真正的犯罪人，这一点并不难理解，不过不同国家在处理此类证据的方式上大相径庭。荷兰刑事证据法明确规定，禁止共犯之间互相指证。或者更具体一点说，法律禁止**共同被告人**之间互相指证。这种差异的重要性稍后我们会加以解释。而在美国，共犯的证言可以作为一种重要的刑事斗争工具。控方可以向一名犯罪成员提出免除其被以联邦重罪罪名起诉为条件，换取他指证其他同伙。采用这种方法的风险性也显而易见，因为这些人很可能为了自身利益而说谎。

我们以两名劫匪抢劫一家珠宝店的案件为例［罗泽塞案（Rozeynse Case），Wagenaar & Loftus，1990］。该案的其中一名劫匪被警方抓获。

因为得知有两人参与抢劫，警方向被捕的那名劫匪施压，要求他说出同伙的姓名。有人也许会问，在这种情况下，这名劫匪能采取最理性的策略是什么？也许是不告诉警方他同伙的真正姓名，因为这样做可能会招致同伙或者同伙朋友报复。除此之外，如果同伙匿藏赃物，那么背叛他将意味着会失去自己那部分的利益。在这种情况下，更好的策略是告诉警方一个自己仇人的名字，或者说一个有能力为自己辩护之人的名字。值得一提的是，这名最先被逮捕的嫌疑人在法庭上说："我希望你能理解，我的兄弟。"当然，另一个不能采信犯罪成员指证其他同伙证言的理由是，他们希望通过栽赃他人以减轻自己在犯罪中承担的责任。

我们语料库中也有一些案例存在共同被告人互相指控对方的情况，这令人惊讶，因为如前所述荷兰法律明文禁止这样做。不过，有一种可以规避这项禁令的方法，就是将同案共犯分发到两个不同的案件中来审理，起诉罪名一样，但案件编号不同。这种行政手段能避免被告人成为共同被告人，因此他们可以在彼此的案件中指证对方。但不允许这种情况发生背后所依据的心理学原理并没有发生改变。找到这种合法规避法律禁令的方法之后，律师们似乎也不再需要寻找更多的辩护理由。明显感觉到不再需要为这个有争议的推断寻找锚点，即犯罪同伙很少会提出虚假指控来指证其他成员。荷兰最高法院的做法甚至更为激进。由于分开审理同案共犯的效率相当低，法院居然允许共同被告人站在同一个法庭上一起被审理，并将审理过程登记为两起不同编号的案件。类似案例如施耐德案，我们在本章前半部分曾经提过。

施耐德是一名职业盗窃犯，他专门针对老年人下手。6月29日那天，他潜入80岁的老伯格家中实施盗窃。他在公寓的卧室中发现了一个保险箱，里面有一枚价值连城的钱币收藏品。正当施耐德成功打开保险箱时，伯格先生走进卧室，于是他飞快地从公寓逃离。当晚，施耐德将保险箱的事情告知同伙阿特维尔（Atteveld）。7月1日那天清晨，伯格先生家再次遭到歹徒行窃。这一次，两名歹徒破窗而入。其中一名歹徒企图用某种喷雾迷昏伯格先生，但不起作用，于是歹徒将伯格先生绑到床头。伯格先生的证言描述到，正在此时第二名歹徒出现了。施耐德被警方带回警察局问话，因为他是有名的盗窃犯。他承认 6 月 29 日发生的那起盗窃案是他干的，但否认参与第二起盗窃案。他认为使用暴力手段入室盗窃完全不是他的作案风格。但是警方坚称，考虑到两名歹徒为同一枚收藏币在相近的两日内实施入室盗窃，但他们彼此却互不相识，这种可能性太低，何况施耐德在酒吧时曾将此事告知阿特维尔。阿特维尔也被警方逮捕，他承认第二起劫案是他干的。被警方询问时，他说施耐德是他的同伙。于是，这就出现了两名犯罪人互相指控对方的情况。后来，他们二人被一同起诉，但分别在两个不同的案件中进行审理，而且每个案件的主要证据都是来自另一人指控对方的证言。

施耐德案中，有证据显示他可能真的没有参与第二起盗窃案，之前警方根据常理得出的结论并不正确。轮胎印、指纹、脚印和气味，这些证据都可以将案件与阿特维尔联系起来，但没有一项证据与施耐德有关。证人们说当时看到两名男子离开公寓，但没有一名证人认出其中一名男子是施耐德（参见第 7 章）。警方曾接到一个匿名举报电话，称第二起盗窃案是施耐德和一个名叫威特灵（Wetering）的男人一起干的。然而，当确定两名歹徒中其中一名确是阿特维尔后，便证明那通电话提供的线索显然是假的。是谁在误导警方？阿特维尔的嫌疑很大，因为他能因此获益。不仅如此，他之前还曾因诬陷施耐德而被起诉。

163

地区法院裁定施耐德和阿特维尔一起犯下第二起盗窃案。上诉法院则不太相信两名骗子的证言，上诉法院在判决中指出，阿特维尔曾在使用催泪瓦斯这件事情上说谎，他还说是施耐德将伯格先生绑到床头，但这与伯格先生的证言相冲突。这些似乎都意味着阿特维尔企图让施耐德背黑锅。上诉法院坚定地认为，骗子的话不能信一半，如果另一半已经不可信。因此，对于第二起盗窃案，上诉法院判处施耐德

无罪。这份判词令人印象深刻，因为法院鲜少为证人证言寻找锚点。排除一名骗子的证言不是因为相信他有理由说谎，而是因为他被证明在某个方面撒了谎。

其他类似的案例（不一定是同案中的共同被告人）还有安吉亚（Akirya）案，卡斯特林案，科伦坡案，富兰克林案，胡斯曼（Huismann）案以及欧弗林案。

8.2.4 其他动机

导致证人说谎的动机还有很多。侦探小说中有很多例子，尽管这些故事不总是完全真实，但我们还是对从语料库的案例中收集到的说谎动机表示惊讶。一个众所周知的说谎动机是，夫妻或者前任夫妻在离婚时或离婚后发生争吵。为使对方探视孩子的协议失效，其中一方可能会起诉另一方（或者另一方的新伴侣）对小孩实施性侵。我们没有在语料库中找到完全匹配的案例，但克鲁维尔（Kluiver）案很接近这种情况。

克鲁维尔老爹被指控对他的外孙女莫妮卡（Monique）实施性侵。然而，克鲁维尔和他的女儿，也就是莫妮卡的母亲在那段时间里曾不断发生争吵。早些时候他们的争吵已经发展到非常严重的地步，克鲁维尔将女儿举报他对外孙女进行性侵这一行为解释为这场争吵的延续。但是警方或者控方都没有认真考虑过，莫妮卡的说辞可能是在母亲的暗示甚至强迫下做出的。不过，地区法院以及上诉法院都裁判克鲁维尔无罪。很显然他们质疑莫妮卡证言的可信度（本案也可以参看第9章）。

瑟米勒——卡拉卡亚的妻子，可能怀有另一种动机指控自己的丈夫是杀害埃克斯老爹的凶手。卡拉卡亚和瑟米勒是包办婚姻。瑟米勒曾公开表示自己憎恶这种婚姻关系，因为卡拉卡亚是她的大表哥。如果卡拉卡亚未来15年都待在监狱，那么事情不就好办了？

164 　还有一种动机是病态性说谎成瘾。我们之前提过病态妄想的例子，敦克案和沃尔特案可能都属于这种类型。其实我们不太确定这些证人出于什么动机说谎编造故事，真实的经历、奇异的幻想还是完全属于病理上的原因。

这些关于说谎动机的例子（可能还有很多）成为证人不会说谎这项规则的反例。因此，它们意味着需要相同数量用以锚定不确定性的安全锚点。我们可以从语料库的案例明显看出，法院不是总能留意到这些证言存在诸多缺陷。

8.2.5 说谎的警察

之所以将说谎的警察作为特殊的谎言证人单辟一类，不是因为他们比普通公民更容易或者更不容易说谎，而是因为警察说谎与普通证人不被采信的情形差别相当大。为什么来自警方的谎言说服力如此之强，用贝克和卡特（Barker & Carter, 1990）粗糙的话来说，此时需要"翻起证据擦屁股"。更文明的说法是，创制出更多现实中原本没有的证据来掩盖侦查中出现的错误。我们情愿相信，警方这种行为大部分是为了赶快破案，然后看到真正的犯罪人被绳之以法。也就是说，如果警方认为被指控的人是清白的，那么他们就不会说谎。但在我们语料库的案例中，警方说谎的动机并没有那么高尚。这些谎言要么是赤裸裸的栽赃，要么大部分宣称为了惩罚犯罪人。我们各选两例来说明这两种类型的差别，另外还将总结警方说谎的其他表现。首先，我们给出两起案例来说明警方说谎是为了掩盖他们犯下的严重错误。

在酒精和速度的综合刺激下，迪克洛克（DuCroq）彻底失去理性。他在马路边小解，在布鲁克尔（Blookers）家门前的草坪上裸露身体，还在附近的公园里公开自慰。布鲁克尔先生打电话报警。约 15 分钟后，两名警员开着警车到达现场。布鲁克尔先生指着迪克洛克对警员说："就是他，你们现在逮捕他吧！"尽管当时迪克洛克已经裸着下身到处乱逛，但两名警员并没有立即采取行动。随后，警员收队离开，但他们保证会好好盯着迪克洛克。约 10 分钟后迪克洛克被发现正在公园里猥亵一名小女孩。我们并不清楚迪克洛克是否真的打算强暴她，但可以肯定的是他把小女孩的衣服脱光并压在她身上。小女孩的弟弟向公园里其他人求救。人们又一次打电话报警，此时迪克洛克飞快地逃进住在附近的母亲家中。这次警方出动了四辆警车，而且居然还带着一张刚刚获批的搜查令。于是，迪克洛克被警方逮捕。这次行动的出警报告由两名先后两次都到过现场的警员来填写。他们意识到自己会因猥亵事件而遭到批评，因为他们之前有各种理由逮捕迪克洛克却没有那样做。因此，他们在报告中称只收到一通来自社区群众的报警电话。他们与布鲁克尔先生的谈话被杂合到与其他群众的交谈中，而且是在发生猥亵事件之后。警员在报告里写道，布鲁克尔先生说："那个男人（猥亵小女孩的男子）走进一间房子。"布鲁克尔先生从未说过这样的话，他只是指着公园里的男人说让警方尽快逮捕他。

警方的报告不仅不准确，更是一个彻头彻尾的谎言。这个谎言十分愚蠢，因为在审判之前真相已从其他证人的证言中透露出来。检控官看穿这个谎言，他知道警方在这份宣誓过的报告中作伪证，却没有撤销案件或撤回那份报告。他甚至没有试图解释证言存在分歧的原因。法庭也没有因为控方的欺瞒而撤销指控，甚至也没有摒弃证据里显然不可信的部分。法庭不仅找到一种挽回警方和控方颜面的办法，而且还阻断了针对这种欺骗行为采取法律行动的可能。最后，法庭对迪克洛克的裁判非常轻，他很快被开释，这样也避免了他对判决产生异议，从而再次提起上诉的可能。

更可怕的例子是一场发生在欧弗林案中的阴谋（参见本书第110页）。警方认为欧弗林是某个国际儿童色情杂志的负责人，但由于缺少将其定罪的证据，又担心他会逃脱法律制裁，因此需要一个借口将他羁押起来。于是，他们捏造了一个临时指控罪名，性侵两名分别为4岁和6岁的小女孩。这两名孩子被送到医院进行身体检查，医生诊断书（经过宣誓）明确写着并没有迹象表明小女孩们曾遭到性侵。然而，警方的调查报告却写道，根据医生的诊断证明两名小女孩明显曾遭人性侵。这份报告连同女孩母亲的证言一起，足以让欧弗林在监狱中好好地待一阵子。警方的设想是，一旦坐实欧弗林与色情杂志有关，这项伪造的证据就再也不会被人提起。但后来证实，欧弗林与色情杂志没有任何关系，他只是一个试图以不寻常方式重组家庭的古怪退休企业家而已。如今，警方不得不坚持之前捏造的性侵指控，从而掩盖他们以虚假理由搜查欧弗林的酒店房间以及逮捕他的事实。原始医院报告从档案袋中被拿走，对外宣称"已遗失"。检控官也确保了解证言内容的小女孩及其双亲没有机会接受预审法官或者庭审法官的询问。之前提到，那名年纪较小的女孩，诺艾尔的证言也是伪造的。伪造证言的女警员随后在庭上承认自己作伪证，但她并未因此被起诉，甚至也没有遭到斥责。整件事情的真相最终在上诉法院审理时被一名辩护律师彻底揭发。上诉法院接受律师对事件的重述，控方也没有否认那些不是事实。地区法院根据伪造的证据裁定欧弗林有罪，经过五年诉讼，他最终被上诉法院裁判无罪释放。

还有一起案例，在缺少足够证据的情况下，通过伪造证据来确保嫌疑人被定罪，这就是亨德里克斯案。亨德里克斯失业后靠领取失业救济金过活。他被指控领取失业救济金的同时，还在一家芦笋农场打工挣钱。两名警员每天早晨开始对他进行跟踪调查。芦笋农场从太阳升起后开始收割芦笋，直到上午 9 点。他们在报告中写道：

> 1987 年 5 月 12 日，星期二，我们看到彼得勒斯·保罗斯·玛利亚·亨德里克斯开车离家，并朝着斯海恩得尔村方向开去。我们跟上去，然后看见他在博克斯特尔附近的芦笋地边停下来。下车后他立即开始割芦笋。1987 年 5 月期间，我们几乎每天都去那块芦笋地，有时是早上，有时在其他时间。每次我们都能在那里看到亨德里克斯。

但是，很多证人都说亨德里克斯从来没有干过割芦笋的工作。其中一个是他的妻子，她因此被以伪证罪遭到逮捕和审讯。亨德里克斯和他的妻子都被判有罪。上诉后，亨德里克斯更换了辩护律师，从此

166

刻开始，警方报告中存在大量不准确信息的事实变得清晰起来。负责亨德里克斯案的警员称他们总是两人一起展开调查工作，然而在上诉法院庭审时他们承认其实大部分时间只有一名警员进行调查。之前他们还称是在近距离观察亨德里克斯，但实际上观察距离约有 150 米到 200 米。由于他们是从行驶中的车辆向外看，因此每次看到芦笋地的时间不会超过 10 秒。另外，他们也没有像报告里说的那样每天都到芦笋地进行监控，也没有记录当天的调查情况，而只是凭借回忆写下调查报告的日期。后经证实，亨德里克斯在这些日子的大部分时间里都有不在场书面凭证。其中一项是亨德里克斯看牙医的记录，这条信息被登记在牙医诊所的预约簿上。还有一项证言来自一名汽车修理厂的工人，他证明亨德里克斯曾把车开到厂里维修。这名工人以证人身份出庭作证，并向法庭呈交了当时的检修报告。亨德里克斯的第三个不在场证明来自一份警方报告，从记录来看当时亨德里克斯正在警局举报一名偷车贼。后来事情渐渐地变得明朗起来，亨德里克斯一家曾卷入镇上一场小纷争，与此同时警方也牵涉其中，于是便发生之前的那些事情。亨德里克斯和妻子经过上诉获判无罪释放。不过，那些说谎的警员都未因作伪证而遭到起诉，甚至也没有受到任何处分。

第二起案例是胡斯曼案。胡斯曼是一名毒贩，警方在对他进行一段时间的严密监控后将其逮捕。警方怀疑胡斯曼从事贩卖海洛因的勾当，但将其逮捕时只在他身上搜出几包大麻。在荷兰，这两种情况的判罚相距甚远。贩卖海洛因会被判处监禁，而非法贩售大麻缴纳罚款即可。对胡斯曼不利的证据包括来自警方的证言，称他过去常常在某个知名毒品贩卖点"做生意"（但警方没有真正看到他贩卖毒品），以及 3 名瘾君子的证言，称他们曾向胡斯曼购买海洛因。人人都知道瘾君子的证言不可信，他们会为重获自由而随意撒谎。警方报告没有提及从胡斯曼身上搜出大麻的事情。相反，报告上称："我们在他身上没有找到任何有意义的东西。"庭审期间这个事实被胡斯曼的辩护律师提了出来，他承认胡斯曼贩售的是大麻而非海洛因。法庭询问警方证人为什么隐瞒在胡斯曼身上找到大麻的事实。警方回应称，他们的确什么都没找到，记录所谓没有搜到任何有意义的东西，指的是与贩卖海洛因有关的东西。实际上，这显然是一起意图非法湮灭证据的案例。

　　其他类似案例还有卡斯特林案、科伦坡案、敦克案、葛瑞穆林案和施耐德案。尼尔林案中警方还伪造了一份已宣誓证言的签名。有人可能会问，警方使用这种欺骗手段是不道德的，还是说他们只是单纯地想破案。更好的提法是，法院是否明白这些例外的存在已经打破了警方证人皆可被信任这项规则？如果答案是肯定的，这意味着需要为警方证言寻找其他锚点，仅仅假设警方不说谎不足以使人信服。即使将针对普通证人的"孤证不足为凭"原则运用到警方证人身上也无济于事，因为只需采集**两名**警方证人的证言即可构成充分证据，虽然这有违当下荷兰法律规定警方证人皆可信的条款。上述所有涉及两名警员同时说谎的案例表明，他们明明知道对方在说谎但却互相掩饰。不要认为警方会说谎的现象只发生在荷兰。根据贝克和卡特（Barker & Carter, 1990）以及英国近期一些研究成果，事实不像人们想象的那样乐观。这方面进一步的说明可以参见来自洛夫特斯和凯查姆（Loftus and Ketcham, 1991）还有雷特纳（Rattner, 1998）的论文。我们摘录后者的文章作为说明："从这些案例中（比如错误定罪）能找到的一个共同原因可能是，警方与控方在强行定案上过分热情［……］"事实上，控方其中一项职责主要是负责陈述故事。从我们语料库中的案例也可以看出，至少在这些案例中有数起检控官明明发现他们所呈交法庭的证据中存在漏洞。甚至在某些案例中，他们肯定知道警方证人作伪证，这些人本该遭到起诉。我们不清楚这种情况有多普遍，但即使只是偶发，警方说谎这个问题也严峻到足以促使我们要寻找更多锚定规则来确保警方证人证言的可信性。 168

8.3　补救措施

　　不可靠的证言有时甚至连犯罪人身份问题都会遗漏，这是法院面临的最严重的问题。这不仅是因为证人犯错或不诚实的情况发生得如此频繁，更要命的是法院每次判决主要都建立在这些证据的基础上。表8.1概述了证言可能出现错误或证人说谎的各种情况，以及它们在我们语料库中出现的频率。"案件中发生的频率"表示语料库35起案例中发生各种证言问题的案件数量。"第一次判决时发生的频率"表示在缺少正确锚定的情况下，有多少判决被这些问题所"污染"。"污染"一词我们指那些错误或者谎言的证言被法庭接受为可信的证据，同时也没有提供可靠的证明。我们可以确定"说谎的警察"一栏中都是假供词。在第一部分统计中（错误证言），35起案例里有34起的证言遭到"污染"，只有一起案例在这方面没有问题。在第二部分统计中（谎言证言），有31起案例遭到"污染"，这也意味着只有4起案例未受到不可靠证言的影响。根据这些统计数据我们可以下结论，几乎所有案件都存在证言问题，从而影响了绝大部分判决的公正性。平均而言，每起案例存在4个关于证言方面的问题，而每次判决里存在3个。显然，法院的谨慎小心只是稍稍起了些作用。法院采取某些措施使得这些问题得到显著改善的情况只发生在"幻想"（从4起案例减少到1起），以及"共犯"（从11起案例减少到7起）类型中。不可靠的证言的确是一个致命的问题。

表8.1　在35起案例中导致证言出现错误或谎言的各种问题发生频率

情　况	案件中 发生的频率	第一次判决时 发生的频率
产生错误的缘由：		
难以察觉的事件	15	13
矛盾的记忆	20	19
记忆衰退	15	12
事件后信息	13	10

情 况	案件中 发生的频率	第一次判决时 发生的频率
预设图示效应	7	7
预置信息	5	5
幻想	4	1
共 计	79	67
出现谎言的缘由：		
维护他人的证人	11	10
潜在嫌疑人	14	12
同伙与犯罪人	11	7
其他动机	6	4
说谎的警察	12	12
共 计	54	45

原则上我们可以采取两种补救措施来防止证言出现问题：一是预防出现证人可能得出不可信证据的环境；二是采取办法保证所有证据都被正确地锚定。

8.3.1 预防措施

有很多措施可以从本源上降低假供词出现的风险。表 8.1 列出容易导致出现有问题证言的情况已经给了我们许多提示。比如，人们可以摒弃询问那些需要超强记忆力才能回答的问题。也可以减少询问次数，从而降低事件后信息被引入或复制到证人脑海中的机会。遵循规制，将证人分开审讯可以保持他们证言的独立性，另外加上绝不采用已经失去独立性证人的证言。如果证人本身是潜在嫌疑人，那么他的证言应当被排除，共犯亦是如此。故意说谎作伪证的证人必须被起诉，即使他们是来自控方的证人，甚至即使他们是警务人员。如果真的如此执行，那么下次警察们在说谎之前可能就会好好考虑一下了。

从我们研究的案例可知，人们经常不遵守这些简单的规则。同时我们也认为已经知道原因为何，如果不这么做，可能就没有足够的证据将被告人定罪。如此一来便陷入一种两难境地：错误定罪概率增加是不可靠的证据所致，而依据这些证据得出可能正确判决率会更高，我们如何在二者之间寻求平衡？这个两难问题具有双面本质，一面属于道德问题，另一面属于现实问题。我们情愿不去讨论如何为无辜被告人的权益讨价还价之类的复杂道德问题，现实问题就简单得多。从目前来看，错误定罪的数量高得令人难以接受（参见第 1 章）。而从本章中明显看出，假证据是导致这个问题的主要推手。

8.3.2 锚定证据

不可靠的证据一旦成为呈堂证供，避免采信它们的唯一补救方法便是要求通过严格的锚定程序对其进行审核。假设证人永远不会说谎或犯错，这显然不正确，反例有很多。每份证人证言至少需要两条锚链支撑，一条保障证言中没有错误，另一条避免证人说谎。错误和谎言并不那么容易被识别。有些人，包括法官和陪审团，相信通过直视证人的眼睛，或观察其是否充满自信，或审视证人（非语言）的行为来判断证据是否存在纰漏。这种想法根本没有任何事实依据。大量研究证明，从错误与谎言中找寻真相是一件举步维艰之事（参见第 9 章）。诸如"自信的证人肯定说实话"之类并不能成为合格的锚点。人们应当采用更可靠的规则作为锚点，比如说：

> 证人证言与其他证据相符；
>
> 证人能说出与案件相关的隐秘信息；
>
> 证言中没有经验和逻辑漏洞；
>
> 关键部分的证言前后保持一致；
>
> 没有明显的说谎动机；
>
> 确认证人是否在适当的环境下作证，即存在能使其从可靠的知觉

与回忆中得出证言的条件；

确认审讯过程中是否采用适当的提问方式，以及正确的记录方式。

这些保障性规则存在一个问题，即规则的应用情况通常不会出现在法庭上。在纠问制体系下，可由法院决定是否追问这些未呈现的关键信息；而在对抗制体系下，将取决于控辩双方是否对事实审理者提供这些信息。这种方式未必会将某一方置于不利之地，因为我们认为无论有利于控方还是辩方，他们都应对事实审理者提供这些信息。有说服力的证言通常有利于主动传唤证人的一方。在普通法系国家，法庭上大部分时间的确是用来确定证据可靠性的，即确认锚定证据的过程是否得当，而不是探究其内容。不过，在普通法系国家，事实审理者是否能很好地把握证据，几乎完全取决于当事方参与的主动性。我们可以想象这样一个场景，控辩双方不愿意让审判者知道己方证人的证言其实经不起考验，而且之前还成功地逃避审查。在纠问制体系中，为证言寻找锚点属于法院的责任，但这往往是法院一时兴起的结果，他们内心本对此毫无兴趣。如果法院没有受到控辩某一方影响，对那些不可靠的锚定规则产生质疑，那么法院可能自行放弃提出正确问题的机会。从这个意义上说，我们没有什么理由认为纠问制体系比对抗制体系更可靠，反之亦然。

法院也可能在看到起诉书的第一眼就认为这即是事实的真相。倘若如此，那么他们连质疑证据可靠性的问题都不会提。本章提到的多起案件所反映出的法院推理图示只能解释为以下这种机制：这个故事描述得太真实，在世俗眼光里已然固化成偏见（"嫌疑人就是那个能干出这种坏事的人"），因此证据只能作为判决之后辩解的理由，而不是作为裁判有罪的真正原因。法院有义务给出判决理由的原因在于，这是"定罪与证明分离"的保障（参见第3章）。这项要求若能被严肃对待，便可使纠问制体系比对抗制体系更可靠些，因为后者不要求

171

陪审团给出他们裁断的理由。然而在荷兰，这项义务经常被以冠冕堂皇的理由规避掉，即认为与其去争论为什么这么裁判，不如利用现有证据去定罪，不要将刑事诉讼变为对正义的嘲弄（参见第 11 章）。

第 *9* 章 专家证言

专家证言是一种向他人求问超出自身领域范围问题的证言。换而言之，这些问题要么超出法院的专业范围，要么超出普通人的常识认知。锚定专家证言通常建立在专家权威可信度的基础上。然而，权威本身不足以构成安全的锚点，即使得到普遍认同的权威专家也可能犯错。比如，当专家谈论的话题超出自身领域范围，或者他们使用不可靠的方法得出结论时。受害人衣物上沾染血迹，这显然属于法医学领域。但只有当这位科学家恰好属于此领域专家，而且使用可靠、有效的方法得出结论时，他的证言才可被采信。倘若法院不能确定是否满足这两项条件，专家意见就只能被锚定在他们的权威性上。

法院可以通过验查专家的资历凭证，如学历、证书、著作、专业经验以及声誉等来确认其在本领域中的地位。另外，如何确认专家得出结论的方法是否可靠是一个难度更高的问题。在著名的"马奎尔七人案"中，被告人们被指控是爱尔兰共和军恐怖组织的成员。该案一名法医学专家作证说，从某些被告人手上检验出制造炸药的化学残留物。仅仅数年后，人们便得知肥皂残留物也会在这个实验中产生相同的化学反应。法庭之所以接受该名专家意见是出于对其在化学分析领域的信任。法庭自身无法验证相关领域问题。由于专家没有提供或被要求提供此项实验的证明报告，所以尽管表面上看起来实验程序正确，但实际上法庭只是依据专家的权威性来采信证言。法庭能否选用比相信专家权威更可靠的方式来锚定涉及专业领域问题的证言呢？

9.1 专家证言的锚定

对于法院来说，评估专家证言是一件特别困难的事，尤其涉及新兴研究领域或新近研究方法。在美国有一起关于这类证据可采性问题的经典案例，即弗莱诉美利坚合众国案（*Frye v. United States*，293 F. 1013，D. C. Cir. 1923）：

> 某个科学原理或者科学发现突破实验与证明阶段的界线成为公认定律，这是一件难以界定的事情［……］，而与此同时，法院在接受从公认的科学原则或发现中演绎出的专家证言上需要走很长一段路，而且构成演绎的前提必须已经得到相关特定领域的**普遍接受**。（重点补充）

所谓在特定领域得到普遍接受，通常指"弗莱测试"，它是最重要的一种标准，尽管有些保守。在塔马斯协商机构诉美利坚合众国案（*Inb-Tamas v. United States*，407 A. 2d 626 D. C. Cir. 1979）中，哥伦比亚地区最高法院扩充了所谓"标准"的概念，它应当是"［……］一种裁定是否存在普遍接受的特定**方法论**，而不是接受基于该方法论得出的特定**结果**"。美国法律没有明确规定接受专家证言的标准，正如《联邦证据法》第702条规定（专家证人必须"掌握作为一名专家所需具备的知识、技能、训练或教育程度"）为各种解读留下空间，而且并非所有州在其管辖权内都必须依从联邦法律规则。即使如此，无论是通过科学共同体的认同或是接受的方法论来锚定专家证言，似乎都是一件明智之举，前提是我们假设群体比个人在接受科学原则、科学发现或科学方法论上要求更严格。这个假设也许不那么有说服力，所以我们将以精神病学为例来讨论一下。科学共同体在解释世界方面可能仍存在不少错判或误解。迄今为止，在我们看来越客观、越可被证实的标准，是越值得信任的证明方法。然而令人惊讶的是，科学方法的可靠性与有效性鲜少成为支持专家证言可信度的基础。

在新泽西州诉卡瓦略案（*New Jersey v. Cavallo*，88 NJ 408，443 A. 2d 1020，1982）中，新泽西最高州法院提出三种证明专家证言获得"普遍接受"的标准：（a）依据其他专家的证言；（b）参考科学或法律来源；以及（c）根据司法先例。但是，这依然没有明确界定需要证明的**是什么**，专家得出结论必须要根据（公认的）有效方法吗？还是说方法可接受即可？在前几章中，我们讨论过科学方法不能简单地分为好或不好，可靠或不可靠，有效或无效。人们可以根据不同方法得出的结果来定义诊断值。诊断值是一种连续性变量，高于 1.0 的诊断值才有意义，它能让法院察觉到其存在或缺失所带来的影响。例如，"标准人体玩偶测试"的诊断值为 4.5（Jampole & Weber，1987），这个诊断值并不高。也许正因如此，它不能被称为"普遍被接受方法"。但对于法院来说它也是一种鉴别工具，接受其结论总比什么依据都没有的好。实际上，诊断值陷阱不在于法院接受诊断值不高的测试方法，而在于将这个方法得出的结论作为所有判断依据。法院应当仔细询问专家证人他使用的方法如何能提供这样的诊断值。诊断值低不意味法院需要将专家意见排除，但诊断值来历不明时需要这样做。

尽管如此，在实践中无论这个方法论的诊断值是多少，通常只需证明同领域其他专家也认同它即可。比如，用于预估已被定罪之人未来是否存在暴力倾向的测试就是一种人尽皆知的低诊断值方法（例如 Monahan，1989）。但这种测试依然被人们所接受，无论是法院还是假释委员会，因为很多法医精神病学专家都接受这种方法。对惯犯行为的预测通常也是依据精神病专家的医学光环，而且我们都相信这个光环。

在荷兰，人们很少质疑专家能力或他们使用的方法论。专家证言唯一的锚点是他们的权威性。接下来我们将说明这种疏忽的做法所导致的灾难性后果。

9.2 专家证言的接受与排除

法院不必非接受或排除相关科学领域的专家证言不可；法院可以凭借任何理由接受或排除涉及专业知识的证言，甚至毫无理由也可以这样做。即使在美国，专家证言的可采性曾经而且仍是一个被广泛讨论的主题。迄今为止依然没有确立用以指导事实认定者接受**合格的**（如通过弗莱测试）专家证言的具体规则。弗莱测试或其他可采性标准并不会使专家意见成为真理，事实认定者依然可以随心所欲地接受或放弃测试得出的结果。

德米扬鲁克被 5 名证人指认他曾是一名在雷布林卡集中营操作毒气室柴油发动机的刽子手。但有一次在以色列法庭的审判中，法官排除了一份质疑被告人身份辨认结果的专家证言，而且给出的理由十分牵强，法庭称在当时环境下证人们不可能认错人。于是，被告人身份辨认的证据被锚定，专家证言被排除，法庭称他们的依据是"众所周知的事实"，但其实完全不是那么一回事。在许多类似案例中，纳粹集中营的幸存者的确曾在辨认犯罪人方面犯错，这些信息也被收录呈交法庭（参见 Wagenaar, 1988）。在一起由阿肯萨斯州最高法院审理的死刑案中，发生过一件更广为人知的事情。该案中所有声称原则上反对死刑制度的陪审团成员均被解除成员资格（American Psychological Association, 1987）。这些人被称为"死刑案陪审员"。心理学研究表明，成为死刑案陪审员更倾向于裁判被告人有罪。面对这一情况，阿肯萨斯州最高法院还说所谓心理学是一种人人皆知的"伪科学"。

在荷兰，法院经常在不给出任何理由的情况下排除专家证言。我们研究的 35 起案例中，这种情况比比皆是。以布恩迪亚案为例。荷兰国家法医实验室在血液分析方面具有无可置疑的权威。他们在检验报告中称，衣物上发现两份来自陌生人的血液样本，也就是说，布恩迪亚和他妻子衣服上的血迹不属于布恩迪亚，奥莉安娜（妻子）或者阿弗雷多（大舅子）。这个发现引发了一系列疑问。这两名参与斗殴的神秘人物是谁，在场所有目击证人为什么都没提到他们的存在，以及他们为什么必须在警方到达之前离开现场？有鉴于此，人们可以争辩说，如果法庭在取得专家证据**之前**对裁判布恩迪亚有罪有所疑虑，那么在得到血液分析结果之后这份疑虑势必将得到加强。但是法庭依然判布恩迪亚有罪，不附带任何关于血液分析结果如何能与起诉书内容相吻合的解释，或是为什么法庭无视专家证据的理由。

我们语料库也存在许多类似案例，法庭在不给出任何解释的情况下排除来自专家方面的证据。如卡斯特林因性侵两名小女孩而被判有罪，而且侵犯行为是近期发生的。但一份医学报告指出，小女孩身上只有陈旧性伤痕。在这种情况下仍裁判卡斯特林有罪，法庭一定是认为要么这份报告不实，要么这份证据与本案无关，但无论哪一点法庭都没有给出任何解释。赫尔德被控谋害凯博丝夫人的案件最终还是没能重新开启，即使后来医学专家们一致认同凯博丝夫人属于自然死亡；欧弗林也因性侵两名孩童而被定罪，但根据医学专家的报告，这两名所谓的受害人身上并没有任何遭受物理伤害的迹象；瑞克布勒姆被裁判谋杀了他女友的父亲，虽然法医实验室的报告指出，瑞克布勒姆无法做到现场两名目击证人描述的那种方式杀人，何况这两名证人还可能是潜在嫌疑人；沃普被指控在自己的工作室里纵火，然而专家确认起火是由于稀释剂瓶泄漏所致。以上所有专家证人均来自各种无可争议的自然科学领域，如医学、化学以及物理学。我们已经将这些情况附加在第7章出现的一份列表上，即法院如何排除专家证人为确认身份辨认问题提供证据的列表。虽然那份证据来自知名度稍逊的实验心理学领域，但也不能成为法院排除专家证言的理由。实际上，法院除排除证据之外根本没有给出任何理由。其实，事实认定者可以随心所欲地评估、选择以及解释这些证据。一个典型例子是著名的贝尔福特诉艾斯特尔案（*Barefoot v. Estelle*, 463 US 880, 103 S. Ct. 3383, 77 L. Ed. 2nd 1090, 1983）。该案中，美国最高法院质疑将美国精神病协会视为"法庭之友"的传统理念，认为在预测犯罪人未来是否存在暴

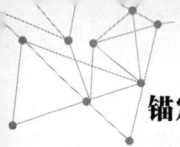

力倾向问题上，精神病学家错判的概率远高于他们判断正确的概率。怀特大法官（Justice White）在处理这份麻烦的专家证据时力挺法院称："无论是请愿者还是相关协会都没有暗示精神病学家在对未来危险性预估上总是犯错，只不过大部分时候他们的确如此。"我们可以这么认为，关于这个问题怀特大法官至少觉得自己有解释的义务，如果他所做的真是如此的话。

176

9.3 控方的优势

控方通常在获取与案件相关的专业知识方面占有优势。第一个优势在于大部分国家都设有专门的法庭科学机构，涵盖领域包括如精神病学、法医学、弹道学、指纹学、物理学、化学等。这些机构通常由政府部门提供资助。它们是为警方与检控机关提供服务的专属机构。这些机构里的专家无论在实验研究还是出庭作证方面都具有丰富经验。许多专家既是法庭上的常客也在社会上被公众所熟知。这促使法官或陪审团容易以专家的声望作为锚定证言的依据，而不是通过评估他们使用方法论的可靠性来实现这一目的。

我们可以在赫尔德案中看到这种影响。赫尔德被指控在结婚5个星期后，谋害他富可敌国的妻子。他的夫人，婚前名为凯博丝夫人，酗酒成瘾，另外她还长期遭受病痛折磨，因此需服用大量药物。案发不久后人们才发现，凯博丝夫人日常服用的药剂与酒精混合会致命。凯博丝夫人逝去那天所服药物并没有超过平时的剂量。但是，她的离世引起子女的怀疑，因为凯博丝夫人这次婚姻导致他们所持遗产比例大幅减少。凯博丝夫人的尸检报告由国家法医实验室的巴拉克斯马博士（Dr. Braaksma）完成，他拥有超过40年的法医学经验，在国内声名斐然。接手赫尔德案时，巴拉克斯马博士已经76岁高龄。庭审时，他在总结陈词中说道：

> 凯博丝夫人的死亡可能源于酒精与药物混合所引发的急性中

毒，还可能与她 72 岁高龄以及糟糕的心脏状况有关。另外还有一
种致死原因，并发性心脏骤停，这或许是由心理压力太大所致。

这个结论与 3 位医学教授的观点相反。这 3 位专家作证说，凯博
丝夫人不可能死于酒精与药物的综合作用，因为她去世得太突然。此
外，专家们还说，凯博丝夫人过去也常常混着酒吃药，而且尸检发现
她血液中的酒精含量并不是很高。此外，专家们还指出凯博丝夫人的
心脏状况相当良好。于是，本案的法庭面对着两种互相矛盾的专家意
见。虽然老迈但与法庭交情更深的巴拉克斯马博士，他的意见比起那
3 位不知名的医学教授更可信，所以法庭最终判赫尔德有罪。8 年之后
人们发现，似乎当年的检控官没有将案件所有关键信息告知巴拉克斯
马博士。凯博丝夫人患有低钾血症、肌肉疼痛以及突发性疼痛，这是
罹患"康式综合征"（Conn's syndrome）的典型症状。这也能解释为什
么她如此嗜酒。这种疾病会引发心律失衡，从而导致猝死。后来事实
证明，巴拉克斯马博士在尸检中已经发现死者肾上腺有肿瘤，这是康
式综合征引起的典型后果，但他未能将此现象与可能存在的疾病联系
起来。我们有充分理由相信，本案中这位极负盛名的专家判断失误了，
虽然他保持着 40 年的良好记录，但似乎也正是这一点为他的结论提供
了相当可靠的锚点。

第二个优势在于获取专家意见也涉及资金方面的问题。原则上，
检控机关在聘用专家预算上不设上限，而辩方会受到自身财力的限制。
我们语料库的 35 起案例中，有 27 起的被告人需要寻求法律援助。在
荷兰，国家不会支付帮助被告人作证的专家费用。因此，被告人能获
得知名、可信且经验丰富的专家来协助的机会相当有限。这不是因为
专家证人从不免费提供法律协助，而是因为他们需要处理的案件工作
量很大；许多案卷既厚实又复杂，需要进行大量现场实验，而且专家
们还需要花费大量时间在法院的长廊里等候案件提档。控辩双方理应
在获得专业法庭科学协助方面拥有平等的权利，虽然这几乎是得到普

177

遍接受的正当程序原则，但遗憾的是在很多案例中它是缺失的，沃普案就是一个例子。

　　沃普先生被指控放火烧毁自己的工作室，目的是骗取保险金。他辩解说大火是在他焊接一张铁桌子时意外发生的，想必是火花飞溅到地上一滩可燃积液上。储液罐破损导致可燃液体泄漏，地上的积液混合了一种或多种可燃液体，包括稀释剂、汽油以及松节油。一名来自全国法医学实验室的专家说，他认为在当时情况下不可能发生火灾，因为积液的面积与质量不可能达到引发火灾的程度。这种论述法令人惊讶，因为根据常识，积液的面积与质量取决于储液罐坏损的数量以及漏洞的尺寸。由于工作室已经被大火焚毁，我们再也无法得知到底有多少瓶坏损的储液罐。如果允许，人们可以通过重建现场来验证在多少数量的储液罐，以及坏损至什么程度才能引发火灾，另外还需检验在沃普先生描述的情况下能否引发火灾。由于这项现场试验成本高昂，辩方专家作证时只是列出现场变量：积液成分（包括稀释剂、汽油，可能还有松节油），储液罐坏损的数量，漏洞的大小，工作室地面表面形态（平坦、倾斜或低洼），以及被焊接的铁桌子与积液之间的距离。接着，专家指出在一定情况下这些条件可以引发意外火灾，但他无法提供完整的现场实验证明，因为这项实验的花费可能远远超出工作室本身的价值。如果专家能够提供现场试验证明，这将是一个反驳那些知名机构专家证言的有力论证，但如今法庭排除的是辩方专家的证言（与以往一样，没有任何解释）。

　　第三个在专家证言方面有利于控方的优势因素是时间。控方专家在一个案件上可花费的时间几乎没有限制。根据程序正义原则，如178《欧洲人权公约》第6条规定，赋予被告人"拥有充裕时间与设施来为其辩护做准备"的权利。但是通常分配给辩方专家的时间不超过数周，甚至有时他们仅有几个小时来为案件做准备。在爱尔兰共和军杀手案中，鉴定身份辨认证据的专家仅在开庭前48小时才接触到那份不利于卡罗尔的唯一证据。这份卷宗有数千页之多，包括警方为确认犯罪人身份而进行的各种测试，而且内容分布在这本厚实文档的各个地方。阿维坎普夫妇曾在电视广播以及报纸上见过卡罗尔的照片，于是他们在后来的辨认测试中认出卡罗尔，随后他们也在照片辨认和列队辨认中认出他。辩方专家瓦格纳作证时专门针对列队辨认过程提出质疑，后来检控官撤回了这份证据。但其他辨认测试的结果仍作为证据呈交法庭，而且被法庭接受，成为不利于卡罗尔的充分证明。后来，在上诉时针对其他辨认测试提出质疑的专家证言才被呈交给法庭。

留给专家证人的时间不充裕，可能是被告人财力有限的缘故，但也可能是辩护律师无能的结果。卡罗尔案中，我们可以说留给专家证人阅卷时间太少完全是辩护律师的过错。但即使如此，通常辩方专家不会获准拥有处理案件所需的全部时间（参见第 10 章关于辩护质量的讨论）。这些原因不如存在这个事实本身重要。

第四个控方比辩方更有优势的因素是，控方专家通常被视为伸张正义的使者，而辩方专家往往是助纣为虐的对象，甚至是邪恶的帮凶。辩方专家的形象十分不讨喜，这在那些严肃且臭名昭著的案件中尤为明显，如德米扬鲁克案，或者我们语料库中的爱尔兰共和军杀手案。检控官高调宣称所有善良之人都会对此感到愤怒，而且理所当然希望自身免于遭受纳粹杀手和爱尔兰共和军恐怖分子的伤害与屠杀。在这些案件中，辩方律师以及他们的协助者，包括专家证人，很容易被描绘为狡猾的骗子，企图妨碍司法公正。诚然，在这些案件中，程序正义并不是很多人心中首要考虑的问题。成为辩方专家证人并不总是一件令人愉悦的事。洛夫特斯（Loftus）在《新闻周刊》的一篇文章中着力描述这个问题，她给出了为什么自己拒绝为德米扬鲁克案作证的解释：

> 第一个对我可能出庭为在以色列审理的伊万案（德米扬鲁克被指控为德国纳粹效力，代号为"恐怖的伊万"）作证有所反应的人是杰里米（Jeremy），我闺蜜 11 岁的儿子。他让母亲转告我："告诉贝丝（洛夫特斯的昵称），如果她帮了伊万，那么我们就再

也不和她做朋友。"杰里米的母亲，一位理智而且平时十分淡定的心理学家，在某天中午聚餐时用朝我怒吼的方式明确了她的立场："你怎么可以这样做？你难道失去信仰了吗？［……］他可是有罪的！"

这段引文说明，人们在嫌疑人接受审判之前很可能已经预判他或她是否有罪，并以此评判出庭作证的专家证人。然而，即使那些"很可能有罪"的人也拥有获得法律援助的权利，包括允许专家证人为其作证。就连专家证人本人也未必总能牢记这一点，正如洛夫特斯和凯查姆在他们大量出庭作证记录里描述的那样（Loftus & Ketcham, 1991）。当洛夫特斯作为专家证人论证关于人类记忆方面的问题时，她不断受到被告人可能有罪的想法所困扰，担心自己站在邪恶的一方。

原则上，控方专家证人也可能会因为他们的证言导致一名无辜之人遭到定罪而感到恐惧。实际上，他们的恐惧情绪可能更严重，因为将无辜之人定罪比释放有罪之人更糟糕（参见第4章）。不过，文献中没有记述这种恐惧情绪，人们可能认为控方专家证人通常都具备长期从业经验，已经学会如何应对它。

控方专家证人最后一点优势在于，他们获取案件相关材料的权限优先。待他们完成调查之后，可能留给辩方专家的空间已经不多。在这个方面某些调查比较关键，比如尸检。不过，在另外一些案件中，调查会以更微妙的方式发生作用。例如瑞克布勒姆案（完整故事在本书第38页）。警方在逮捕瑞克布勒姆时对他的双手进行硝烟反应测试。瑞克布勒姆要求警方对在场的母女俩也进行硝烟测试，但被拒绝。直到辩方律师受理案件时，再想要弥补这一疏失已经太晚。另一种让人担忧的调查是对目击证人和嫌疑人进行提问。提问的方式可能极具暗示性，这会将一些新的想法植入被询问者的脑海中。轮到辩护律师询问证人时，他们的记忆可能已被事件后信息干扰。洛夫特斯（Loftus, 1979）致力于研究事件后信息问题，她给出大量例子证明辩方专家想要获取公平的提问机会有多么困难，因为询问对象的记忆已经被之前的问题干扰。稍后我们将给出一个关于暗示性提问既滑稽又可悲的例子。

9.4 专家论战

当控方和辩方在同一问题上都拿出专家证言作为支持己方的依据时，很可能会发生两份证言的结论截然相反的情况，从而引发专家之间的"论战"。对抗制审判程序背后的理念是，真相会从你来我往的争论中浮出水面，但是经过一场专家论战未必能得出事实真相。通常法官和陪审团不会毫无理由地相信某位专家证人比其他专家更优秀，或者他使用的验证方法比其他专家更科学。专业人士才有资格在专家观点之间做出选择。即便承认这一点，人们可能仍然想知道，科学领域的争论是否能够通过仲裁的方式来解决。专家论战为法庭提供了一次选择机会，法庭可以接受任何一种符合其心意的专家意见，而这些专家的权威性则成为支持法庭选择的锚点。所以从这点来看，我们应当尽量避免发生专家论战。锚定叙事理论为解决这一问题指明方向：仔细审查专家的能力与使用的实验方法。以敦克案为例，敦克先生被指控性侵他的外孙女海伦，支持这一论断的证据完全来自古尔茵特曼夫人（Mrs. Groenteman）的专家意见，她是一名所谓的"特殊人士教育学家"（Orthopedagogics）*。我们会在下一节阐述她使用的实验方法，这种方法遭到精神病学家博尔玛博士（Dr. Boerema）的批评。接下来的讨论应当不至于引发专家论战，因为古尔茵特曼夫人无法说明其使用的实验方法具备有效性。古尔茵特曼夫人采用的是标准人体玩偶测试，如果操作正确，其实验结果的诊断值在 4.5 左右（Jampole & Weber，1987）。而古尔茵特曼夫人选择创设具有她个人特色的测试方法，因此这个实验结果不具有任何诊断值，任何聪明的外行人都能看

180

---

* "Orthopedagogy" 指关于患有精神疾病或身体残障人士的教育学。——译者注

出这是为什么。

在某些案件中，人们可以通过仔细审视当下需要处理的问题来解决专家论战的争议。例如，那场著名的关于压力对知觉和记忆影响力的论战。有实证研究证明，压力能激发人们产生回忆，而另一些研究得出的结论刚好相反。法庭上双方专家证人都为己方立场进行辩护（McCloskey & Egeth，1983），不过这些充满争议的研究都没有得到准确的复述。每位专家根据文献中学科不同分支的研究成果来阐述自己的观点。其实，这场争论的关注点不在于哪个分支研究才是正确的，只要弄清哪个分支的结论更适合当下案件即可。然而，这个问题几乎从未得到解决。只要没有科学的标准来判断某个研究分支的应用效果比另一个更好，就没有有效的方式做出选择，因而也无法妥善地锚定互相冲突的专家证言。

荷兰最高法院最近做出了一个有意思的裁断，关于一场发生在儿童性侵案中的专家论战，问题涉及标准人体玩偶测试。最高法院指出，如果专家能够给出操作实验的理据，那么法院只能选择接受这项实验结果，即使辩方对此提出批评［HR（荷兰最高法院）1989年2月28日，新泽西州，748］。这项要求及时地反映出法院的诉求：正确锚定所有专家证言。

我们语料库案例中没有一场专家论战是不能通过仔细审查专家能力或者其使用的实验方法来解决问题的。即使赫尔德案也是如此，它甚至都算不上真正意义的专家论战。乍看起来，控方专家证人巴拉克斯马博士似乎与辩方3位医学教授一样优秀，而且法庭也不知道控方没有告诉他完整的故事信息。不过即使如此，巴拉克斯马博士的论证也不可靠。最开始，他表示死者的死亡原因无法确定，然后他接着说，死者心脏衰竭很可能是由于心理压力所致。这份声明的前半部分与那3位医学教授的观点并不完全矛盾，他们称凯博丝夫人并非死于酒精与药物产生的综合作用。不过，后半部分巴拉克斯马博士的阐述具有误导性，因为导致心脏衰竭的原因有很多，但他没有提供足够的证明

181

来排除心理压力之外的其他可能。8 年后，凯博丝夫人当年身体状况的资料被完全披露出来，人们发现她可能死于心脏衰竭，不过是由于其他原因而非心理压力。这份资料曝光之后，专家之间的论战不复存在，其中一方可被轻易地谅解，因为当初形成专家意见时他没有得到完整的信息。不过，法院仿佛当作争论还在继续。

有时应当进行专家论战但却没有发生，这种情况很少有人注意到。当法庭上某一方企图抹黑对方专家的名誉，或者拒绝接受对方观点却又提不出其他专家的论证来为自己辩护时，这意味着什么？例如，德米扬鲁克案中，辩方律师对德米扬鲁克的辨认过程进行了详尽而专业的说明，并指出其中存在程序漏洞（Wagenaar，1988）。检控官花了整整 3 天来反驳辩方专家的论证，但他没有引用其他任何一名专家的观点来证明辨认程序合格，或者至少是可接受的。检控官的确传唤实验心理学领域 2 位顶尖教授到场，但是他们没有上庭作证，自然没有引发专家论战。为什么？难道是因为这些专家也知道辨认程序中的确存在漏洞吗？

在我们研究的 35 起案例中，有的案例明显缺少专家证人。比如，第 7 章中讨论过 10 起涉及身份辨认问题的案例，其中只有 5 起辩方传唤了专家证人到庭作证。控方也没有主动传唤专家证人来为己方作证，或者来质疑辩方专家证人的观点。接下来的两小节我们将花大篇幅讨论两种特殊的专家证言，来自精神病学以及心理学领域的专家证言。前者涉及被告人的精神状态鉴定问题，后者涉及证人证言的真实性问题。我们之所以选择这两种类型是因为，它们在我们语料库的案例中起着相当重要的作用，同时也是许多国家广泛讨论的主题。即便如此，我们提出的许多问题也适用于其他专业领域。

9.5 关于被告人精神状态的专家证言

一般而言，传唤精神病学家的目的在于鉴定被告人的精神状态，并给出其过去、现在或者未来精神状态的评估。精神病学家的意见对

182　处理很多法律问题至关重要。比如，被告人过去的精神状态与犯罪意图，以及我们判断被告人所需承担的刑事责任程度。精神病学家的报告通常也用于建构法律证明，乃至形成一个好故事。当精神病学家发现，被告人本质上是一个富有侵略性的人，而且对他人漠不关心，那么法院可能更容易认定他或她是一名犯下罪行而且正在等待受审的暴力分子。如果精神病学家的意见相反，那么法院可能认为被告人不是那种人。被告人当下的精神状态决定了他或她是否适合出庭受审，不过这有时候也能作为以退为进的策略。如果被告人当下精神已经失常，那么他们作案时很可能也是如此。另外，对被告人未来精神状态的评估，与他服刑期间乃至出狱后的精神治疗安排有关。

9.5.1　行为责任

上述所有示例突显一个问题，即精神病学的方法论能否为我们解决问题提供有效答案。以行为责任问题为例。为判断被告人对其所犯罪行应负有何种行为责任，精神病学家被要求对被告人过去的精神状态进行评估。精神病学的方法是否接受这种"后见之明"有效？显然，问题在于如何验证这种后见之明，因为缺少统一的衡量标准，所以原则上也不清楚后见之明是否真的有效。特别是当被告人宣称自己完全无辜时，对其行为责任的精神病学评估更为困难。在这种情况下，精神病学家只能假设被告人实际上有罪，否则一开始便没有对其进行评估的必要。人们希望精神病学家能够解释被告人犯罪时的心理状态，如果他或她真的犯下罪行，那么的确需要解释他或她当时的精神状态是什么。如果没有，我们又何从谈起所谓的精神状态呢？

从哲学角度来说，行为责任也是一个值得探讨的概念。行为责任涉及自由意志，以及由于精神失序导致自由意志消解的可能性问题。萨平顿（Sappington, 1990）认为自由意志研究从根本上来说可能并不存在。自由意志意味着（有时候）人们不受外界任何影响而做出选择。我们先不考虑人类是否存在某种类似不由外因导致的行为，或者在任何意义上内心状态是否能被视为激发行为的真正原因。问题的关

键在于，我们如何消解人类行为受到外界影响的可能？如果自由意志
存在本身无法得到证明，我们又如何能判断某项行为是出于某人自由
意志支配的结果？法律上解决此两难问题的方法是，如果没有好的理
由假设存在相反情况，即可证明人们出于自愿做出某个行为（Hart，
1968）。这种解决方法意义不大，因为现在的问题转变为怎样的理由才
算上一个好理由。林格伦（Lindgren，1987）和西斯塔瑞（Sistare，
1989）已经证明这个问题同样令人烦恼。精神病学无法提供有效方法
来确定被告人的行为是否出于自由意志，无论过去还是现在，原因很
简单，自由意志并非一种经验性概念。

　　实践中，人们采用多种方法来确认犯罪发生时犯罪人是否具备自
由意志。直到 1843 年，英国法律开始采用"野兽测试"（wild beast
test）：如果犯罪发生时犯罪人精神上形同一只野兽，那么其可免于刑
责。当年丹尼尔·米克诺腾（Daniel McNaughten）试图杀死罗伯特爵
士（Sir Robert），但其实这是他幻想出的人物。实际上他杀死的是总
理罗伯特·皮尔（Robert Peel）的秘书。米克诺腾长期受到幻觉的折
磨，认为罗伯特爵士企图谋害他。不过，野兽一般不会有这种病态般
的幻觉，于是米克诺腾提出一个新的理由：他无法分辨孰对孰错。直
到今天，美国许多州仍然采用"对与错测试"，并由精神病学专家对
检测结果进行评估。显然，这种测试无法被验证，因为它没有建立统
一的外部标准。

　　这项检测法需要进一步完善，因为很多人争辩说，有些人能区分对
与错，但却无法从行为上表现出来。因此，大卫·贝兹伦大法官（Judge
David Bazelon）规定（*Durban v. United States*，214 F. 2d 862，D. C. Cir.
1954），被告人不能**因为**精神错乱而免负任何刑事责任。1972 年，这
项标准在美国法律协会的建议下修订，即是后来的"ALI 测试"：

　　　　行为人可不负有刑事法律责任，如果当时他的行为是精神疾
　　病或缺陷导致的结果，他要么缺乏鉴别自身犯罪行为（不法行

为）的能力，要么无法使其行为符合法律的要求。（*United States v. Brawner*, 471 F. 2d 979, D. C. Cir. 1972）

然而，这些改进意义不大。我们依然缺少鉴定标准，从而也无法确立精神病学家在判断行为责任方面的有效性。文斯莱德（Winslade, 1983）曾对精神病学家的这种评估艺术做出如下总结：

> 当精神病学家不被允许去证明被告人是否真的明白自己当时在做什么的时候，他们开始去证明被告人是否有能力理解自己在做什么。如果这也被禁止的话，那么专家们会转向证明被告人是否拥有伤害他人的能力。这样一来，他们证言的重心会发生轻微变化。但即使如此，这些证言也并不比之前的更精确，误导性更少，更能避免司法不公。（引用书第 200 页）

专家证言能否得出有效判断是考验这些证言的试金石。遗憾的是，由于缺少客观检验标准，我们永远无法得知这些关于行为责任的判断是否有效。最好的代替标准是参考可信度，即不同精神病学家得出同样结论的程度。如果他们之间无法达成一致，那么说明不是所有人的判断都正确，也就是说至少存在判断错误的情况。因此，通过衡量可信度可对专家证言的最大有效性进行评估。在最近一篇评论中，浮士德和泽斯金（Faust & Ziskin, 1998）得出如下结论：

> 临床医生通常并不接受目前精神病学诊断所扮演的角色，更不用说要他们为不熟悉但却十分复杂的法庭科学问题提供可靠答案。这些问题往往需要对过去或未来进行推断。大量研究也证明，临床医生判断的准确度也不比门外汉高多少。（引用书第 34 页）

我们的目的不在于展开对行为责任有效性问题的讨论。我们想表述的真正议题是，有效性的缺失对实际上依据精神病学报告来进行判断的事实审理者意味着什么。从规范意义上来说，缺少有效性意味着专家判断无法根据弗莱测试的要求进行锚定，鉴于这种专家证言出了名的不可信，因此它们无法达到被"普遍接受"的标准。所以说，这种证言本不该被接受为证据，但它们经常会出现在法庭上，有时甚至是法院主动要求的。看起来法院选择其他标准而非证明有效性作为锚点。很明显，候选的选项包括未经证实的信念，或可信度得不到保障的专家权威。浮士德和泽斯金的研究表明，不仅专家意见并不比法庭直观判断更准确，而且专业人士与非专业人士都可能达成一致（但是无效）的结论。这意味着法庭会发现他们的偏见会得到专家的印证，这让法庭乐于接受专家判断作为他们决策的有效锚点。实际上，专家证言可能也包含未经证实的主张，反逻辑的推理以及"补贴式诋毁"（Tuinier，1989）。关于这点我们在语料库中找到一些例子，接下来，我们具体讨论其中 3 起案例。

9.5.2　葛瑞穆林案

葛瑞穆林被指控在长达 6 年的时间里多次犯下一系列纵火案。村里人人皆知他智力上有缺陷，因此需要接受心理学家和精神病学家的检查。心理学家出具的检验报告得出如下结论：

> 被告人的社会人格给人一种极不成熟的印象，容易受到他人影响并且具有自恋倾向。他在检查过程中十分配合，而且愿意回答所有问题。很明显，被告人不是一个令人反感或是具有反社会人格的人。那种人通常比较消极，对生活抱有敌意。进行攻击性测试时，我发现他反映出自我意识薄弱、情绪反应迟钝的个性，所以他不是一个阳刚、成熟、稳健的男性形象，反而有点幼稚，或者说偏女性化。从整体上来说，被告人的表现是否让人觉得他心智正常，或者恰好相反，关于这点我保留意见。不过我倾向于相信后者。若要描绘出更准确的图像，我需要进行更广泛的观察研究。我想知道在他人格更深处，更不常被触及的地方，是否存

185

在比表面可观察到的更为丰富（更不自觉）的世界。这点是相对于外显性状来说，比如他有异装癖。在这种情况下，父亲角色也许具有一定意义。在被告人幼年时期，他的父亲是否对他既凶恶又强势？他对儿子的影响有多大？

对犯罪行为的看法：

> 在心理测试期间，被告人否认指控并指责警方抓错人；经过几天审讯后，他说自己误入歧途，这也是他为什么承认一切罪行的原因。他反复对我说他否认指控。

> 我的职责并不是收集不利于被告人的证据。不过，我得出的结论是，如果被告人坦白招供，那么他所需承担的行为责任会酌情减轻，因此我也十分担心他会再次作案。鉴于我对司法部精神心理研究中心的承诺，无论是否附带其他条件，在其他诸多观察实验中这项实验理应获得更多的重视。

截至目前，除了充满各种令人惊讶的论述之外，这份心理评估报告没有任何意义。葛瑞穆林显然存在精神问题，否则他也不会在服刑之后被送入精神病院进行治疗。但是，这份报告对他做出的诊断是什么，病症又表现为什么？这份报告中除了写"自我意识薄弱"和"情绪反应迟钝"之外，完全没有其他诊断依据，无论这些依据是什么。除被告人表现出的各种"印象"之外，什么症状都没有，因此攻击性测试根本无法证明葛瑞穆林患有任何精神疾病。同时，这些印象的描述也令人感到困惑，精神病学家自己都在被告人正常心智还是不正常的问题上犹疑不决，于是他认为需要更深入的观察。葛瑞穆林的"深层次"人格中是否潜藏着什么特别的东西，这是一个具有修辞色彩的问题。自弗洛伊德开始，很多心理学家相信所有事情都可以到深层次人格中寻找答案。即便如此，我们的问题依然存在，哪些印象能得出葛瑞穆林无法承担全部行为责任的结论？如果无法确定葛瑞穆林的精神状态是否正常，那么便无法确定哪种精神疾病可能促使他招供，又如何能预测他会再次作案？如果葛瑞穆林被怀疑涉嫌性犯罪，那么他的异装癖也许能扯上些关系，但这与纵火案又有什么关联？

我们还有另一份精神病学家的报告。在长达 8 页对案件事实模模糊糊的总结后，精神病学家得出三个结论：

> 葛瑞穆林智商有限。
>
> 他的性心理机能失常。
>
> 他曾经遭遇严重车祸，自那以后他的记忆力受到影响，但这些问题已经不存在。

令人感到惊奇的是，第二个结论是从葛瑞穆林过去事迹中衍生出来。比如，他比常人多花一年时间才念完小学（这点我们认为足以证实他智力上存在缺陷）；他年纪较大时才开始与女性约会；以及他有异装癖，还曾在公共场合自慰。后两个似乎可以成为支持第二个结论的合理理由，我们基本不需要通过一名精神病学家才能得出这个结论。接下来，这位精神病学家称，葛瑞穆林对纵火案只需负上部分行为责任。理由是什么？难道他智商有限能够成为犯下多起纵火案的合理解释，还是说已经证明异装癖与纵火案之间有什么关联？另外，为什么他只需负有部分行为责任，而不是负完全责任或完全不用负责？

读者们可能以为，"部分行为责任"对于被告人来说是件好事。但其实不然，它实际上意味着无论葛瑞穆林遭受哪种精神疾病的困扰，这种疾病已经与他所谓犯下的罪行之间发生深刻关联。这些报告清楚地暗示，葛瑞穆林可以疯狂到在没有任何明确动机的情况下去纵火。需负部分行为责任，这一结论意味着葛瑞穆林将走向两种最糟糕的结局。由于他并非完全失常，因此被判处两年监禁；又因为他不是完全正常，所以附加强制他进入精神病院治疗。

葛瑞穆林是一名罹患精神疾病的纵火犯（如果真有这回事），这

个结论可以通过两种方式进行锚定：要么从普遍意义上证明这种判断具有有效性，要么使专家报告中的推理过程能够令人信服。这两种情况在葛瑞穆林案中都没有发生，因此这两位专家证言都没有被正确锚定。尽管如此，法庭的判决中仍然明确提到这两位专家的意见。看来葛瑞穆林之所以被判有罪，是因为这两位专家说他是纵火犯。为什么法庭会接受这两位专家的意见作为证据呢？除非法庭被他们的权威性所折服或者他们私下（据说）有什么交易，除此之外我们看不出存在其他可能。

9.5.3 迪克洛克案

迪克洛克被指控猥亵一名5岁的小女孩，当时他的神志受到酒精与安非他命的综合作用影响。一名精神病学家和一名心理学家对他进行身体检查，并提交了一份联合报告。他们的结论是，迪克洛克没有任何"精神机能障碍"使其无法理解自己当时在做什么。他们还进一步解释性骚扰"部分"是因为迪克洛克"丧失性冲动的自制力，其原因可追溯至一种深层次的人格精神紊乱，这种状态在酒精与安非他命的作用下会得到释放"。除此之外，报告还称迪克洛克是一名"聪明、健硕、心智健全的成年人"。

我们的问题是，这些表述究竟是什么意思，它们是怎么组合在一起的？迪克洛克的心智到底健不健全？或许报告的意思是他吃药之后才失去心智。如果这样，他理应知道药物对他有什么影响，因此他能为接下来发生的所有事情负上所有责任。但是，专家们想必也该知道，很多人在酒精与安非他命的综合作用下也不会去猥亵小女孩，因此必然存在某些其他因素，于是他们想出"深层次人格精神紊乱"这个理由。这又引起我们的疑问，为什么一个患有精神紊乱问题的男人还能被称为"心智健全"？

两位专家给出的建议更加令人不解。他们说，虽然迪克洛克可以为他所做的一切负全责，但他没有再犯的倾向，（因此?）也无需做进一步的精神治疗。我们应该提到，迪克洛克之前为了参加自行车比赛而服用安非他命。使用安非他命来提升成绩在自行车比赛中十分常见，但以往使用这种药物并没有出现类似效果（性骚扰），所以迪克洛克又怎能想到这些药物会产生这种效果呢？但是，如果他无法预知会发生这种情况，他又如何能够对此负上全责？如果他依然作为成员留在这家自行车俱乐部，只要他的队友们还继续服药，我们又如何能确定他不会再次服药？迪克洛克说他未来的计划包括在业余时间参加自行车比赛，这样又如何确保类似事件不再发生？而且，为什么他的"深层次精神紊乱"问题不需要接受任何治疗？

迪克洛克的案例特别有趣，因为专家证人提供了大量可以让法庭随心所欲裁判的理由。迪克洛克需负全部行为责任，因为当时他心智健全；同时他也可能无能为力，因为案发时他受到深层次精神紊乱问题的困扰；另外还无需将他送入精神病院，因为专家不推荐对其进行进一步治疗。法庭可以依据迪克洛克因深层次精神紊乱问题导致无法克制性冲动来将他定罪。无论法庭如何决策，总有理由将判决结果锚定在这些专家的证言上。我们将尝试在第11章说明，这起案件中法庭非常聪明地使用了所谓的"普适锚定力"。

9.5.4 里巴特案

里巴特案中，精神病学家给出的意见也像上起案例那般宽泛。里巴特被指控用剪刀刺伤他的妻子艾琳。但法医学证据显示，其实是艾琳用剪刀刺伤了里巴特。即使如此，精神病学家提供了一份有助于将里巴特定罪的报告："在他绅士和得体的外表之下，被告人的行为表现出一种隐藏的攻击性。他回答问题简洁但空洞。他经常发笑。没有观察到明显的精神病症状。"无论里巴特在法庭上表现如何，或者说了什么，法官们已被事先告诫注意他隐藏在外表下的攻击性。里巴特绅士般的举止以及礼貌的应答只为隐藏极具攻击性的人格，外行人也许看不出来，但专家一眼便知。实际上，被告人在审判时的行为举止的确与精神病学家预料的一样。里巴特对袭击没有说太多，因为他说他根本没有刺伤妻子。他同时也拒绝辨认妻子，因为他们最近才刚刚和好，

188

他不想再次失去她。所以他给出的大部分是含糊其辞的回答和亲切的微笑。法庭毫不费力地识别出里巴特"隐藏的攻击性",并判他有罪,不过是以其他理由而非那些起初指控他的罪状。

9.5.5 共同元素

这 3 起案例有一个共同元素,即心理学家(或精神病学家)的证言都为将被告人定罪做出了"贡献",尽管他们只是协助法院做出判断。从证据的角度来说,本应将这些专家意见视为与案件无关,因为它们不是从有效方法中得出的结果,而且内容还缺乏一致性。

我们语料库中许多案例共有的另一个元素是,当行为学家测试这些被告人的心理状态时,他们拒绝配合。理由当然是既然他们什么都没做,就没有必要让精神病学家或心理学家进行检测。在那些案例中,专家们依旧将被告人的心理状况报告法院,同时也强调无法进行全面彻底地检查。法院也像对待那些合作的被告人一样严肃对待这些报告。因为在荷兰,这种报告通常在法院判决之前完成,专家们在报告中附文"只有被告人被证明有罪"时,他们的结论才有效。也就是说,如果一名被告人被裁判没有行为责任,或者他必须被强制送到精神病院进行治疗,那么只有在他被判有罪时专家的结论才能成立。如果无罪,他就不存在任何精神问题。就是这种逻辑,十分奇特。从这点我们可以得出,如果真的需要对被告人进行精神病学检测,也只能在法院判定其犯罪意图之后才能进行。这样可以防止法院使用精神病学报告作为定罪证明,鉴于精神病学类证言的有效性,这么做其实没多大损失。只有明确被告人无法出庭受审的情况下,精神病学关于犯罪意图的检测才有实际意义,当然是在被告人被认为无需负有行为责任的时候。美国就曾经这样做过。

9.6 关于证人可信度的专家证言

不少案例的证据体系建立在证人可信度的基础上。检验证人可信度的方法有很多,例如对比不同证人的陈述,仔细地交叉询问,或者将他们的陈述与已知事实相比照。人们也可以依据个人信誉来锚定证人的陈述。有人可能主张，如果证人看起来为人正派，那么他或她很可能不会说谎。但是法院又如何得知证人为人正派，因此认为他值得信赖呢？我们知道，关于他人性格的主观定论并不是可靠的判断标准，无论证人笃信自己说的都是实情，还是他或她作证时很自信，都不能成为可靠的判断标准。我们需要通过专家意见来确定证人的可信度。如果我们依靠专家来告诉我们证人是否诚实，或者是否说实话，那么我们就可以根据专家的能力来锚定证人的证言。如果这样做可行，那么专家真是法院的天赐福音。行为学家真的能区分真话与谎言吗？他们会采用什么方法来实现这一目的呢？

　　某些行为学家认为，他们可以根据观察被告人的基本印象来判断他是否说实话。如果真能如此，我们很难相信这能比之前那种观察被告人精神状态的方法更有效。有些专家认为可以借助特殊仪器来判断证人证言的真假，比如测谎仪或测谎实验、标准人体玩偶测试，以及陈述有效性分析法。据说测谎实验对于那些不招供的被告人很有用。标准人体玩偶测试以及陈述有效性分析法可以用来确立曾经遭到性侵儿童证言的真实性。基于两点原因我们无需巨细无遗地讨论这些方法以及它们的优点。首先，已有大量文献对它们进行讨论（参见 Gale，1988，测谎仪；Ceci，Toglia & Ross，1987，玩偶测试；Doris，1991，Raskin，1989，Yuille，1989，陈述有效性分析）。其次，迄今为止，对这些方法有效性的研究已经取得明确而且一致的结论，即它们的有效性非常有限。我们已经在表 4.1 和表 4.2 中列出某些方法的诊断值。这些诊断值数值过低，以至于无法为使用它们得出结论的专家证言提供可靠的锚点。至于法院将证明价值归功于这种专家证言，他们这么做完全是建立在毫无保留地相信专家权威的基础上；法院只是将自己部分责任转嫁到专家身上而已。

　　我们在语料库中找到几起类似案例。从中我们不难发现，将证明责任转嫁到一名不称职且心不在焉的专家证人身上，这种情况已经泛滥到如此地步。这种案例既不是我们语料库的专属，也不是荷兰才有的特例。我们已经看过太多相似案例，其中个别案例中居然出现 4 名专家同时作出完全一样的证言。这些专家如今在荷兰的法庭上仍然很活跃，在一本令人不安的书中，本杰明·罗森和简·舒洁尔（Benjamin Rossen & Jan Schuijer，1992）详细介绍了他们的各种实践与做法。我们有理由相信这些事情不仅仅发生在荷兰。如今"变童热"似乎也已席卷全球其他国家。我们不是想说儿童性侵案不发生或不经常发生，而是想说无论这些案件中究竟发生过什么，专家证言的质量都达不到法律证明的最低标准。

190　　**敦克案**

敦克老爹被指控性侵小女孩吉尔珍，她住在敦克老爹外孙女海伦的隔壁。但不久之后人们发现，吉尔珍的证言完全出自她的幻想。于是，敦克先生关于性侵吉尔珍的指控被撤销，然而伤害已经造成，因为敦克先生的女婿相信 6 岁的海伦才是真正的受害人。海伦被安排接受与所谓的"特殊人士教育学家"古尔茵特曼夫人进行一次谈话，以此判断女婿对敦克老爹的怀疑是否正确。我们从已掌握的完整对话记录中引述一段。请记住，进行谈话时海伦她已经承认敦克先生没有性侵吉尔珍，因此海伦也不可能目睹这场所谓的性侵。除此之外，海伦也没有被其他人告知人们曾经以为在吉尔珍身上发生过的事情。（Q＝古尔茵特曼夫人的问题；A＝6 岁海伦的回答）

　　　Q：我认为当时你一直在和吉尔珍玩，外公来了之后，他对吉尔珍做了些让她非常害怕的事情。

　　　A：什么事情？

　　　Q：我也不知道，你来告诉我吧。你当时在那里，而我不在。我只知道吉尔珍非常害怕。

　　　A：但是她什么都没和我说，她只是告诉我那不是件好事情。

　　　Q：……那件事情一点也不好。她还跟你说了什么？她哭了吗，或者她没有哭？

　　A：没有。

　　Q：没有的话，那么那件事情是在哪里发生的？

　　A：她没说。（啜泣）我们能进去说吗，不让我妈妈听。

　　这里请注意，专家提问时主动引入一系列暗示信息，比如在吉尔珍身上发生糟糕的事，外公是加害者，海伦则是目击证人。虽然海伦不断抵触这些暗示，但采访者完全无视这些信号。

　　Q：哦，妈妈不能听。

　　A：爸爸说过，但我认为……他什么也不知道。

　　Q：爸爸和谁说过？

　　A：和我。

　　这样看来，海伦的父亲试图向女儿解释发生在她朋友吉尔珍身上的事情，但海伦认为爸爸可能什么都不知道。专家似乎并不理解或者不接受这种说法。

　　Q：哦，他和你说过这件事。这件事发生在吉尔珍身上时…… 191
她根本不喜欢的事情，当时你也在场吗？

　　A：不在。

　　Q：吉尔珍当时是一个人吗？

　　A：不是，外公当时在，但我不明白这是怎么回事。

　　Q：噢，你不明白。这怎么可能呢？

　　A：……不知道。

　　Q：吉尔珍知道在哪里发生了什么……（不知所谓）？

　　A：不知道，她什么也没和我说。

　　所以说，即使吉尔珍身上真的发生过什么事情，她也没有告诉海

伦。海伦当时并不在场。她所知道的一切都是她父亲告诉她的，但根据海伦的说法，她父亲也不知道发生了什么。不过看起来专家并不相信，而且坚持认为海伦是吉尔珍被性侵时的目击证人。

> Q：她什么都没告诉你。比如，她没有告诉你外公打她吗？
>
> A：没有。
>
> Q：或者，挠她痒痒？
>
> A：没有。
>
> Q：或者，逗逗她？
>
> A：没有。
>
> Q：或者让她坐在外公的大腿上？
>
> A：没有。
>
> Q：你是不是有时会坐在外公的大腿上？
>
> A：是的。
>
> Q：你喜欢这样吗？
>
> A：额……喜欢。
>
> （海伦告诉我们说，外公喜欢说笑话，还经常给她糖果吃。我们聊了她最爱吃的糖果和食物。后来我们聊了生日聚会时发生的事情。）

这些细节很重要，因为敦克先生被怀疑曾在一次生日聚会上猥亵坐在他大腿上的海伦。询问进行到这里时，专家拿出了一个用于儿童性侵测试的玩偶，并且告诉小女孩，女玩偶代表她（海伦），而男玩偶代表她的外公。

> Q：你知道我想知道什么吗？外公对吉尔珍做的事情，是不是也对你做过？外公曾摸摸你吗？
>
> A：是。
>
> Q：是的。他摸过你哪些地方呢？

A：这里。（女孩含糊地指了指女玩偶的身体。）

Q：这里。还有哪里？

A：我身上。

　　尽管海伦已经表示她并不知道吉尔珍身上发生过什么事，但是提问者一直在绕弯子，认为这样能减轻海伦的压力。接着，提问者又引入没有明确定义的新名词"摸摸"*，听起来纯洁无害。不出所料，海伦做出肯定的回答。小女孩可能以为"摸摸"指类似挠痒痒的举动，接下来她的回答印证了这一点。

Q：能做给我看看吗？

A：（海伦用代表外公的玩偶在代表自己的女玩偶身上挠痒痒玩。）

Q：是这样啊！但这样做你并不害怕，对吗？但吉尔珍非常害怕，对吗？

A：（不说话，眼睛直直地看着前方。）

Q：要不我问你问题，你只需要回答是或不是就好，好不好？

　　这是一个非常危险的提议，因为所有实质性的信息将从采访者嘴里说出来。海伦愉快地接受了建议。

A：好的。

Q：好的。外公有没有摸摸吉尔珍的后背？

　　这里注意，海伦并不知道如何回答这个问题，因为她当时根本不在场。

---

*　原英文单词为"twiddle-fiddle"，意为摆弄，玩弄，捻等。——译者注

A：没有。

Q：可是你刚才说他做了呀！

A：是的。

这个问题的答案本该是否定的，因为海伦一直否认她看到外公对吉尔珍做过什么不好的事情。所以，专家在说谎，同时也在引导海伦，意图告诉她"没有"不是这个问题的正确答案，海伦很快就领悟到这一点。

Q：摸过她的脸吗？

A：是的。

Q：肚子呢？

A：是的。

Q：大腿呢？

A：是的。

Q：私密处呢？

A：是的。

Q：屁股呢？

A：是的。

193　　海伦终于掌握这个游戏的规则。她并不知道吉尔珍究竟发生了什么，反正她说"是的"就行。现在一切朝着更危险的方向发展下去，也就是问到发生在海伦自己身上的事情。

Q：外公也摸摸过你的胳膊吗？

A：额，是的。

Q：肚子呢？

A：是的。

Q：大腿呢？

A：是的。

Q：私密处附近呢？

A：是的。

Q：屁股呢？

A：是的。

就是这样！现在乘胜追击。

Q：很好。我觉得你真聪明，因为你有勇气告诉我这一切。外公让你坐着还是躺下，或者站着……？

A：只是坐着。（女玩偶坐在外公玩偶的大腿上。）

Q：然后他就是摸摸你？

A：是的。

接下来专家让小女孩告诉她敦克先生如何猥亵她。但值得注意的是，海伦自己没有提供任何具体细节，她只是在肯定古尔茵特曼夫人的说法。

Q：外公有没有用他的小鸡鸡弄你这里？

A：只有一次。

Q：只有一次。他怎么做的，你做给我看看。把他的（玩偶）裤子脱下来做给我看看。

A：（脱下外公玩偶的裤子，然后用玩偶的阴茎对着女孩玩偶的阴道。）只有一次。

Q：好的，当时你在哪里，在哪个房间。院子里，卧室还是在浴室里，或者……？

A：在家里。

Q：在家里，但在哪个房间呢？

A：我的房间。

Q：在你的房间。你和外公单独在一起吗，还是……？

A：单独在一起。

Q：好的。所以外公有一次曾经想用他的小鸡鸡对着你的私密处吗?

A：是的。

Q：好的。他之后有没有想把小鸡鸡放到你的屁股里?

A：没有。

Q：那放到私密处呢?

A：没有。

Q：好的。你有没有用手摸摸外公的小鸡鸡?

A：有。

Q：做给我看看，具体些。你可以用手做一遍给我看看。

A：(海伦用手抚摸着外公玩偶的阴茎。) 就像这样。

Q：好的。外公喜欢你这样做吗?

A：他喜欢。

Q：好的，他喜欢。他的小鸡鸡下垂着还是竖起来?

A：它好长。

关于这段对话我们应该在此提醒一句，敦克先生阳痿已经有十年，但古尔茵特曼夫人并不知情，所以她继续跟进这条线索。

接下来是这次采访中最令人震惊的一段话。震惊是因为小女孩自己说出一些信息，但却遭到采访者的批评。

Q：它很长。你看到从小鸡鸡里流出什么东西吗?

A：没有。

Q：那么后来外公又把裤子穿上了?那时候你和吉尔珍在一起，你还记不记得?

A：不记得了。

Q：噢，你不记得了。好吧，我觉得你真聪明，能记住所有这一切，因为刚才你都不知道自己记得这些事情，对吗？

A：是的，但是这些事情并没有真正发生过。

Q：没有发生过吗？

A：没有。

Q：额，没有发生？那你怎么知道那些细节的？

A：很简单啊，我经常幻想这些事情。

Q：额，你经常幻想这些事情吗？但这些事情小孩子怎么可能想得出呢？

A：可以的。

这真是一个令人左右为难的局面。要么海伦承认猥亵的确存在，要么她承认自己是一个坏女孩，幻想着和自己的外公发生些下流的故事。事实上，海伦什么也没说，对话中的每个细节都是采访者自己提出的。在这个节骨眼上，采访者没有继续深入追问海伦幻想的事情，而是带着她又复习了一遍之前的剧情。这次，女孩顺从地对每个问题做出肯定回答，直到那个致命的问题再次被提出。

Q：这一切就是实际发生的情况吗？   195

A：是的（小声地说）。

最后，采访者所要做的就是给出结论："外公很可能用手触碰过海伦的外生殖器。不过她对此没有感到太多困扰，但也没有当什么也没有发生过。事实上她没有勇气向父母说出实情，这才是关键所在。"

最后的结论非常不合逻辑。对于海伦为什么没有告知父母这些事情还有一个同样合理的解释，即根本什么都没有发生过。这次采访属于操作性条件反射的典型示例：对符合预期的回答给予奖励，不符合的回答给予惩处甚至责备。类似的情形也发生在洛夫特斯和凯查姆（Loftus & Ketcham，1991）讨论的托尼·埃雷拉兹（Tony Herrerez）案中，不过引发误会的是孩子母亲而非号称具有专业知识的行为学家。

敦克案中，专家证人提供的报告是**唯一**有效的指控证据。警方、检控官、辩护律师、预审法官乃至主审法官都不曾亲自询问过海伦。开庭时，法官认为这起案件的前期准备耗时太长，因此对小女孩的询问部分可以省略（表面上）。这对于敦克先生来说不是件好事，因为他的妻子正为此事提出离婚申请，在他们结婚相伴超过 50 年之后。

在采访小女孩时，古尔茵特曼夫人打破了采访应遵循的所有可能性规则（Gudjonsson，1992）。每位读者阅读采访手稿时会立即意识到她缺乏专业素养，仅凭这一点，任何法院都不应以专家身份接受她的证言。更何况，玩偶测试也不是如此操作的。根据现有文献，即使正确地执行玩偶测试，诊断值一般也比较低。如果执行不当，测试结果根本不具备任何证明价值。这种证言应当立即被排除，但通常却不如此。在荷兰，这种证言的出现以及被接受都成为一种例行公事，在其他国家也是如此（Rossen & Schuijer，1992）。

人们通常不会在法庭公开审理阶段询问曾经遭到性侵的儿童（Goodman，Levine，Melton & Ogden，1991），这样做的原因有很多，但可替换方案却很难找到。有人可能认为，可以让真正具有资格的专家采访受害人，然后将笔录提供给法庭作为现有证据，这是一种可接受的替换方案。我们对此保留意见。即使这份笔录明显反映出受害人是在被暗示的情况下接受访问的，但对于包裹着伪科学和权威性外衣的报告结论来说，此时试图改变它已经太迟。这种结论可能成为起诉书的关键组成部分，也很难将其从法官和陪审团的脑海中抹掉（参见第 3 章）。

敦克案会出现这种可怕的困境是一件显然易见的事。我们并不希望仅仅因为没有什么证据而使一名真正的娈童者逃离法网。他或她可能会再次作案，制造新的受害人。但是，想从这类案件中获取实质性证据难上加难。海伦是敦克案中唯一的目击证人，因此，受害人的可靠性成为断案关键。在这种情况下，一位言之凿凿的专家不仅能解决法庭面对的困境，还能稀释法庭的部分职责。遗憾的是，世事没有这么简单，能够验证证人可信度的有效专业性知识根本不存在。

196

被告人是否有罪，这个判断通常不是从严格的逻辑推理中得出的结果。如果辩方按照这种思维方式进行辩护是危险的。实际上，去论证现有证据不足以证明被告人有罪，这种辩护方式没什么作用，因为法院不是真的在寻找严格的逻辑证明，而只是要确信一切已经"排除合理怀疑"而已。辩方应当考虑这一点，并尽量避免法院太容易被隐藏假设和启发式思维说服，他们的确可能如此。

10.1　攻击故事似真性

即使缺少足够证据，一个似真的故事情节也可能说服法院。我们在第 3 章已经提出，辩方可选择三种辩护策略来质疑控方叙事的似真性：

> 给出证据证明（某些）叙事不可能为真；
> 证明（某些）叙事没有被锚定在可靠的常识信念上；
> 提出另一种同样甚至更为似真的叙事。

许多辩护律师经常忽略第一种策略。但从逻辑上来说，给出证据证明起诉书的某些内容不真实是一种最有说服力的辩护方式。这里举两个例子。

亨德里克斯被指控领取失业救济金的同时，从事一份割芦笋的工

作并领有薪水。两名负责调查的警员在报告中列出他收割芦笋的日期以及工作时间。虽然亨德里克斯先生否认指控，但他还是因此被定罪。他的律师甚至没有去确认那些宣称亨德里克斯被看到在芦笋地工作的确切时间里是否有不在场证明。上诉过程中，新聘请的律师轻松地就找到了他在这些时间段里无懈可击的不在场证明。其中一项是亨德里克斯去警察局报案的笔录证据，他的车被人偷了。很显然，前一名辩护律师没有考虑过这种最合乎逻辑的辩护策略。

198 　　再来看巴克文先生的案例，他也被指控在赚取薪水的同时领取失业救济金。辩护律师在休庭时，按照某种特殊的顺序将他的论证罗列出来，其中逻辑上说服力最强的被放在最后。为了获得失业救济金，巴克文先生必须每个月填写一张表格。检控官指出他虚报信息，因为巴克文在回答关于前段时期内是否有任何收入来源这个问题上说"没有"。他的辩护律师按照以下顺序列出所有论证。

　　　　起诉书里提到一份文件，根据这份文件，巴克文有权领取失业救济金。但是，领取失业救济金需要获得社会福利局主管签名批准。

　　　　起诉书指出，巴克文在回答他是否在前段时间内有收入来源时说"没有"。但是，他根本没有回答任何问题，只是在表格否定的选项中勾上"否"，这与回答问题是两码事。

　　　　起诉书指出，这份问卷能"证明"巴克文有权领取失业救济金。但实际上，它根本无法证明任何事情，它只是社会福利局的一张申请表而已。

　　　　根据刑法第225条的定义，这份问卷只是一种刮刮卡，算不上书面文件。

　　　　巴克文从没有担任赌场门卫的工作，许多证人都能证明这一点。

　　从逻辑上来说，人们也许认为最后一个论证应当被放在开头。因为有了这点证明，其他的便显得多余。但显然辩护律师认为，前四个论证形成的法律观点比最后一个直接否认起诉书中阐述的事实更有说

服力，而且他可能有充分理由这么做。瓦解检控官的故事并不容易，
他提出的说法都非常合理。巴克文是一名非法赌场的门卫。聘请不申
报收入的雇员对于非法赌场来说司空见惯。此外，除了否认自己是一
名雇员之外，巴克文承认每天都去这家赌场赌博。他也没有否认案发
时他恰好从赌场的出纳那里获得 100 荷兰盾的安慰金，这在赌场很常
见。但最糟糕的是，最开始有 3 名证人证明巴克文的确是赌场门卫，
但后来他们撤回了这份证言。

　　不直接抨击检控官的故事，而把重点放在形成法律观点上，辩护
律师之所以采用这种策略还有一个的理由，关于法律观点的争论可以
上诉至最高法院，但关于事实的争论则不行。那张刮刮卡是不是一种
书面文件，法律人对此颇有兴趣，因为这个问题的答案可能会带来影
响深远的法律后果。巴克文实际上是否是一名赌场门卫，这在本案中
并不重要。

　　由此可见，辩方确信控方故事根本不真实却不攻击这一点，这在 199
我们看来似乎并不明智。在我们语料库 35 起案例中，有 14 起控方故
事从逻辑上来说根本不可能发生，然而辩方并不会总提醒法院这一点。
我们怀疑，他们之所以不那么做不是因为没有注意到这一点，而是因
为根据以往经验，他们深知法院在处理叙事中逻辑不一致问题上自有
方式。我们以卡斯特林案为例。

　　卡斯特林先生被指控性侵两名小女孩，一名八个月大，另一名两
岁半。关于这名八个月大小女孩的指控，唯一的证据是她本人的证言。
证言由她两岁半的姐姐向法庭提供，女孩的母亲宣称孩子已将一切事
情告诉她，一名警员将此记录在案，并当庭宣读这份书面证言。因此，
当这项证据呈交到法庭时，已经是第四手信息。证言最初来源是那名
八个月大的小女孩，无需任何实验证明我们都知道她还不能开口说话。
即使我们假设从那名两岁半的女孩开始，每个人都忠实地传递信息，
但问题仍出在原始信息上。姐姐说，婴儿肚子疼。且不说腹部疼痛是
否暗示性侵，那么姐姐又如何得知婴儿肚子疼呢？她当然不可能知道，

但是这个逻辑难题似乎并没有给地区法院、上诉法院以及最高法院带来太多困扰。因为前二者判处卡斯特林性侵罪名成立，而最高法院维持原判。我们难得有机会与最高法院的法律顾问在判决后讨论本案的相关问题。他解释说，性侵发生时两岁半的姐姐一定就在现场，这是她得知真相的原因。但这与检控官的说法相矛盾，因为他说案发时没有任何目击证人。这也与被告人的供词相矛盾，他之后撤回这份证言，称是迫于警方压力才胡说的。法庭悄悄地抹去了这个出现在起诉书中不合逻辑的情节，但是替换版本也没那么有说服力，因为没法解释一名两岁半大的小女孩不仅在午夜从梦中醒来，还出现在发生性侵案的起居室。无论如何，法律顾问的说辞与起诉书的故事相违背。

卡斯特林案中，法庭似乎并不关心检控官叙事中出现的逻辑错误，对于案件真相他们自有理解，通过组合某些来自控方的情节元素，再加上他们自己的想象。倘若果真如此，辩护律师采用指出起诉书中存在不合理之处的策略对于被告人来说毫无帮助。唯一的办法是辅助法庭枚举并讨论案件的**所有**可能，包括那些法庭自己想象的版本，以证明每一种可能皆不合理，如果这样做可行的话。但这样做工作量便会激增；我们将在本章后半部分讨论，其实辩方在大部分情况下都欠缺必要的行事方法。甚至到上诉法院开庭之前，辩方也未必能找到足以反驳已被地区法院接受的故事版本。这个版本究竟是什么，外界不一定总能知道，而且上诉法院也会形成独立见解，即使他们什么也不说。在荷兰，法律要求法院给出裁判理由，但这似乎不意味着需要向公众解释他们内心的真实想法。为了完成这项任务，法院只需罗列相关证据，无需解释它们能够证明什么以及如何证明。在其他国家，特别是普通法系国家，根本不要求事实审理者给出裁判理由。在那种体制下，被告人可能也想知道，事实审理者究竟会相信怎样的故事，因为即使裁定被告人有罪的陪审团，也不一定完全相信检控官的说法。

法院可能会对案件形成自己的理解，典型例子如德米扬鲁克案（纳粹战争犯）。一项来自苏联的证据（所谓丹尼尔岑科档案）被法庭

200

所接受，证明一个名为德米扬鲁克案的男子自 1943 年 3 月开始出现在
索比堡。但控方的指控却称，在相同的时间段里德米扬鲁克出现在特
雷布林卡，于是辩方便将这项证据作为德米扬鲁克清白的证明提交法
庭。但在 1988 年那次庭审中，法庭对此给出了自己的解释，认为这是
一项伪造的证据。因为在那段时间里，德米扬鲁克一定**往返于**这两地
的集中营之间。我们不知道为什么法庭会做出如此令人吃惊的解释。
迄今为止还没有发现类似纳粹军营员工往返于两地集中营的情况。德
米扬鲁克本身是一名犯人，他也是无数战俘中的一员。在集中营的等
级结构中，他处于最低层级，也不是什么特勤人员。当然，辩护律师
没料到法庭在这个问题上给出了自己的理解，所以事先也没有准备证
据反驳。

　　叙事的似真性取决于两方面内容（Bennett & Feldman，1981），即
一个容易识别的核心行为，以及一个能为该行为提供有说服力的情境。
我们研究的 35 起案例中，有些案例的核心行为完全不明确，另一些则
缺少对被告人行为的合理解释。例如里巴特案，他被指控咬伤他的妻
子艾琳。虽然庭审时被告人和他的辩护律师认为，关键问题是里巴特
是否真的用剪刀刺伤艾琳，所以他们的证明集中在是艾琳刺伤了里巴
特，而不是相反。似乎他们从未觉得需要为里巴特咬伤艾琳这个指控
做出辩护。赫尔德获罪是因为谋杀他年迈而富有的妻子，于是辩护律
师将问题集中在说明死亡原因的专家证言上。但是，当医学报告暗示
赫尔德的妻子可能属于自然死亡后，他试图继承妻子巨额遗产的**强烈
动机**即变成定案的关键因素。此时，真正的指控变成他为了图谋财产
而与妻子结婚，但即便如此也不构成犯罪。这些出乎意料的反转让辩
方措手不及。

　　我们语料库中所有关于老年人性侵小女孩的作案动机都令人难以
理解。这些老人之前都没有前科，而对他们这些突发行为也没有合理
解释。例如敦克案和克鲁维尔案，这两位老人早已多年没有性功能。
是什么事情突然唤醒他们的性欲和性能力？甚至在克鲁维尔案中，他

201

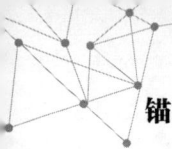

连作案时机都没有，却被指控在起居室的电视机前性侵了他的外孙女，与此同时他的妻子就在厨房，这胆子也太大了。欧弗林案也存在类似问题，他被指控在两分钟内脱下衣服，连续性侵两名小女孩，而此时正待在酒店隔壁房间的女孩母亲却毫无察觉。再来看卡拉卡亚案，他被指控意图谋杀埃克斯老爹，但在案发两小时后，三名目击证人还见到受害人走在大街上。

这些叙事中的逻辑错误，如缺乏作案动机或时机的问题在于，法院也许会根据自己的理解来弥补这些漏洞，从而得到另一版本的叙事，但是使用的方法未知。想要对未知之事进行辩护，显然这几乎不可能。

10.2 攻击锚点

所有刑法体系都在某种形式上要求，若要判处被告人有罪必须"排除所有合理怀疑"。叙事必须被安全地锚定在我们了解的现实基础之上。这是通过证据来完成的。辩方的任务在于认真核实控方提供的证据。有两种攻击证据的方法：一种方法是证明所提供证据不真实，所以它无效；另一种方法是论证如果这项证据能够证明它所要证明之事，那么法院必须承认某项不可靠的常识规则在普遍意义上为真。

来看这个例子。在金的案例中，关键问题在于他是否曾经进入祖姆迪克家。祖姆迪克夫妇称，他们听到隔壁卧室传来声响，认为这是有人踩在儿子玩具上发出的声音。第一个证据的攻击点在于，这件事在祖姆迪克夫人第二次做笔录时才被提到。第一次做笔录时，她原来的说法是丈夫听到声响，然后告诉她。因此，也许夫人听到声响这件事本身并不属实，从而无法成为他们故事中的锚点。就算我们假设祖姆迪克夫人所言属实，这也只能证明金当时的确在屋子里，前提是没有其他人触碰那个玩具。当这份陈述作为证据呈交法庭的同时也暗示着这样一项常识规则："如果玩具被弄出声响，那么必然是有入侵者踩在玩具上。"倘若接受这种设定，那么我们基本可以确定，这事就是金干的，他当时就在屋内。然而，这个预设相当不可靠，因为存在无数

202

种可能导致声响的原因，其中之一便是祖姆迪克夫人收拾完晾晒在后院的衣物之后忘记关上后门。或许是风太大吹动玩具发出响声。另外，当时屋内还有两只狗，以及几位来祖姆迪克家做客的客人。难道不可能是他们发出的响声吗？

想反驳证明中陈述的事实，有时只需做些简单的调查工作，例如对比证人们的证言、时间线、定位坐标，等等。辩护律师的这部分工作看起来相当简单，但是语料库的许多案例中连这部分工作都没有完成，假证据也没有被发现。例如尼尔林案，目击证人指出被告人正是其中一名劫匪，即使劫匪们抢劫银行时都头戴面具。只有一名目击证人，乌司绰夫人（Mrs. Woudstra）在劫案发生前曾经看到两名男子在银行附近的街区闲逛。当然，他们那时候还没有戴上面具，于是她认出其中一名劫匪正是尼尔林。她是唯一一名能将尼尔林与银行劫案联系起来的证人。乌司绰夫人在证言里说道："我百分百确定就是他，就算当时他戴着面具。"面具？如果她当时看到的人是尼尔林，也应当是没有戴面具的尼尔林。此案在地区法院审理时，没有人意识到乌司绰夫人的书面证言中存在严重漏洞。辩护律师上诉时把这个问题提了出来。警方的解释是，证人证言最开始是手写记录，然后再打印成报告。文稿经过复印之后，证人原始的亲笔签名变成打印版本。书面证言存在问题，肯定是警员在输入证人证言时某些地方弄错了。且不说这个解释会使这份证言无效，辩护律师并没有察觉这个解释本身就是错的。因为乌司绰夫人的证言是手写的！另外，之前的卡斯特林案，辩护律师从未指出八个月大的婴儿根本不会说话这个问题。我们语料库里也有很多类似案例，辩方本来可以对某些简单的事实问题提出质疑，但却没有这样做。

另一种更重要的辩护方法是质疑常识假设的有效性，它是证据证明力的基础。人们总是可以对这些作为锚点的假设提出质疑。因为无论一项证据看起来多么有说服力，它都建立在一种信念上，即凡事皆有例外。每一次关于是否接受某个常识信念的论证，本身也会建立在

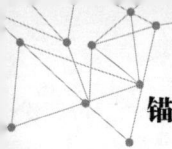

另一个可被质疑的常识信念之上。因此，锚定的过程可被描述为一种对"嵌套子故事的层级结构"（a hierarchy of nested sub-stories）进行不断地探究。在子故事的某个特定层级中，当所有当事方都接受某项常识假设总能成立时，即可停止向下继续探究的进程。因为在此层级上，一个足够安全的锚定处被假设已经找到，就算是法院也必须相信一些事情。这些信念总是可以被挑战和质疑的。下面举两个例子。

10.2.1 案例1：金的案件

在金的案件中，问题关键在于他是否闯进祖姆迪克家。控方在起诉书中写道，金是一名职业盗窃犯，他试图溜进祖姆迪克家盗窃时被外界因素打断。要锚定这个故事，我们必须对该故事的嵌套子故事的层级结构进行探讨。

层级-1

祖姆迪克先生听到隔壁卧室传来玩具的声响，好像有人踩到了玩具。之后似乎还出现三种暗示迹象：家里的狗在叫唤，祖姆迪克夫人也想起听到响声，以及根据警方记录，祖姆迪克先生走进卧室时，发现通往后院的大门开着，于是他大叫起来。可是，并没有人亲眼看到金当时在屋子里。法庭应该相信这些迹象只能被解释为当时屋内确实潜入一名盗贼，还是说存在其他可能？为了回答这个问题，我们必须进入下一层级。

层级-2

祖姆迪克夫人说，她把晾晒在后院的衣服拿进屋之后没有锁门。那天风很大，那扇门会不会被风吹开？如果真是这样，就可以解释为什么玩具会发出声响，也可以解释为什么祖姆迪克先生走进房间之后大叫后门没有关。也许家里的狗也是听到这些声响才开始叫唤。不过，法庭可能认为，即使12月的寒风也不太可能把后门吹开。既然还有这么多不确定性，我们最好继续进入下一层级。

层级-3

控方反驳上述解释，理由是根据祖姆迪克先生的说法，即他走进卧室时后院大门关闭着。他的确是这么说，但问题是这种说法迫使我们相信，金虽然慌忙逃离卧室但仍不忘记随手关门，还没有发出太大响声。如此一来，祖姆迪克夫人说她丈夫大叫后门没有关也肯定是个错误。这意味着法庭必须相信，祖姆迪克先生说的是实情而他妻子说的不是。那么，有没有一项普遍规则来支持祖姆迪克先生的说法呢？

层级-4

也许可以根据我们对人类知觉的了解来探讨这个问题。相比祖姆迪克夫人听到丈夫的喊话并直到次日才向警方报告来说，祖姆迪克先生是亲眼看到后门关闭，并在当日立即告知警方现场情况，后者的可信度更高些。在这个问题上或许我们可以向研究人类知觉的专家征求意见。

204

层级-5

如果法庭希望接受某位专家的证言，他们需要确认两件事情：首先，这位专家是否称职，研究经验是否丰富；其次，这份证言所依据的研究方法是否得到学界普遍认同（参见第9章）。

我们就此打住，虽然想要继续往下探究很容易。在层级-6中，我们可以调查层级-5所使用证据的意义等。然而，在案件实际审理中，辩方在层级-1时就已停止对证据更深层次锚定的探求。尽管没有明显的理由，但是没人认真考虑过门很可能是被风吹开的。

10.2.2 案例2：罗维勒案

罗维勒被指控曾参与一起银行抢劫。证人米斯特斯夫人称，她看到两名男子跑步穿过古德莱根广场，其中一名男子跳上一辆停在路边的汽车，之后驾车离去。米斯特斯夫人用笔记下那辆车的车牌号。警方称这辆尼桑汽车的车主正是罗维勒。罗维勒因此被判有罪，而他本人称，他只是开车送两名朋友到银行附近，他们下车后他便开着尼桑

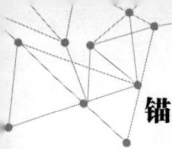

车离开。由于米斯特斯夫人作证说其中一名劫匪开车离去，因此在法庭看来，这份供词恰好说明他就是那名开车逃走的劫匪。然而，这个结论只能从大量隐藏信息中推断出来。

米斯特斯夫人没有看见那两名男子从银行离开的过程，她只看到他们跑步穿过广场。她说看到那两名男子的时间大约是上午 10 点。既然银行劫案发生在上午 10 点 30 分左右，那么米斯特斯夫人看到的男子也许是其他人而非劫匪。要得出这个结论，法庭必须相信两件事情：其一，米斯特斯夫人弄错了她看到那两名男子的时间；其二，案发当天早晨，只发生过一次两名男子结伴跑步穿过古德莱根广场的情况。

米斯特斯夫人说，她看到一名男子跳上那辆汽车。根据地图坐标，她大约从百米开外看到这一场景。米斯特斯夫人已经六十多岁。她的视力如何？当时她戴着眼镜吗？为什么当时其他目击证人（现场有很多人）都没有看到这一幕？要得出这一结论，法庭必须默认，老太太们的视力比普通人更好，她们看事物更清晰。

205   根据米斯特斯夫人的说法，那名男子坐在驾驶位上。她真的能看清楚吗？她说没有看清那辆车有两扇门还是四扇门。既然如此，她又如何能看清男子是从哪扇门跳入汽车呢？对此，法庭必须同时相信一个人的观察是准确的，而他观察另一个相似情景时却是非常困难的。

根据米斯特斯夫人的说法，那名男子跑向那辆车之前，驾驶位上没有任何人。她是怎么看见的？从地图上我们得知，她当时站的方向正对着车尾。汽车的座椅上是否安装了头枕？车辆后窗有遮阳板或其他物件吗？既然没有提供那辆尼桑汽车内部的具体信息，那么法庭必须相信一般来说汽车都没装头枕或遮阳板。

米斯特斯夫人看到的那辆汽车真的属于罗维勒吗？她说那辆车是红色的，但罗维勒的尼桑是蓝色的。看到发生的一切后，米斯特斯夫人走到附近图书馆写下车牌号。警方证据清单中没有这张纸条，他们只是简单提到米斯特斯夫人看到车牌，然后向警方提供了罗维勒车牌号码。不过这个号码警方早已从其他渠道获知（参见第 2 章）。在这里，法庭必须相信一个人既可以准确地记下车牌号码，又可以弄错汽车颜色，同时那张米斯特斯夫人亲笔写下号码的纸条可以毫无理由地消失。

米斯特斯夫人的证言只是本案锚定结构的一部分。不过，这部分锚定结构似乎建立在五个值得商榷的信念上，而且只有提供额外证据才能使这些信念更有说服力。两名劫匪真的是一起离开银行，然后一起跑过古德莱根广场吗？不，事实并非如此，因为有一名目击证人说，只有一名劫匪跑过古德莱根广场，另一名劫匪朝着其他方向跑去。我们能相信米斯特斯夫人的视力良好吗？这个问题尚无答案，因为没人问过。那辆汽车是两门还是四门？如果是四门，上车的男子可能坐到后排座位。虽然警方已经追查到这辆车，但我们还是不知道它有几扇门，也不知道车座上是否安装头枕，或者后窗是否有遮阳板。显然，没有人认为这些简单的信息与锚定米斯特斯夫人的证言有关。米斯特斯夫人写下的车牌号码真的属于罗维勒吗？或者，警方是否从其他渠道获得罗维勒的车牌号，然后替换了这个号码？对一名优秀的辩护律师来说，这些问题本应在法庭上提出，同时应当也能让法庭重新考虑这起案子。但在现实审判中，没人提出这些问题。最终，罗维勒因米斯特斯夫人表面上有价值的证言而被判有罪。

10.3　提出另一叙事

206

根据第 3 章的观点，从逻辑上说辩方在现有证据基础上提出另一个叙事仿佛是一种最不可能成功的策略，因为它没有对控方的叙事产生丝毫影响。然而，倘若法院的目的是寻找到最似真的故事并选择证据来支持它，那么这种策略可能会成功。

我们再以罗维勒案为例。辩护律师选择讲述另一种可能发生的故事。罗维勒让他的两位朋友克里斯（Chris）和爱德华（Edward）搭顺

风车，后来他们在银行附近下了车。他们对罗维勒说想去拜访一位朋友，但忘记了她的住址，所以希望罗维勒把车停靠在古德莱根广场，他们在附近街区走走看看。这就可以解释为什么很多证人说当时看到罗维勒在银行附近出现。克里斯和爱德华离开大约半小时后，罗维勒看到他的朋友们跑步穿过广场，其中一人手里还拿着一个塑胶袋。于是，他立即跳入汽车驶离现场。罗维勒说，他事先并不知道他们要抢劫银行。

对辩方来说，这是一个很好的尝试，但罗维勒最终还是被判有罪。令人惊讶的是，他的律师没有试图证明控方的故事是错误的，或者对法庭指出起诉书的内容禁不起推敲。如前所述，他们曾经有过无数次机会这样做。这个例子体现出锚定叙事理论的两方面意义。从规范性意义上来说，锚定叙事理论要求辩方在攻击控方叙事的同时，也应当对锚定叙事的常识假设提出质疑。从描述性意义上来说，锚定叙事理论指出法院的判断鲜少因为叙事或其锚定过程被攻击而受到影响，因为他们可以按照自己的意愿来建构故事，而且还会固执甚至特立独行地选择证据来支持它。人们只能通过提出另一个更有说服力的故事来打破这个僵局，阻止法院只关注自己的想法。罗维勒就是这样做的，但他没有成功。

10.4　分析的层级

审查锚定过程或者作为锚点的常识假设的前提是，辩护律师能够深入锚定结构的适当层级进行分析。即使某些问题看起来非常琐碎，比如在金的案例中，祖姆迪克先生走进卧室时后院大门究竟是打开还是关闭。若要寻找这些问题的答案，人们需要深入地分析嵌套子故事的层级结构，有时甚至需要求助专家意见或者进行一场透彻的科学论战。如果法院不允许进行分析，那么可以认为这次审判并不公正。当然，不允许出现无限倒退式的分析方式，因为这样一来审讯将永远无法结束。因此，人们有必要设定停止规则。在第4章中，我们已经提出四条符合常理的停止规则。

1. 明显发现构成叙事的陈述为假或存在错误。
2. 达成绝对安全的信念。
3. 控辩双方均认同这项常识假设足够可靠。
4. 法院认定这项常识假设足够可靠。

辩方遇到的大部分问题来自于第 4 条规则。如果法院认定某个锚点足够可靠，那么它可能不会批准继续讨论。不同法律体系下，法院制止律师深究的方式也不同。在荷兰的纠问制体系下，法院只需拒绝传唤下一位证人或专家即可。当辩方要求提供更多来自警方的信息或者要求技术分析支持时，法院可能会裁判这些事情对于案件审理没有必要。所以说，法院才是决定分析层级能够进行到哪里的关键角色。下面我们举两个例子。

欧弗林被指控性侵儿童，但这项捏造的罪名建立在相当蹩脚的证据上。开庭后，欧弗林万万没想到他会因为如此薄弱的证据而被判有罪。由此可见，辩护律师除了否认控罪之外，都没想到必须对控方的证据进行深究，直到地区法院裁判欧弗林有罪的那一刻，他才明白需要更深入的证据分析来揭示警方在欧弗林身上实施的阴谋。要达成这一目标，就必须证明证言中存在矛盾点，警方迫使证人作伪证，以及警方的报告明目张胆地作假。负责本案的检察长在上诉时竭力阻止法庭对证据进行更深入地探究。最后，他使用自己的特权，临时禁止辩方证人出庭。他做得很成功，因为上诉法院的确拒绝传唤辩方证人到庭作证。

沃尔特是一名男护工，他被指控在福利机构性侵两名智障女性。由于这两名女性是本案唯一的证人，因此她们的证言至关重要。法庭决定采用陈述有效性分析法（参见第 9 章）来检测她们的证言。精神病学家会询问这两名女性，然后对她们的说辞进行分析。然而，辩护律师既不相信这种分析可靠，也不信任这名由法庭指定的专家的资质。辩护律师请求法庭允许己方专家在测试进行时到场观察。目的当然是通过对测试方法和专家资质提出疑问来质问这项证据的有效性。但是，预审法官没有批准辩方专家参与对这两名女性进行检测。这种做法严重制约了之后审判中对案件进行层级分析。

208
承认传言证据有效是荷兰司法的惯例之一（参见第11章），这个惯例几乎完全免除证人出庭作证的必要。证人证言基本上无一例外地以警方报告的形式呈交法庭。无法对证人进行交叉询问，这极大地影响了对案件的分析。瑞克布勒姆被指控射杀他女朋友的父亲——兰伯特先生。两名证人目睹了这一切，他的女友和女友的母亲。同时，这两名女性也是本案另外两名潜在嫌疑人。瑞克布勒姆否认控罪，并要求与这两名证人当庭对质。但地区法院没有批准。法院认为，当庭询问证人没有必要，尽管她们的证言与大量法医学证据相矛盾。所以，瑞克布勒姆最终因这些证言而被判有罪。

这些案例都来自荷兰法院，不过类似情况也可能发生在对抗制体系中。交叉询问时，控辩双方可以对另一方证人关于某些问题或特定问题的回答提出异议，主张他们的答案与本案"无关"。相关性争论通常与希望达到的案件分析层级有关。换而言之，其中一方可能试图阻止另一方对案件嵌套子故事的层级结构继续深究。最终，还是由庭审法官来决定探究到何种程度才算合适，而且出于个人原因，当他认为逻辑上故事的分析程度已经合适时，便会停止继续追问。

在普通法系国家，辩方有权交叉询问所有控方证人，反之亦然，这被认为是程序正义的基本原则。而在大陆法系国家，比如荷兰的刑事证据法出人意料地在这个问题上保持沉默，但普遍认为，辩方有权让法庭代替自己向证人提问。由主审法官自行决定是否要求证人回应辩方的问题。《欧洲人权公约》（荷兰也是缔约国之一）规定，被告人有权与任何指证他的证人进行交叉询问。在荷兰刑事审判中，这项权利通常会被法院剥夺，法院可能迫于时间压力认为对证据进行更深入的锚定没有必要。但是，人们应当认识到，在任何体系下交叉询问的权利都不应受到限制。

限制对证据深入分析的典型表现是，禁止实验心理学家对证人的记忆力进行评测。美国一些州已明确立法规定严禁采用此类专家证言。其他许多国家也是如此，无论是大陆法系还是普通法系。这令人惊讶，因为听取记忆力专家的意见能够更加深入地分析目击证人提供的证据。在荷兰没有明确规定禁止接受此类专家证言，但我们之前提到的辨认测试反映出（参见第 7 章）荷兰法庭实际上通过几种方式限制对目击证人证言进行分析：（a）从不主动寻求心理学家的意见；（b）即使专家提出意见，也几乎不予以考虑。这可能令辩护律师认清现状，从而放弃向法庭呈交专家意见的机会。这也可以解释为什么直到上诉阶段，辩方律师才去寻求专家意见支持。

几乎在所有国家的法律体系中，拒绝承认证据或者拒绝传唤证人出庭都可以成为上诉理由，但拒绝承认已被法庭**认定**的证据则不能成为上诉理由。其中一个原因是，通常人们并不知道哪项证据已被法庭认定；另一个原因是，建构案件事实的责任只属于事实审理者。辩护律师不能要求上诉法院重新调查已被初审法庭认定的事实。对此上诉法院也只能回应，初审法庭对现有证据分析不够充分。即使辩护律师提出异议，上诉法院通常还是接受初审时控方锚定叙事所依据的常识假设，而且不会给出任何理由。即使法律程序要求事实审理者给出裁判理由，也不会要求他或她为自己的常识假设进行辩护乃至详细说明，而所有证据最终都会被锚定在这些常识假设之上。

10.5 力量失衡？

在选择将案件分析推进至何种程度方面，控方明显占据更有利的地位。起诉书的内容由控方起草，法庭需要审议的叙事锚点也由控方提供。控方有充足时间和机会来调查一起案件、传唤证人、进行检查，以及咨询专家。所有这些构成一个号称已被锚定的故事，以供法庭形成对案件的基本看法（大陆法系国家），或者形成诉讼初期对案件的初始印象（普通法系国家）。辩护律师的任务是，通过对案件进行深层次分析来与控方分庭抗礼。对于法庭来说，这将是一个混乱的时刻，因为辩方试图打乱控方原本清晰而融贯的故事。辩护律师必须克服重重困难与限制，如时间、经济、寻找证人和获取专家意见等，才能完成这项工作（参见第 9 章）。由此可见，控方在审判初期无可避免地占据有利地位。不过，审判程序应当尽可能保证这种初期优势不会成为双方对弈时力量失衡的原因。

控辩双方势均力敌不可能成为刑事诉讼程序的初始状态，但这应当是审判时程序正义所力图达到的目标。纠问制诉讼程序中，控辩双方不会在秉持中立且被动的法庭面前进行争论。法庭自己会主导这场争论，控辩双方只需从旁协助。法庭期望真相浮出水面不是借由双方各抒己见得出的结论，而是经过一场彻底调查而产生的结果。在这种体制下，证据分析的深度成为本质关键，每个参与者都应摒除偏见，为实现这一目标而努力。然而，在现实中真正客观的调查并不存在，完全放弃己方立场的控辩双方也不存在，因为即使在纠问制体系下，控辩双方也会积极地争取胜利。他们会列举证据，质疑对方观点，有时还对某些诉讼进程提出反对意见。为了获胜，双方都为自己的立场以及所依据的锚点据理力争。在这种背景下，谁先说谁有优势。显然，对于辩方来说，这将是一场艰苦卓绝的战斗。

锚定叙事理论并不认为法院会同时考虑两个故事版本，一个来自控方，另一个来自辩方，而且还一视同仁地对待直至做出最终决定。相反地，该理论指出，在大部分情况下控方的故事才会被法院认真对待，而控辩双方所提出的证据都会为这个故事服务。对这两个故事版本产生偏见正是我们担忧的问题，也就是说这不是一场公平的对决。证据的证实与证伪如何在司法实践中挫败这种初始偏见，我们将在第 11 章中更加详细地讨论这个问题。

法院经常需要面对一些得不出明确结论的证据。证据矛盾、丢失、不值得采信、难以服众，甚至根本就是错的，这些情况都十分常见。面对这些问题法院不应灰心丧气，相反地，应当期望获得尽可能多的证据来得出结论。在此过程中，法院不可避免地接受其中某些证据，而忽略其他证据。理性上，无论选择还是排除证据都应当依据可靠的指导原则。这种可靠性可以通过某种方式来确定。锚定叙事理论指出，法院会根据自己相信的故事来选择和排除证据。当然，这个过程是循环的：首先选择符合叙事的证据，其次因为证据完美支持故事内容而坚持认为这就是所发生的事实。

这个问题看起来仿佛是一种顺序上的安排，以叙事而非证据作为出发点，但这不是真正问题所在。所有验证科学假设的方法，都是先提出理论再寻找数据支持。真正的问题在于，证据的选择过程既不被记录也不给出解释。人们不清楚哪些证据被事实认定者选中，哪些被排除。最重要的是，排除的证据也不影响结论的得出。所以说，选择证据来锚定叙事内容与验证科学假设，如贝叶斯或其他方法论等并不完全一致。人们采用这种方法可能是迫于实际要求，但是其过程具有暗示性、不可靠、不合逻辑的特点，而且在缺少程序规范的情况下它还是不公正的。由于选择无可避免，所以我们不会反对使用这种方法，但反对忽略那些使所选证据可被接受所需要的保障措施。

11.1 证实和证伪

我们在第 5 章已经讨论过证实和证伪的区别。现在我们再次回到这个话题上，借此说明法官和陪审团所面对的严峻逻辑难题。

证据也许能证明起诉书的叙事是否属实。瑞克布勒姆案中，被告人的犯罪前科构成他有暴力倾向的一种证实。当然，这份证据无法证实瑞克布勒姆的无罪主张，但也没有证伪这个命题，有前科史的人（在除前科所涉之外的其他案件中）也可能是清白的。这份证据也不能证伪控方提出被告人有罪的观点。因此，我们认为，一项证据具有四种特质：

> 证实控方叙事；
>
> 证实辩方叙事；
>
> 证伪控方叙事；
>
> 证伪辩方叙事。

这些特质之间互相独立，因此它们可以形成 16 种可能的组合。其中 7 种组合可以根据逻辑排除，因为一个事实无法既证实又证伪同一个命题。我们在表 11.1 中列出其余 9 种组合。注意，这些组合都是观念上的分类。当然，一项证据在多大程度上证明被告人有罪或无罪，也取决于这项证据的诊断值。这在第 4 章已经讨论过。此外，对特定证据的类型归属问题可能也颇具争议。比如，犯罪前科类证据是归为类型 6（证实控方叙事），还是归为类型 1（与案件无关）？因为根据刑事诉讼法，定罪时被告人的前科史不应予以考虑。

前 3 种类型不涉及有罪或无罪裁定，因为它们无法区分互相对立的陈述。类型 3 也许是个例外，因为"排除合理怀疑"标准可能要求，如果控方叙事被成功证伪，那么应当将被告人无罪释放，即使辩方的叙事也被反驳。类型 4 和类型 9 的诊断值颇高，因为此时其中一方的叙事被证实，而另一方的恰好被证伪。类型 5 和类型 8 只有中度诊断值，因为即使其中一方的叙事被反驳，另一方的也没有得到肯定。这里也是因为要求"排除合理怀疑"的缘故，相对辩方来说，成功证伪控方叙事可能对案件造成的影响性更大。最后，类型 6 和类型 7 只有较低的诊断值，因为它们只是证实其中一方的叙事，但没有证伪另一方。

表 11.1　证实与证伪的 9 种组合

证实叙事		证伪叙事		
控方	辩方	控方	辩方	类型：相关性
—	—	—	—	1：不相关
+	+	—	—	2：中性
—	—	+	+	3：中性（?）
+	—	—	+	4：高度有罪
—	—	—	+	5：中度有罪
+	—	—	—	6：低度有罪
—	+	—	—	7：低度无罪
—	—	+	—	8：中度无罪（?）
—	+	+	—	9：高度无罪

　　这项粗略的分析表明，评估证据是一件非常复杂的工作。我们引用表 11.1 中的组合类型来分析一下瑞克布勒姆案中的证据。 213

　　瑞克布勒姆被指控杀害其女友的父亲——兰伯特先生。他的女友妮可在两人同居一段日子后打算离开他。她和父母一起去瑞克布勒姆家拿回自己的衣物和其他物品。后来，兰伯特先生和瑞克布勒姆发生争执。从此刻开始，故事出现不同的版本。妮可和她的母亲称，瑞克布勒姆掏出一把手枪，并在半米外朝兰伯特先生开枪。瑞克布勒姆却说，是兰伯特夫人拿出一把小手枪指着他。他上前将兰伯特夫人的手腕向下按并试图扭转枪口。手枪掉到地上意外走火，打中两米开外的兰伯特先生。瑞克布勒姆跑到附近的电话亭打电话叫救护车。他大约在五分钟到七分钟后返回（每个人都同意这一点）。然而，急救电话并不是瑞克布勒姆本人打的，而是一名当时正在电话亭里打电话的女子。警方接到这通报警电话并记录下来。瑞克布勒姆称他是跑步去的电话亭，但妮可和兰伯特夫人暗示他开车前往。本案证据如下所示。

兰伯特先生死亡。这项证据证实双方部分陈述，因此它是一项中立的信息（类型2）。

杀害受害人的手枪一直没有找到。双方对手枪遗失都给出自己的解释。兰伯特夫人说，瑞克布勒姆去电话亭时带走了手枪；瑞克布勒姆称，兰伯特夫人将手枪偷偷藏在手提袋中（类型2）。警方对从瑞克布勒姆家到电话亭道路附近展开地毯式搜查，但依然没能找到那把手枪（类型9）。因为当时警察没有对妮可和兰伯特夫人进行搜身，因此对这件事情证实和证伪的机会都被错过了。

控方假设瑞克布勒姆开车前往电话亭，因此他可以到达电话亭之前将车开往其他地方。他可能已经在途中某处丢弃那把手枪。警方本可以通过检查瑞克布勒姆汽车发动机的温度来证实或证伪这个假设，但是他们没有那样做。而且电话亭里那名女子称，瑞克布勒姆是徒步跑到电话亭的。因此，控方的假设被证伪，而瑞克布勒姆的说法得到证实（类型9）。母女二人的证言也确定，从瑞克布勒姆家到电话亭需要大约五分钟到七分钟路程，连同电话亭里女子说瑞克布勒姆徒步到达电话亭，以及警方沿途搜查的结果，这些都极其有说服力地证伪了控方提出的说辞（类型9）。

母女俩说，那把手枪是一种抛壳枪。虽然她们没有证实瑞克布勒姆曾寻找或捡走弹壳，但杀死受害人那颗子弹的弹壳一直没有被找到。这就证伪了控方的说法，部分证实瑞克布勒姆的陈述，因为那把"德林杰"手枪并不像母女俩所说能抛弹退壳（类型9）。

214

　　警方还对瑞克布勒姆的双手进行硝烟反应测试，但没有发现开枪后遗留的火药痕迹（类型 7）。但这无法证伪控方的说法，因为开枪并不一定会留下火药痕迹。尽管瑞克布勒姆强烈要求警方也对兰伯特夫人进行硝烟反应测试，但他们没有那样做。再一次错过证实瑞克布勒姆所言非虚的机会。

　　而且，受害人头部附近没有发现火药痕迹。根据法医实验室的说法，如果像那位女士所言，开枪距离在半米左右，那么应该会留下火药痕迹。所以，这项证据部分证伪了控方的故事，而且部分证实瑞克布勒姆的故事（类型 9）。另外，法医实验室也证实，受害人身上的伤口最可能是距受害人两米到三米左右开枪造成的，因此，瑞克布勒姆的说法再次得到证实（类型 7）。

　　根据犯罪现场重建，法医实验室指出从子弹的入射角度来看，手枪不可能以那两位女士所说的方式开枪射击。而这个角度却完全符合瑞克布勒姆描述的故事版本，即子弹是从兰伯特夫人握着的手枪中射出，当时瑞克布勒姆正试图将她的手向下按。所以，我们又一次证伪了控方部分指控内容，也证实了瑞克布勒姆的部分说法（类型 9）。

　　后来在瑞克布勒姆家发现两颗与杀害兰伯特先生相同类型的子弹。控方称，这些子弹属于瑞克布勒姆。然而，瑞克布勒姆说，这两颗子弹是在他去电话亭报警时，母女俩为了栽赃陷害他留下的（类型 2）。

　　根据技术分析证实，这两颗子弹与杀害兰伯特先生的子弹属于同一批次。但是，这个结论对于控辩双方的故事都说得通（类型 2）。

　　母女俩指控瑞克布勒姆杀死兰伯特先生。瑞克布勒姆认为，她们为了撇清自己的嫌疑当然会这样（类型 2）。

　　妮可声称瑞克布勒姆之前曾用枪威胁过她。瑞克布勒姆表示，那是一把玩具手枪，警方的确在他的汽车里找到了这把手枪（类型 2）。

　　瑞克布勒姆是一个偷车贼（类型 1），而且他的父亲是一名毒贩（类型 1），这些事情众所周知。他有暴力前科，也曾对妮可动过手（类型 6）。他还涉嫌另一起谋杀案，那起案件中他为自己辩护的说辞和本案如出一辙，即称被别人栽赃陷害。本案审讯期间，那起案件也在审理当中（类型1）。

215   兰伯特一家属于中产阶级，在市中心经营一家面包店，他们不像那种会持有枪械的人（类型5）。不过，瑞克布勒姆解释说，兰伯特先生曾在他们的面包店遭到抢劫之后给妻子买了一把手枪防身。兰伯特夫人对此予以否认，而警方也没有查到那次抢劫的记录（类型4）。

部分证据的类型归属的确具有争议性，因为这主要取决于法庭或者陪审团愿意相信什么。比如，他们可能在母女俩对瑞克布勒姆的指控问题上有所保留，因为她们有足够动机诬告他。她们的证言可能被认为属于中性证据（类型2），因为这些证言在控辩双方的故事中都能说得通，最多也只是稍微能证明瑞克布勒姆可能有罪（类型6）。如果人们倾向于相信母女俩说的是实话，也许因为这是一份宣誓后的证言，或者她们的话听上去很真诚，又或者她们在交叉询问过程中没有露出破绽，因而她们的陈述可能被认为属于高度有罪类型（类型4）。

警方没有采集到这起案件的决定性证据。在案发现场，他们没有对兰伯特夫人双手进行硝烟反应测试，而且既没有对母女俩搜身，也没有对瑞克布勒姆的汽车发动机进行温度检测。这些检测结果既能为瑞克布勒姆洗清罪名，同时也可能成为将其定罪的强有力证据，还能澄清两位女士因兰伯特先生身亡所招致的挥之不去的猜疑。如果缺少这些证据，则无法确定她们证言的可信度。假设法庭将母女俩的证言视为类型4，我们将现有证据分类列在表11.2中。

有人可能会问，法院如何厘清这种大乱炖似的信息集合。实际上，法院做出的任何判决都可以通过选择合适的事实来支持它，而且没有一项判决能同时得到所有证据支持。

11.2　裁定规则

刑事证据法通常不会设定具体的证据裁定规则。荷兰法律明确规定将选择和评估证据的权利交给法院。这种做法与大多数大陆法系国家类似。普通法系国家也是如此，没有为审判者设定专门的规则来处理证据冲突问题，只规定哪些证据可以或不可以呈交给审判者。

表 11.2：瑞克布勒姆案中每种证据类型（见表 11.1）数量统计

1	不相关	3
2	中性	5
3	中性（？）	——
4	高度有罪	2
5	中度有罪	1
6	轻度有罪	1
7	轻度无罪	2
8	中度无罪	——
9	高度无罪	6

人类决策理论，例如耶茨的理论（Yates，1990），提出了许多如何累计信息的方法。其中有一套规则允许人们将正、负向证据的值进行抵销。计算证据总值最简单的方式是加权运算。例如，我们将类型 4 到类型 9 的证据值分别设为 3、2、1、−1、−2 和−3，类型 1 和类型 3 的值为 0。所以，计算得出瑞克布勒姆案中所有证据值为−13，因此说明被告人应当被无罪释放。 216

但是，这种赋值方式似乎有些武断，也许我们还可以将不同类型证据的重要程度也考虑其中。例如，人们可能认为证伪控方的故事比证伪辩方的更有价值。另外，根据"排除合理怀疑"标准，证伪控方叙事比证实它更有价值。基于这种考虑，我们将类型 4 到类型 9 的赋值重新分配为 6、4、1、−2、−8、−12。于是，瑞克布勒姆案中证据总值为−61，更能证明他无罪。尽管这种赋值方式缺乏规范性，但它明显说明瑞克布勒姆案中所有证据累计起来更倾向于证明他无罪。由于瑞克布勒姆最终还是被判有罪，所以我们不得不假设法庭在做出决定时，并没有根据某种合计信息的规则将本案所有证据累计起来。

另一种可以体现这种补偿原理的方法是我们在第 2 章提到的贝叶斯更新（Bayesian Updating）。不过，这种方法涉及大量主观判断，其中最困难的问题在于如何评估所有证据对案件的影响比率。瑞克布勒姆案中，母女俩证言的诊断值对判决有什么影响？为了做出合理的评估，决策者必须考虑这类证言属于诬告还是真的能证明被告人有罪，二者的比例是多少？法官或陪审团又如何得知诬告或者证明有罪的频率或概率是多少？另一种判断诊断值的方法是运用表 11.1 中的证据分类，即高度有罪证据的诊断值很高，而轻度有罪证据的诊断值较低。比如，我们可设定类型 4 到类型 9 证据对案件的影响力分别为 4、3、2、0.5、0.3 和 0.25。或者，根据之前的观点，不同类型证据的重要性可能不一样，因此重新设定影响力为 5、3、2、0.25、0.1、0.04。这些数值并非完全不切实际，因为实践中证明被告人有罪证据的诊断值往往高于 5（参见第 4 章）。在这些方法中，"排除合理怀疑"标准可能也有所体现，比如一项有利于被告人的证据必须使用至少两项不利于他的证据才能将其抵销。如果应用这一原理并且假设先验有罪比为 1∶20，那么基于现有证据瑞克布勒姆有罪概率是十亿分之一。当然，这种诊断值设定方式只不过比加权方法稍微慎重一点，因为贝叶斯模型可被简化为某种加权规则。不过再次声明，即使不考虑这些数值的意义，我们根据各种方法将所有证据综合起来考虑，瑞克布勒姆也不应当被判有罪。

可代替补偿规则的另一种规则是合取规则。这种规则要求，单独评估每项证据的诊断值，而且一旦控方叙事被证伪，那么无法用任何其他证据来抵销。这种裁定规则在刑事审判中非常合理，因为如果某个证据能完全证明被告人清白，那么法院不应再基于其他证据判他有罪，除非证明那项证据属于伪造。瑞克布勒姆案能说明这一点。该案有 6 项证据能证伪控方的故事，但只有两项证明瑞克布勒姆所言不实，即警方没有查到任何有关面包店被抢劫的记录，以及当时在场的两名目击证人指证他杀人。从逻辑上来说，这两个故事版本都被证伪不太可能，因为其中必有一个是真相。母女俩说瑞克布勒姆从半米开外射杀受害人，这份证言显然比不上法医鉴定报告的结论有力，即子弹是从比这距离远得多的地方射出且击中受害人。只有通过对证据进行选择才能解决这一困境，但什么才是合理的选择依据呢？

我们有很多应用合取规则的方式。有人可能指出，只要一项类型7 到类型 9 的证据成立，就应当宣判被告人无罪释放。另外，人们也会认为，不能只根据类型 6 的证据就判一个人有罪，至少还需要有类型 4 或类型 5 的证据。不过，这些合乎逻辑的规则从未被纳入刑事证据法中。相反，我们发现一些与定案证据相关的规则，它们既不关注证据的本质或类型，也不关注在多大程度上容许证据之间存在矛盾。

通过分析荷兰证据法，我们粗略地得出以下合取规则：

在全部现有证据中，至少有两项能被归为类型 4、类型 5 或类型 6。其中一项应属于类型 4 或类型 5，剩余的可能属于类型 6。

只有类型 7、类型 8 和类型 9 的证据能够削弱所有类型 4、类型 5 和类型 6 证据的证明时，才需将它们纳入考虑。

根据上述规则，瑞克布勒姆案中有足够证据证明他无罪（3 项），其中 2 项属于高度无罪类型。不过，这些无罪证据并不能完全否定**所有**有罪证据，也许正是因为这一点，它们被法庭忽视。所以说，现有证据足以合法地证明瑞克布勒姆有罪，但这些规则没有禁止将无罪证据纳入考虑。相反地，法律明文规定即使是能充分证明被告人有罪的证据也必须**令人信服**。有人可能会问，这些规则能否合理解释为什么判瑞克布勒姆有罪，因为似乎那 6 项高度无罪证据并没给地区法院或上诉法院带来任何影响。究竟是什么"说服"了法院？难道这 6 项证 218

伪证据不会令他们苦恼吗？即使它们在法律上没有强制性。

11.3　有限的证伪影响力

证伪控方故事似乎不太影响法院判决的原因可能是，法官或陪审团的决定建立在证据选择的基础上。选择证据总是必要的，因为案件中经常出现相互矛盾的证据。人们不能指责说，法院为使案件事实显得融贯而排除某些证据的行为不好，这种批评不合理。法院随随便便排除矛盾证据的行为，才是真正而且必须遭到批评的事。

荷兰法律要求法官给出定罪理由。因此，他们会列出那些让他们相信被告人有罪的证据，这至少让我们能够知道他们最终选择了哪些证据。但遗憾的是，通常法官不会透露选择这些证据的原因，以及为什么某些证据可信，另一些证据因为不可信、不真实或与案件无关而被排除。通常比较难看出这些证据所需证明的事实是什么。

地区法院和上诉法院都判瑞克布勒姆有罪，同时列出妮可和她母亲的证言以及兰伯特先生已经死亡的事实作为判决理由。根据我们的证据分类并假设这两名女士所言属实的前提下，我们认为这些证据属于高度有罪和中性证据。但是，那6项高度证明瑞克布勒姆无罪的证据呢？如一直未找到的凶器、消失的弹壳还有那份关于开枪距离和角度的法医学报告。排除这些证据的理由又是什么？

有时候，只要有一项证伪证据就足以反驳控方的整个指控。瑞克布勒姆案中，这项至关重要的证据就是那份法医学报告。报告证实射出致命一枪的距离不止半米，而且发射角度与两名目击证人所言不符。但锚定叙事理论指出，人们只有在接受某些普遍信念（general belief）的前提下才会接受证伪证据。要接受这份报告是一项准确无误的证据，法院必须相信科学证据绝对正确，而且专家们绝不犯错。法医学报告的措辞通常会避免绝对化，因为这种报告一般用"极有可能"来表达最高程度的肯定。荷兰的专家们确实从未说过他们绝对正确。不过，美国的专家们已经了解到，主张结论非常肯定对于说服陪审团而言至关重要［参见精神病学家格里格森（Grigson）的例子，Rosenbaum，1991］。

瑞克布勒姆案也为技术性证言的表达提供了一个很好的示范。控方法医专家证实，从瑞克布勒姆公寓中找到的子弹和他岳父颅脑中的那颗合金成分一致，这意味着这些子弹属于同一生产批次。但是，辩护律师引用一位军事工业领域专家的证言称，所有产于西欧军事工业子弹的合金成分都一样。辩护律师的行为难道不是适得其反吗？他向法庭证明，技术性证言并非绝对可信，这是否让法庭找到借口排除那些与起诉书内容不相符，同时证明无罪的法医学证据呢？

锚定叙事理论不仅预料到证据会被选择，而且所有证据还会被以起诉书叙事的视角来进行评估。不符合起诉书叙事的证据不会被用来改写或改变叙事；而是叙事本身被用来排除那些与之不符的证据。只有当一项证据反映的事实在逻辑上完全不可能发生时，它才能改写或改变有关叙事。瑞克布勒姆案中那 6 项存在疑点的证据很轻易地被法院所消解：

> 之所以没有找到凶枪，也许是因为警方没有尽力寻找。
>
> 也许瑞克布勒姆没有使用他的汽车，因为他离开公寓的时间相当长。据称他离开了大约五分钟到七分钟，但人们都知道估算时间经常不准。
>
> 电话亭中的女子称，瑞克布勒姆是跑步到的电话亭，但也许她没有看到瑞克布勒姆的汽车停在街道拐角处。
>
> 没人看到瑞克布勒姆在开枪之后将弹壳捡起，可能他真的捡了但母女俩没看到，因为她们刚刚目睹自己的至亲死亡，心情过于悲怆。
>
> 法医学报告称，射击距离"很可能"比两位女士说的要远。尽管如此，两位女士可能对开枪距离的估算有误。有些人对估算距离不太在行，尤其是在承受压力的情况下。
>
> 法医学报告关于受害人头部子弹射入角的测定结果与案件无关。

219

也许手枪恰好在瑞克布勒姆与兰伯特先生扭打时走了火。在这种情况下子弹可能从任何非正常角度射入身体。

假如人们以起诉书的叙事为出发点并追问其背后支持的信念，那么可以肯定的是某些证据可被消解，甚至是那些能够证伪起诉书的证据。从这里可以预见到，证伪证据的影响力可能远比在逻辑上证成它要小得多。我们研究的 35 起案例中，不知出于何故法院公然无视伪造证据的存在。比如以下例子。

220   布恩迪亚被指控用刀刺伤前妻奥莉安娜并杀死她的兄长阿弗雷多，受害人衣物上发现两名陌生人的血迹。所有目击证人都没有提到这两名陌生人。所以说他们的陈述彼此相冲突（可能是为了掩饰某些真相），显然至少这些陈述在某些方面属于伪造。然而，布恩迪亚仍然因为这些证言而被判有罪。为什么法庭会忽视这份法医学血迹报告，同时对不同证人证言之间存在矛盾视而不见呢？

卡罗尔被指控是一名爱尔兰共和军恐怖分子，他和同伙一起枪杀了两名澳大利亚游客。本案只有两名证人，他们称曾经见过其中一名行凶者的外貌。阿维坎普夫人说，辨认测试之前她从来没有在媒体报道中见过卡罗尔的照片，这显然不实。然而，她的证言仍被地区法院列为证明卡罗尔有罪的证据。究竟是什么理由让法庭无视这些证据中存在的疑点？

卡斯特林因性侵一名八个月大的婴儿而被判有罪，裁判依据是婴儿亲口说的证言，由警方以报告形式呈递给法庭。这份报告显然是伪造的，因为八个月大的婴儿还无法开口说话。为什么法庭会无视客观事实而接受这份证言呢？

伊安鲁因杀害土耳其工会领袖欧客曼而被判有罪。目击证人对凶手的外貌描述有两种截然相反的版本：有的证人称，犯罪人身形消瘦，且拥有一头直发；而另一些证人则称，犯罪人体态臃肿，留着一头卷发。从法庭的判决来看，他们一定相信这两种描述都符合伊安鲁的外

貌特征。在辨认测试中，伊安鲁被证人成功指出，但队伍中的人选具
有高度暗示性，而且这项测试是在伊安鲁的照片被各大媒体公布之后
才进行。为什么法庭无视这样一个事实，即一个人不可能既身材消瘦
又体态臃肿？

葛瑞穆林承认在 5 年间犯下 26 起*纵火案，据说还给出确切的时
间和地点，但是他患有失忆症的事情人尽皆知。为什么这一点没有引
起法庭的注意？

卡拉卡亚因谋杀埃克斯而被判有罪，但至少 3 名目击证人在所谓
案发 2 小时之后看到埃克斯还活着。是什么理由让法庭认为这些证人
所见不实？

卡夫因出手打伤蒙克斯并导致对方终身瘫痪而被判有罪。11 名证
人中仅有 2 人认同控方的说法，而 5 人认同辩方的说法。为什么后者
的证言被法庭排除？

我们还可以给出更多的例子，但现在问题已经很清楚。所有这些
案例都包含类型 4 和类型 9 的证据。逻辑上法院不能同时采信这两种
证据，但他们为什么只排除类型 9 的证据，而且从不做解释。这样一
来便使得选出的证据对判决来说不具有决定性意义。关键问题不在于
选择采信哪项证据，而在于**为什么**选择这项而非其他证据。这类问题
并非荷兰独有，在所有法律体系中，无论是大陆法系还是普通法系，221
事实审理者都没有义务解释为什么他们不对某些证据做出选择。

11.4   再有一例：格兰纳特案

艾哈迈德·格兰纳特被控杀害妻子玛利亚一岁半的女儿。他们 3
人一起驱车从鹿特丹前往芬洛市，半夜时分孩子在车后座上睡着了。
艾哈迈德和玛利亚因吸食烈性毒品而引起生理反应。于是，他们决定
将车停在威尔特市附近的停车场里亲热一会。从这里开始他们的叙述

---

* 原文笔误，应该是 27 起。——译者注

发生分歧。艾哈迈德说后来他下车去小解，回来时发现玛利亚站在车子旁边，怀里抱着奄奄一息的孩子。玛利亚的说法则是，艾哈迈德带着孩子一起去的洗手间，回来时孩子已经快不行了。本案的证据能够反映出的事实如下：

孩子死于内伤。显然，这是遭到多次暴力打击所致。这属于类型2证据，因为它符合双方的描述。

玛利亚说，艾哈迈德离开约20分钟，他当然有足够时间杀死一个孩子。如果人们相信玛利亚，那么这项证据可归为类型6。不过，玛利亚自己也是本案的另外一名潜在嫌疑人。

艾哈迈德说，他只离开了10分钟。这也不是不可能，艾哈迈德是一名瘾君子，他们通常都有排尿问题。如果人们相信艾哈迈德，那么这项证据可归为类型7。

警方称，艾哈迈德曾经翻越铁丝栅栏，可是他身上的衣服没有留下任何刮伤的痕迹。这项证据属于类型9还是类型1呢？

艾哈迈德说他下车时只穿着袜子。法医实验室对袜子上黏附的灰尘进行分析，如果艾哈迈德穿着袜子在四处溜达近10分钟，那么袜子应该更脏一些。经过现场重建，这个说法得到证实。它证明艾哈迈德在说谎，即他离开的时间应少于10分钟，但逻辑上反而使他的故事比玛利亚的更可信，因为后者说艾哈迈德离开了20分钟而不是10分钟。因此，这项证据应当归为类型7。从技术的角度来说，对艾哈迈德袜子进行分析意义可能不大，因为艾哈迈德被捕时距离案发已经过去相当长的一段时间。因此，袜子证据可能最好归为类型1。

玛利亚说当晚她在停车场看到许多来来往往的车辆。她能说出这些车辆的特征，而且警方也追查到大部分开车的司机，他们都承认当天晚上的确到过那个停车场。这里逻辑上似乎暗示玛利亚需要整整20分钟的时间来观察这些车辆的特征以及它们行驶的方向。这个逻辑并没有太多说服力；因为用10分钟左右足以观察3辆到4辆汽车。她没看到的车辆数量不得而知。而且，如果一个人意图杀人，那么他有强烈动机四处观察周围的环境。因此，这项证据充其量只能是类型 1。

　　艾哈迈德说他没有看到其他车辆，因为那段时间他正在灌木丛里小解。无论如何，他说停车场里没有其他车辆显然是错误的。因此这可能属于类型 5 的证据。

　　事情发生后，艾哈迈德尝试对孩子实施人工呼吸，后来他还把孩子送到医院，而整个过程中玛利亚完全出于被动状态。显然，艾哈迈德不希望看到孩子死去。这可以被归入类型 7。

　　据说在医院一名护士无意间听到玛利亚说："在警察发现真相之前咱们走吧！"或者类似的话。随后，护士报了警。警方逮捕了艾哈迈德。玛利亚说的话可归入证据类型 7。

　　在停车场附近发现小女孩的一些衣物，这证明当时她的确在现场，但除此之外无法证明其他任何事情。这属于类型 2 证据。

　　玛利亚指控艾哈迈德是凶手，这属于证明他有罪的证据，可归为类型 4。

　　艾哈迈德指控玛利亚才是凶手，这属于证明他无罪的证据，可归为类型 9。他解释说玛利亚诬告他是为了洗清自己的嫌疑，这就增加一项类型 7 证据。

　　艾哈迈德和玛利亚案发时曾吸食烈性毒品，因此他们都不是非常可靠的证人。这属于证据类型 3。

　　玛利亚是女孩的生母，艾哈迈德的兄长是女孩的生父。玛利亚是白人，艾哈迈德是黑人。这些都属于类型 1 证据。

　　孩子死亡之后，玛利亚还是和艾哈迈德在一起，这暗示她并不认为艾哈迈德是杀害她孩子的真正凶手。这项证据属于类型 1 还是类型 4 呢？

　　艾哈迈德曾有虐待儿童的前科。这属于类型 4 证据。

　　上述证据类型数量统计如表 11.3 所示。表格中不相关或中性证据有 10 项。证明艾哈迈德无罪的证据比证明他有罪的数量更多。这是一个以多取胜的示例（Yates，1990，p. 221），只要这些规则符合补偿原

理，那么无论这些证据如何赋值或者应用哪种判断规则，艾哈迈德无罪的可能性都更高。只有选择合取规则才会导致对艾哈迈德做出有罪判决，但是这种规则建立在排除某些无罪证据的基础上。难道不该要求法庭解释为什么他们选用合取规则，以及根据哪些理由排除哪些证据？法庭列出玛利亚的指控作为判处艾哈迈德 8 年监禁的充分证明，但没有解释为什么采信她的说法而不是艾哈迈德的。法庭没有将艾哈迈德前科史作为此次判决的依据。

223

表 11.3　艾哈迈德·格兰纳特案中每种证据类型（见表 11.1）的数量统计

1	不相关	7
2	中性	2
3	中性（？）	1
4	高度有罪	2
5	中度有罪	1
6	轻度有罪	1
7	轻度无罪	4
8	中度无罪	—
9	高度无罪	2

11.5　不同审判程序阶段的选择

证据的选择不可避免，但它应由法院或陪审团来操作。但在整个审判过程中，控辩双方都尽可能讲述对己方立场最有利的故事，并通过选择适当的证据来支持它。证据的选择从警方对案件展开侦查时就已经开始，而且会延续至将案件转交给检控官和预审法官的时候。辩护律师也许会有同样的选择权利，在此之后法院会进行最后的修饰和整理。最终，人们也许无法控制这些叙事和证据会变成什么样子，也许会在相当程度上人为重塑。我们并不认为，在此过程中警方侦查员、检控官或是预审法官的做法出于别有用心，意图谋害被告人。在他们看来，这么做只是向法院提供故事核心的简化版本，从而预先得出法院必然会做出决定而已。根据以往经验，有些证据类型几乎总会被法院回绝，这很自然地提示公职人员他们收集或呈交此类证据没有什么意义。比如，法院会忽视那些在辨认测试中没能成功辨认嫌疑人的证言，因此警方会认为无需报告这样的测试结果，甚至到头来可能认为这种否定的测试结果实际上与案件无关（参见第 8 章）。

11.5.1 警方侦查员

警方侦查员可能会通过三种方式来选择证据。第一种方式是他们可能不只采集确凿证据，就像瑞克布勒姆案那样。第二种方式是他们可能不会报告某些证据，即使采证已经完成。这种情况在胡斯曼案中就发生过。胡斯曼被指控贩售海洛因。他为自己辩护说，他兜售的不是海洛因而是大麻，在荷兰贩售大麻只属于轻罪。警方逮捕胡斯曼后对他进行搜身，并在官方记录上写道，胡斯曼的私人物品中"没有发现任何相关物件"。后来，他的律师发现警方曾在胡斯曼身上找到几包大麻。这就非常符合证据类型 7，但警方没有报告这项证据。他们解释说，因为胡斯曼被指控贩售的是海洛因，所以只有海洛因才与案件相关，大麻不属于相关物件。

隐瞒证据是一种极端的例子。这种情况曾发生在德米扬鲁克案中。在侦查行动早期，特别调查办公室就知道"伊万"的姓氏是马尔琴科（Marchenko），而非德米扬鲁克。这一点得到几名证人的证实，但办公室负责人阿伦·莱恩（Allan Ryan）却将此信息压了下来。往好的方面想，也许莱恩真的不认为这些信息与案件有关；往坏的方面想，他就想拿下这个案子，无论真相如何。

警方侦查员选择证据的第三种方式是通过撰写总结报告。如果一个案件非常复杂，荷兰警员为了法院阅读方便，会先对案件进行总结。这种总结报告只会简短地引用证人的证言。也许还记得，之前提过荷

兰地区法院在开庭前会事先阅读案卷。开庭的目的一般只是为了厘清案卷中仍未阐述清楚的问题。如果这份案卷很厚而且篇幅很长，法官往往会严重依赖它的结论，而不会去翻阅整本案卷来确认结论中的引用是否准确或是有没有断章取义。法院可能永远不会在案卷中看到被排除在外的疑点证据，因为案卷编写者认为它们与案件不相关、不精确或者充满矛盾还令人费解。在这种情况下，法院可能会不加批判地接受警方侦查员选择的证据。这种方式引发的误导效应就发生在罗维勒案中。

罗维勒被指控抢劫了马斯特里赫特市的一家银行。他之所以被判有罪，是因为定罪的证据总结报告在编写顺序上极富暗示性。几名证人称当时银行里有两名劫匪。另一名证人米斯特斯夫人则说，她看到两名男子跑步穿过古德莱根广场。此时她还不知道发生了银行抢劫。她看到其中一名男子跳进附近一辆汽车里，后来调查得知这辆蓝色尼桑登记在罗维勒名下。但没有证人看到劫匪从银行出来，然后跑到广场附近停车点的全过程。所以很可能那名奔跑的男子，尤其是跳进尼桑车的那个，与银行劫案毫无关系。这个观点可以得到米斯特斯夫人证言的支持，因为她看到奔跑的男子是上午10点的事情，而银行劫案发生在上午10点30分。米斯特斯夫人还说，那辆车的颜色是红色，而罗维勒的尼桑车是蓝色。但最重要的是，另一名证人蒙特尤尔先生（Mr. Monteuil）案发时就站在银行对面的街道上，他看到银行门口发生的一切，他说只有一名劫匪从前门逃跑。这是他的证言：

> 我看到其中一名犯罪人（之前这名证人已经见过两名劫匪）匆匆忙忙地从银行里跑出来。我一会再描述他的外貌特征。另一名犯罪人我没有再看到他。我看到之前提的那名劫匪从银行前门离开，穿过广场，沿着街道跑掉了。

这份证言属于类型8，因为它证伪了米斯特斯夫人的叙事，即不是两名劫匪一起离开银行然后跑步穿过广场。警方在为法庭准备的案件总结中，通过巧妙地编辑蒙特尤尔的证言消解了这项证据：

> 此后不久，他看见一名蒙面男子离开银行，跑步穿过古德莱根广场。他看到这名男子皮肤黝黑，还扛着一个黄色的塑胶袋。他还看到另一名男子，但除了知道他比第一个人个子矮之外，其他的事情就不太清楚了。

这段话暗指，蒙特尤尔看到两名男子一起离开银行并跑步穿过广场，但实际上在证言中他没有看到这些。这一改动让他的证言从类型 8 变成类型 6，即现在它证实了控方的说法。这或许可以解释为什么将罗维勒定罪的法庭从未提过这项存在疑点的证据，因为他们从来没有见过它。

锚定叙事理论认为，一个流畅、通顺的叙事只需有限数量的细节锚点。但是，为实现此目的而从现有证据中选出的锚点未必能组成一个融贯的整体。被选出的证据是用来维持叙事中所蕴含现实情景的最低锚定要求，就像电影剪辑师选择并排列图像来表现事件的连贯性一样。在一个镜头中我们看到飞机航行的画面，接下来我们看到飞行员表情惊恐的特写镜头，再之后我们看到飞机坠毁。通常我们会认为坠毁的飞机就是之前场景里出现的那架，而我们看到的那名男子正是当时的飞行员。实际上，飞机飞行的画面当然采用外景拍摄，飞行员特写镜头则在摄影棚内完成，而坠机画面选自纪录片。警方侦查员所做的总结报告可能也是按照类似手法构成，而且具有相同效果。也就是说，报告描述一系列通顺且融贯的事件，但事实上它们未必真实存在。罗德里格斯案就是这样一个被精心编撰的例子。

比科·罗德里格斯（Pico Rodriguez）被指控在一家名为"渔夫"的酒吧里用刀捅死了受害人霍克曼。当时现场有 92 名证人目击到事件的全过程，但没人真正看到袭击发生那一刻发生的事。关于案件警方做出如下陈述。一开始，比科的兄弟万斯（Vance）在酒吧里惹麻烦，于是他在酒吧外被几名白人揍了一顿。其中一人正是霍克曼。万斯的侄子斯托尼·佩雷斯（Stoney Perez）回家将此事告知比科。比科带着匕首去了酒吧。万斯也回了趟家，但到家之前比科已经离开，于是他又返回酒吧。比科和万斯都是黑人，他们当时手上都拿着一把匕首。佩雷斯和他的兄弟也是黑人。他们也回到那家全是白人的酒吧。所以，在这段时间内4名黑人来到"渔夫"酒吧。他们有大量机会混入酒吧，尤其当时酒吧里都是人。我们可以合理地推断，比科当时正站在酒吧大堂中央，挥舞着他的匕首。我们也相当肯定是比科杀害霍克曼，因为案发不久后他在酒吧门口被警方逮捕，手中的匕首沾有霍克曼的血迹。此时，霍克曼被人发现死在酒吧里。现在的问题是，比科是否故意用刀捅伤霍克曼，还是说他的死亡纯属意外，只是在混战中不小心撞到比科的刀口上。在场的92名目击证人无一能为此作证，因为没人看到霍克曼是怎么受伤的。如果我们相信比科故意用刀捅伤霍克曼，我们必须假设他知道霍克曼正是之前打伤他兄弟万斯的白人之一。他知道吗？他会知道吗？

　　事发之前比科并不知道霍克曼是殴打万斯的男子之一。警方说比科和万斯一起走进酒吧，因此当时万斯可能已经将霍克曼指给比科看。10、13、20、21、30、38、40、41和89号证人证实两名黑人男子一同进入酒吧，但没有说清楚他们是谁。其中3名证人曾与比科和万斯打过照面，但没有见过斯托尼和他的兄弟，当时他们也一起进入酒吧。另外3名证人说，他们看到一名黑人男子单独走进酒吧，之后也加入比科和万斯引发的冲突中。后来所有的斗殴都是所谓的单挑。到这里，警方总结报告的说法是，9名目击证人看到2名黑人男子走进酒吧，其中6名认出他们是比科和万斯。报告没有提及还有11名目击证人称，只看到一名黑人男子单独走进酒吧，其中3名正是之前说自己认出比科和万斯的证人。所以从表面上看，警方叙事已经得到事实的充分证明，但这种效果是精心编写报告的结果。

这些原始证据通过某种编辑方式也能为另一故事版本提供很好的支持。在这个版本中，比科只身一人走进酒吧，为了制造声势恫吓众人他开始挥舞匕首。这自然引起酒吧里很多人的注意。比科不认识霍克曼，也不知道他就是殴打万斯的白人男子之一。在人群拥挤的酒吧里，霍克曼被推倒，不巧栽倒在匕首的刀尖上。在这个故事中，比科的过错没那么严重，比最高程度的伤人罪行轻得多。若一份案卷包含92 名证人的证言，而我们所接受故事的每段情节只能得到少部分证人的支持，难免会出现证据同时支持两种本质上存在冲突的叙事。某些证据能为警方的说法提供安全锚定，但必须解释为什么要忽略另外一些证据。但是，当一份精心编撰的报告被警方提交后，法院也许不觉得还需要那些解释，纯粹是因为他们没有或只是模糊地感觉到冲突证据的存在。

11.5.2 控方

即使警方侦查员将所有采集的证据都装进档案袋，控方依然只对那些能够支持起诉的证据感兴趣。证据的选择并不违法，但在许多国家隐瞒或销毁证据是违法的。不过，容许选择证据和非法隐瞒证据之间的界限不总是那么清晰，这也说明了控方在此方面拥有极高的自由度。

第一种选择发生在控方决定需要用哪些证据来提起起诉，或者需将哪些证据呈交法院的时候。有必要将凶器作为证据呈交法庭，或是呈交一份弹道检验报告吗？或者需要传唤一名目击证人作证说，被告人正是那个朝受害人开枪的人吗？控方之所以放弃寻找遗失的凶器，可能是因为现有证据足以将被告人定罪，或者再深入调查可能会削弱起诉方立场的证据。在第 6 章中，我们已经证明供词通常意味着调查立即结束。

控方也可能选择不提交全部现有证据。在荷兰这不是一件容易的事，因为所有证据都要求在移交给法院时放入档案袋。但有时会出现"遗失"证据的情况。我们发现语料库中几起案例都曾遗失重要文件，

227

而这些意外损失仿佛总对控方有利。我们以欧弗林案为例，他被指控性侵儿童。

欧弗林案中有很多不方便公开的文档，包括：科恩医生（Dr. Cohen）的一份声明，他说女孩并没有遭到性侵的迹象；以及她父母的证言录音，这份录音使得事件时间线存在疑点。后来科恩医生的声明遗失了。连续两次对科恩医生进行的采访都没有书面记录。女孩母亲没有对性侵案提出申诉，所以她的证言从未被录入档案之中。但是女孩父亲的申诉，一开始存有记录，但后来也遗失了。

控方还有一种选择不提交证据的方式，就是把可能引起麻烦的证人从出庭名单上删除。比如富兰克林案，他被指控纵火烧毁了一间非法入住的公寓。有人曾看到富兰克林和他的朋友莫蒂默出现在那间公寓附近。富兰克林当时因为吸食毒品而意识不清，后来他说自己不记得发生过任何事情。但是莫蒂默指控他纵火，而法庭接受了他的证言，虽然莫蒂默有足够的纵火动机而富兰克林没有。以同一罪名起诉两名都可能作案的犯罪人是有风险的，特别是当两名嫌疑人互相指控的时候。法庭可能因举棋不定而被迫最终将二者都无罪释放。检控官找到一种有效规避这种风险的方法。他将莫蒂默的陈述记录成一份宣誓过的证言，之后立即将其引渡回英国。由于无法对莫蒂默进行交叉询问，所以不会再从他口中得出其他信息，对控方来说任何不必要的风险都会因此被排除。

另一种控方将证人从案件中除名的方式是阻碍证人出庭作证。《欧洲人权公约》赋予被告人拥有传唤任何证人到庭作证的权利，但实际上这项权利在荷兰受到严重限制。因为在荷兰检控官可以临时决定传唤哪个证人。控方会以这名证人"不符合辩方利益"为由拒绝传唤辩方证人到庭。审判时法庭可以决定是否解除这一禁令，但不可避免地会造成审判延误，因为通常为了传唤未到庭的证人，法庭必须延期至少3个月后再审。

在我们看来，在审判初期就让控方来决定什么有利于辩方实在非常奇怪。人们很容易发现控方是如何滥用这项权利为自己服务的。最令人震惊的例子来自卡罗尔案，他被怀疑是一名爱尔兰共和军恐怖分子。该案只有两名目击证人，他们声称曾见过其中一名杀手的面容，还是在大晚上而且只瞥见了 1.5 秒。他们说认出那名杀手就是卡罗尔，这成为卡罗尔被定罪的证据，但控方认为无需传唤这些证人出庭作证，所以使用特权禁止证人出庭。后来，法庭决定无论如何都要当庭听听他们的证言。

控方选择证据的第三种方式是在法庭上选择性呈交证据。即使已经完成案件材料的准备，控方可能而且几乎还是会再次选择证据，并以最符合起诉书叙事的顺序递交法庭。在实行陪审团制度的国家里，这种方式对实现预期效果非常有效；而在事实审理者是职业法官的国家，这种成效要小得多。或者，至少这是为什么大陆法系国家倾向于由职业法官而不是由门外汉组成的陪审团来进行裁判的原因之一。实践中，我们对在审判中选择性呈交证据的影响力知之甚少，虽然了解更多的是证据递交顺序对审判的影响（Thibaut & Walker，1975，Chapter 7；Pennington & Hastie，1986）。

11.5.3　辩护律师

很显然，在任何法律体系中辩护律师只会或者至少着重强调有利于他们委托人的证据。尽管被告人和他们的律师都不应提出彻头彻尾的谎言，但辩方没有义务展现案件的全部真相。不过，证据的选择可能会产生与说谎相似的效果。尽管如此，刑事审判各个参与方都清楚辩护律师会对证据进行选择。在对抗制体系中，辩方这种做法会被推崇，而且人们认为控辩双方选择证据会对厘清故事产生互补的效果，最终将呈现出一个完整的真相。在纠问制传统中，人们相信法院对案件的调查能力足以克服控辩双方选择性递交证据的影响。出庭之前，辩护律师会对目击证人或专家证人进行答辩演练，教导他们如何恰当地给出证据，因此人们可以料想到选择性提交证据会对审判产生巨大影响力。所以，在大多数大陆法系国家，人们不希望辩方自行准备出

229

庭证人。事实上，在没有任何监督的情况下辩护律师和任何证人的接触都会引起质疑。在一些普通法系国家，开庭之前为证人进行答辩演练很正常，虽然这样做与证人应履行的义务，即宣誓称"本人说的是事实，全部都是事实，除了事实别无其他"相冲突。有些学者还为这种做法竭力辩护（Wellman，1962；Loftus，1986）。

辩护律师选择证据的另一个时机当然是在庭审中。当律师提出问题时，证人应当直接回答而非顾左右而言他。无论是直接询问还是交叉询问期间，如果证人没有被问及某些关键问题，那么事实审理者就无法得知与此相关的信息，即使证人掌握这些信息而且愿意把它说出来。瓦格纳（Wagenaar，1988）探讨了专家证人在作证时受到选择性提问限制而遇到的困难。专家可能认为，要么听取完整的证言，要么一句话也别听，有时他们可以通过准备书面证言来克服这一困难。不过，辩护律师可能会拒绝和那些明显不站在辩方立场上的专家证人合作。

11.5.4 法官

法官可以在审判的各个阶段选择证据，比如在庭审期间不要求提供特定证据（纠问制体系），或者不接受某个证据即可。在有陪审团参与的庭审中，另一个法官选择证据的时机是总结陈词阶段，他们可以将陪审团关注的某些事实问题引向其他地方。在大陆法律系统中，证据选择一般发生在法官内庭合议期间。最后，那些要求法院给出判决理由的法律体系，证据选择会通过在判决书中列出证据清单的方式体现。但正如之前提到的那样，这些证据也许与审判者脑海中真实的想法未必吻合。

11.5.5 陪审团

陪审团只能在他们商议期间进行证据选择。显然，此时陪审团也会遇到与法官同样的逻辑困境，即面对那些相互冲突、不可信、有时甚至不真实的信息。他们必须要么不假思索的绕过这部分，要么将所有听到的信息拼凑为一个前后一致的故事。在大多数复杂案件中，选择证据将是唯一解决问题的办法。陪审团的主要优势在于，他们不需要为任何选择给出理由，甚至无需解释他们相信哪个故事版本。

11.6　补救措施

　　证据的选择不可避免，但执行时不能不受控制或带有偏见。锚定叙事理论指出，人们不是依据证据的可靠性来对其进行选择，而是基于他们偏好的叙事内容来做出选择，对于事实审理者而言即是起诉书中的故事。这种策略也许是导致偏见的主要原因，而大多数案件的偏见主要是**针对**被告人。这种选择证据的方式极大地降低了证据的证明力，因为当案卷内容足够丰富时，人们总能从中找出支持的证据，而且需要锚点数量也不多。我们将在第 12 章详细讨论一种部分补救方案，即要求保证事实审理者在做出决定时考虑到**所有**证据。如果不仅要求采信证据时给出理由，也要求排除证据时给出理由，那么上述情况能够得到一些保障。然而，这并不妨碍人们在预审阶段对证据进行选择，从而可能阻碍关键性证据呈交到事实审理者面前。相反，如果预先知道法院会对所有证据加以考虑，那么可能会促使警方侦查员和检控官提前进行证据的选择。不过由于荷兰法律要求法院给出判决理由，我们发现所研究的 35 起案例中，在审判阶段选择证据的影响效果尤为显著。因此，在此关键阶段更为严格地控制选择证据过程将会起到更好的效果。

第*12*章　普适证据规则

証据规则的意义在于指导法官和陪审团进行法律推理。如果法律证明是一种严格的逻辑演绎推理，而且这种推理又是人类与生俱来的天赋，那么我们没有必要设置这些规则。遗憾的是，这两个条件都无法达到。首先，法律证明并不属于严格的演绎推理；其次，人们顶多通过启发式思维方法（heuristics，以下简称"启发法"）得出近似逻辑推理的效果，不过可能会失败。为预防被告人因这种错误而导致裁判不公，我们需要设定证据规则。这些规则的有效性取决于它们与法庭推理中一般性问题的契合程度，而只有仔细分析这些问题才能达到这种契合度。本书中，我们关注的是第二个问题，即应用启发法实现逻辑思维最大化，它几乎被证据学家们忽略了。正因如此，现有的证据规则普遍没有在启发法可能导致错误的地方发挥足够充分的预防效果。

我们尤其认为，对于法院决策来说，锚定叙事启发法是最重要的启发式思维方法。这种方法对于普通、寻常案件非常适用，但对于相对复杂、不太寻常的案件来说，比如我们之前提到的那些，这种启发法通常会得出错误的结论。因此，我们需要设定证据规则来避免关键案例中被告人落入锚定叙事启发法的陷阱之中。

我们认为，在任何审判权制度下，事实审理者都会采用锚定叙事启发法，因为他们都是普通人。不同文化中或多或少存在类似的启发式推理。因此，我们认为不管地方特色如何，所有法律体系都需要相同的基本证据规则。这就是我们把本章提出的证据规则称为"普遍"规则的原因。

比如，人们往往愿意相信一个好故事，即使它缺乏相应的证据支持。因此，我们需要设定规则来杜绝采信那些没有被正确锚定的叙事。这便引出两类证据规则：（a）第一类规则要求，无论控方说的故事多么动听，都必须给出相应的证据，以便起诉书叙事的锚定情况可被详加核查；（b）第二类证据强制要求事实审理者明确表述其做出决策的锚定过程以及依据的基本锚点，以便让我们测试其可靠程度，并检验这些决策是否不止建立在听到一个好故事的基础上。所有法律体系似乎都存在类似第一类的证据规则，但鲜少涉及第二类，尤其是实行陪审团制度的国家，通常遗忘检验叙事的锚点和有罪判决之间是否存在有意义的关联。控方将相关证据展示出来并不足够。即使所有证据已被正确锚定，事实审理者仍可能会以完全不同的、既不合乎逻辑也不合乎法律的理由认为被告人有罪。这种情况只能靠引入第二类证据规则才能得以避免。

232

我们不认为后文所列出的普遍证据规则已经穷尽所有可能。正如之前所言，我们也不认为运用锚定叙事启发法总会得出错误的结论，相反地，我们认为它在绝大部分案件中行之有效。证据规则的主要服务对象是关键案例。单从运用这些我们理论所得出证据规则的效果来看，我们相信它们能够有效地减少许多关键案例中出现的司法决策错误，但不包括所有的关键案例。

即使承认这个预设，还是会有人问我们的提议能有多少现实意义。在这方面我们并不十分担心，因为这些建议影响深远，而法律体系是出了名的抵制改变。尽管如此，我们相信我们的努力是值得的，因为在《欧洲人权公约》程序正义条规的影响下，欧洲某些地区正在发展混合制刑事诉讼程序。也许，现在正是对各国法院和立法者施加一些影响力的时候了。

规则 1 控方必须至少提出一个完整的叙事

起初看来，人们以为起诉书内容描述的是控方所要提出的叙事，比如某年某月某日，被告人和一名同伙抢劫这家银行。但令人惊讶的是，起诉书并不总包含一个或只有一个完整的叙事。我们在第 2 章曾经解释过，一个完整的叙事应当包含一个核心行为，以及行为人怎样以及为何会做出这样的举动。我们语料库中许多起诉书中出现的叙事并不完整。布恩迪亚案中，被告人被指控刺伤前妻奥莉安娜，还杀死她的兄长阿弗雷多。控方列出为数不少的目击证人，然而他们的证言在关键情节上彼此矛盾，这使人无法确定控方所认为的真相究竟是什么。如果控方想为本案提出一个合格的叙事，那么他基本需要排除大部分证人的证言，因为他们的说辞根本不成形。结果，控方很聪明地将选择权基本完全交给法庭。类似的情况也发生在伊安鲁案、富兰克林案、赫尔德案、欧弗林案以及里巴特案中，这些案例中起诉书的叙事要么缺少一个明确的核心行为，要么缺少被告人怎样或为何如此行事的原因。

表 12.1 十项普遍证据规则

1. 控方必须至少提出一个完整的叙事
2. 控方提出的完整叙事必须数量有限
3. 叙事的关键部分必须被锚定
4. 不同指控要素的锚点应当相互独立
5. 事实审理者应通过详细阐明叙事及其锚定过程的方式来给出决策理由
6. 事实认定者应当通过明晰作为锚点的普遍信念来解释关于证据分析层级的判断
7. 不应当存在具有同样或更好锚点的其他竞争故事
8. 起诉书的叙事及其嵌套的子叙事中不应出现被证伪的情况

233

续表

9. 不得锚定在明显错误的信念之上
10. 起诉书与判决书中的叙事内容应当一致

倘若控方不遵守上述规则，显然会对被告人造成不利。因为起诉书的故事不完整、不清晰，那么辩方想要做出适当的回击或反驳是一件很困难的事，如果还能反驳的话。当事实审理者决定采信某个故事版本之后，辩方已经丧失了第一次回击的机会。里巴特案是一个明显的例子。里巴特被指控用剪刀刺伤妻子艾琳。法医证据显示，剪刀上的血迹属于里巴特本人而非艾琳，如果控方提出的故事可信，那么血迹本该属于艾琳。更重要的是，因为受伤需要去医院救治的人是里巴特也不是艾琳。最后，根据法医鉴定，艾琳裙子上的切口不是那把剪刀造成的。枉顾这些现有证据，控方仍然提起诉讼，这让人难以理解控方心中认为的本案核心行为究竟是什么。某人用致命武器发起袭击吗？当法庭判决里巴特咬伤他的妻子罪名成立时，辩护律师非常震惊。因为咬人这件事根本没有在艾琳之前的陈述中提过，虽然在庭审时艾琳愿意承认她的丈夫可能咬了她。里巴特和他的律师怎么可能提前为这突然而来的转折做好准备呢？

另一起更让人震惊的案例是德米扬鲁克案，他被指控是一名纳粹刽子手，代号“恐怖的伊万”。经过 11 年漫长的审判，一份证据浮出水面，证明一个名为伊万·马尔琴科的人才是真正的“恐怖的伊万”。对此检控官迈克·谢克德（Michael Shaked）只说，一个人是否在这个还是另一个集中营里屠杀犹太人并不重要。按照他的说法，起诉书叙事的核心行为在上诉时理应更改，因为那完全是另一个不同的故事。所有之前用来证明德米扬鲁克曾经居住在特雷布林卡的证据突然被弃用或甚至被用来证明另一个不同的故事，当然，辩方对此完全没有准备。

人们原本以为，一个从未在初审时提出的故事，如果成为最终定

罪的依据，那么它不会再在上诉时被提起，但由于种种原因这都不能
确定。首先，辩方可能无法得知法庭从起诉书提供的事实中得出另一
个故事版本（参见规则10）。其次，不是每个国家都赋予被判有罪之
人拥有上诉的绝对权利。最后，上诉法院可能也会根据自己的想法重
构叙事。

234

规则 2　控方提出的完整叙事必须数量有限

　　惯例上控方提出的指控通常包含几项可供选择的罪名：被告人可
能被指控谋杀，或至少是误杀，又或者是过失致人死亡。例如根据起
诉书的内容，这种情况可能在 1990 年 1 月 23 日，或至少在 1990 年 1
月在哈勒姆镇的主干道或至少在哈勒姆镇发生过，诸如此类。通过附
带数项罪名，控方可以讲出一打故事，而非只有一个真相。我们必须
区分**关于事实**的附加选项与**关于罪名**的附加选项。被告人的罪名可能
是谋杀或误杀。有时候，这种附带多个罪名反映出控方对事实真相的
不确定，有时则是对法律解释的不确定。在这个哈勒姆镇谋杀案中，
控方提出三种不同的故事版本：一种是被告人蓄意谋杀受害人；另一
种是被告人一时冲动杀了受害人；还有一种是被害人的死亡是一场意
外。这三个故事之间是矛盾的，它们不可能同时都是真相。人们应当
容许控方同时为三个不同的故事提供辩护吗？

　　这里的核心问题是，是否允许控方提交多个故事还是只能提交一
个。如果可以提交多个，到底是多少个？它们又有何不同？显然，人
们不能以在任意时间、任意地点、使用任意武器，并怀着任意企图谋
害任意受害人的罪名起诉一个人。根据锚定叙事理论我们认为，如果
控方提出多个故事版本，那么每个故事都应符合之前"好故事"的定
义，而且控方必须提供每一个故事的锚定方式，以使被告人知道他或
她需要面对怎样的指控，以及如何为所有的故事做好回应准备。里巴
特案的检控官就没有做好这方面的工作，他提出的**叙事**是里巴特用剪
刀刺伤艾琳，不过当然是以袭击艾琳的罪名**起诉**里巴特。由于咬人也

属于一种袭击形式，所以法庭可以以袭击罪来将里巴特定罪，尽管辩
方没有任何机会就这项咬人指控为里巴特进行辩护。对于一名合格的
辩护律师来说，单是一项"武力袭击"的罪名就可涉及太多种不同的
故事，因此起诉方式可以被认为已经违反《欧洲人权公约》第 6 条第
2 款，被告人应当被及时告知其被指控的性质以及原因。

　　刑事指控的一般格式包括**两个**要素：一是对犯罪行为的描述，二
是对所侵犯法律部分的陈述。一般次要指控出现在第二个要素中，但
数量必须有限，以免给辩方造成难以接受的大量不确定性。大部分问
题出现在第一个要素也包含多个附带选项时。它们会造成一种情况，
即法院能找到或重构一个清晰、合格锚定，而且还让被告人完全没有
机会为自己辩护的叙事。无法辩护是因为，只有在法院做出裁决之后
这个叙事才会被披露，即使有的话。

规则 3　叙事的关键部分必须被锚定

　　有的国家设定大量规则来详细区分证据能否被接受。另外一些国
家，如荷兰这类规则很少，比利时则完全没有。据我们所知，没有一
个国家或地区明确规定指控中哪些内容必须用证据来锚定。在之前的
章节里，我们区分了与指控相关的三个关键因素：犯罪人的身份、犯
罪行为以及犯罪意图。不过，这只是最基本的三项，不意味着已经穷
尽所有关键因素。我们认为，锚定叙事至少必须锚定这三个关键部分，
这意味着必须至少建构三条锚链，每条锚链包含一系列相关证据，即
构成一系列嵌套式子故事。

　　这里有个例子。赫尔德先生被指控在新婚五周之后为谋夺财产而
杀死他的妻子。锚定凯博丝夫人确实死于赫尔德之手（在这方面医学
专家表示怀疑）所需要的证明是，赫尔德让凯博丝夫人像平常那样同
时服用药物和酒类的行为属于一种犯罪，以及他让凯博丝夫人服用药
物是为了害死她。控方需要解释，比如为什么人们要相信赫尔德之前
经常这样做，但只有这一次才萌生杀意。也许他之前就想用这种方式

235

杀死她，只是没有成功而已。如果这就是控方所要提出的主张，那么他应当给出证明。锚定该主张可以先考虑这种可能，那就是赫尔德能从凯博丝夫人的死亡中继承大笔遗产。但是，这种预设可能导致人们需要接受这样一种普遍信念，即尽管人们在婚后已经拥有对方一半财产，但大部分人还是会为了获得遗产而杀人。这也许并不是一件完全不可能的事，但至少可以说明，检控官的主张也许会遭到质疑。

当然，最有意思的问题是，如果起诉书中某个基本要素没有得到充分锚定，那会产生什么问题呢？比如，案件中存在不止一名嫌疑人。富兰克林被指控在一处非法入住的公寓里纵火，然而还有另一名潜在嫌疑人，他的朋友莫蒂默，他比富兰克林的嫌疑更大。证人德温格明确表示，当时他只看到一个人站在他公寓楼下，而不是两个人。这个人是富兰克林还是莫蒂默？如果没有进一步的证据能证实，那么解决此两难问题的办法只能是将二人都无罪释放。该案的检控官与法庭紧密合作，选择了另一种方式解决这个问题，通过引渡最可能是嫌疑人的莫蒂默来换取对富兰克林的指控，莫蒂默当然很乐意接受这个意外惊喜。在获得莫蒂默的证言并且不可能再通过交叉询问来向他本人求证的情况下，富兰克林"顺利地"被判有罪。

另一个更令人印象深刻的例子是卡罗尔案，他被怀疑是爱尔兰共和军杀手。本案中很多证人都证实当时一共有2名杀手，另外还有第3个人负责开车逃逸。后来，控方将这4名被告人送上法庭。显然，这4人中有3人涉案，问题是该如何证明这一点。检控官无法解决这个问题，于是提议只要能够证明他们集体参与犯罪准备活动即可。然而，法庭驳回了检控官的提议，这一举动令许多英国国会议员感到遗憾，他们主张荷兰应该采用一种特别反恐法案，允许法院以共谋罪进行判决。

证明嫌疑人的身份当然是必要的，但似乎从未设定明确的法律规则来规定这一点。这也许能够解释，为什么在某些案件中这项原则没有得到坚持。艾哈迈德·格兰纳特因杀害他妻子的孩子而被判有罪，虽然他的妻子同样有嫌疑。布恩迪亚因杀人而被定罪，虽然在案发现场留下两名陌生人的血迹，他们中的一人或两人可能才是真正的凶手。卡拉卡亚因谋杀而被定罪，尽管在控方推测的案发时间两小时后，有证人看到受害人还活着。另外，该案至少还有两名潜在嫌疑人。卡夫因重伤他人被判有罪，虽然大部分目击证人作证称，他的哥哥汤姆才是真正的犯罪人。瑞克布勒姆被判有罪，但所有的法医学证据皆表明，受害人的妻子才是罪魁祸首。

　　起诉书的哪些内容必须被锚定，对此法律界没有达成明确的共识。因此我们提议，作为最低要求，控方必须给出身份、犯罪行为以及犯罪意图这三个基本要素的锚点。

规则 4　不同指控要素的锚点应当相互独立

　　本规则是规则 3 的细化和延伸。关于锚点的独立性问题，最好的例子是如何认定供词的价值。虽然一份供词可以同时锚定指控中的三个基本要素，但这些锚点完全建立在同一种常识假设的基础上，即没有人会傻到承认自己没有犯下的罪行。我们知道这个共识并不总是正确（参见第 6 章）。如果得不到进一步证据印证，同时除假设供词几乎都是实话之外再也找不到其他更可靠的锚点的情况下，将供词作为刑事指控三要素唯一证据的风险性会非常高。237

　　另一类例子是关于那些被告人因唯一证人——受害人的证言而被判有罪的案件。这些多是性侵类案件。通常情况下，这类案件的证言已经包含足够详尽的细节来证明身份、犯罪行为和犯罪意图问题。但它们的锚点也都建立在同一种常识假设上，即性侵指控鲜少是捏造的。这种说法可能正确，但将整个指控都建立在这个前提下绝对安全吗？如果还能找到其他独立证据、独立锚点，那么对案件来说当然相当有意义。还有一类例子是那些只以一名警方侦查员的证言来裁定被告人有罪的案例。这类案例的锚点是假设警方侦查员很少作伪证，如果有过的话。我们在语料库中找到反例。

许多法律体系中都有一项约定，即采信单个证人的证言需要提供其他形式的印证，这就是所谓"单一证人原则"。印证信息要来自其他独立来源，而且不能受到这名证人的影响，这项要求合情合理。所以说，人们很少要求支持指控不同部分内容的证据或（和）锚点具有独立性是一件令人难以理解的事。如果人们无法单凭某个事实而相信某个人，那为什么又允许使用同一项常识假设来锚定一个案件的不同事实呢？比如供词。

规则5　事实审理者应通过详细阐明叙事及其锚定过程的方式来给出决策理由

规则3和规则4适用于控方和事实审理者。人们很容易就能验证检控官是否遵循这些规则，因为他们必须当众演示自己的推理过程。而陪审团完全不需要给出裁判理由，法官们也经常隐藏他们的推理。绝大部分大陆法系国家都要求法官给出他们的判决理由，但就我们所观察到的是，他们所给出的方式使得这些理由无法得到全面核查。在判决书中，法官鲜少表述他们采信哪个故事版本，更不会记录他们采信的理由。换句话说，我们无法得知法官们建构怎样的锚定结构，以及他们认为哪些锚点足够可靠。我们将通过金的案例来试图说明我们心中理想的合理判断图示是什么。

金被指控试图潜入祖姆迪克家行窃。他没有否认自己曾经去过那间独立屋的后院，但否认曾进入室内。实际上没人**看到**金曾进入屋内。当祖姆迪克家族成员在后院中发现他之后，他们上前袭击并抓住他。法庭裁定金犯下盗窃罪的事实依据是什么，锚点又是什么？我们认为，判决书应当附上以下推理说明，包括叙事、锚定结构以及锚点。

238

叙事

11月8日晚7点左右，金走到祖姆迪克家后院附近。他走上屋后的台阶，从后门进入祖姆迪克家5岁儿子的卧室。这扇门没有上锁。金原本打算找找屋里是否有值钱的东西。由于房间内很黑，他没有注意地板上的玩具。他一不小心踩到玩具上，发出响声，被家里的狗听到。狗一开始叫唤，金就逃跑了。他临走时关上后门，然后翻过屋后的台阶护栏跳到后院中。祖姆迪克先生听到玩具响声和狗叫声。他走进儿子的卧室，透过后门上的窗户看到金站在后院里，显然他正要离开。金静静地站在院子里，距离房子大概 8 米远。祖姆迪克夫人也听到了狗叫声，但没有听见玩具响声。她紧随其后走进卧室，此时丈夫人已经在后院之中。她看到通往后院的门打开着，是她的丈夫开门之后没有关上。在祖姆迪克先生跑进后院之前，她听到他大叫："有贼啊，他在后院！来人啊！"祖姆迪克先生靠近金时，他没有立即逃跑，只是假装自己迷了路。后来，祖姆迪克先生在来家里做客的兄长和隔壁邻居的帮助下抓住金。过程中这 3 个男人将金打伤，以至于他不得不到当地医院住院一星期。祖姆迪克夫人作证称，她听到丈夫进入卧室时大叫后院的门开着，但这个说法并不正确。导致出现错误的原因是误导性事件后信息干扰大脑记忆：她进入卧室时看到后门开着，于是推断她的丈夫进入卧室时一定也看到相同的景象。

锚定

上述叙事至少需要锚定三部分内容：身份、犯罪行为以及犯罪意图。

首先，身份问题很容易确定，因为 4 名证人看到金站在后院里。更重要的是，他自己没有否认这一点。4 名同在现场的证人以及一份确凿的口供构成强有力的证据。也就是说，如果有人当时进入祖姆迪克家，那个人一定是金。

其次，必须确认的是犯罪行为，即金是否真的进入这幢独立屋。玩具不会自己发出声响。也许是被风吹动的，但祖姆迪克先生的证言说他进入卧室时，后门是关着的，因此排除了这种可能。

祖姆迪克夫人后一份证言与丈夫的说法相左，也许她受到事件后信息的干扰所以记错了。因此，我们认为她的原初证言更可信。当时家里养的 2 只狗都在客厅，因此弄响玩具的不是它们，也不是同样身处客厅的 5 名客人。至于是否是金走的时候没关后门，所以风把门吹开，也是风吹动玩具发出响声呢？我们一般认为，如果突然一阵疾风刮过，后门关闭时会发出巨大的响声。因为没有证人听到这一声巨响，所以这种可能性也可以被排除。另外，我们也认为证人们不太可能弄错当时 5 名客人以及家中 2 只狗所在的位置。因为所有证人之间可以互相印证，我们相信他们的说法。因为一般来说，证人之间达成一致意味着他们证言是准确的。此外，我们相信从逻辑上推断，如果风没有吹动玩具，狗没有碰到玩具，或者房间里的 5 名客人没有碰过玩具，那么屋中必然存在第 6 个人，是他弄响了玩具。金是唯一一名已知当时就在现场附近的人，所以一定是他干的。金擅自闯入祖姆迪克家，如果能够证明他潜入屋子是想盗取财物，那么根据《荷兰刑法》第 45、310、311 条，他犯有刑事罪。

最后，由于金无法提供潜入祖姆迪克家的正当理由，因此我们认为他的目的是入室行窃。金之前有过数次盗窃前科，这可为我们的结论提供一些支持。我们相信，通常在没有得到屋主许可和诚意邀请的情况下，很少有人会擅自进入他人家中，而本身有盗窃前科的人更不太可能得到这种诚意的邀请。

这种全面展示推理过程的优势在于，它能揭示法院推理过程中存在的弱点。例如，祖姆迪克先生进入卧室时，后门是否开着仍是一个不确定的问题。这里出现互相矛盾的证言，解决方法是合理排除祖姆迪克夫人的陈述。但是，当时后门开着也不是不可能，因为祖姆迪克夫人作证时也说，案发前不久她刚把后院中晾晒的衣物收回来，因为天气不好的缘故（风太大）。她可能没有关门，或没把门关严。这个

细节看起来微不足道，但在本案中却有决定性作用。此外，这段推理
建立在假设证人们没有密谋说谎的基础上。不过，他们有足够动机那
么做，因为如果他们袭击金时出师无名，就必须为打伤他负上责任。

　　金的案件定罪原因不甚明了，因为这起案件只有一名主审法官，
程序上他无需留下书面意见。除此之外，在 3 起同时进行审理的盗窃
案中，金都被判有罪，他只承认犯下其中 2 起。他没有提起上诉，因
为担心自己会因另外 2 起案件而获刑更长。关于这起案件，我们将永
远无法得知法庭究竟采信哪个故事版本，或者这个故事又如何被锚定。
我们对此不甚满意。当控方的叙事和锚定过程遭到辩方严重挑战，而
法庭只是简单地表示他们采信控方的说法，这样做远远不够。在这种
情况下，我们认为法庭有义务解释他们为什么采信控方的版本与此同 240
时又驳回辩方的推理。如果法庭是根据现有证据来建构自己所理解的
叙事，那么他们更应当仔细说明这个叙事是什么以及如何锚定它。

　　规则 5 显然在大部分国家中都没有得到很好地执行。普通法系国
家中，陪审团根本无需为他们的裁判给出理由。而在大陆法系国家，
《欧洲人权公约》的缔约国原则上都要求法院给出裁判意见，但在大
多数国家中包括荷兰，法院只是象征性配合这项要求。有时候，法院
只是重复起诉书的叙事，附加说他们相信这是真的。这种情况在比利
时非常普遍。在荷兰这种做法甚至有一个名词叫"首尾裁决"。这种
做法首先在地区法院出现，之后被最高法院接受，现在甚至有人有意
将这种做法申请国会审议通过。我们强烈建议改变这种做法，因为就
以往经验来看，很可能会有人因从未在审理中讨论甚至提出的理据而
被判有罪。

规则 6　事实认定者应当通过明晰作为锚点的普遍信念来解释关于证据分析层级的判断

　　对叙事进行锚定意味着在证据反映的事实与常识假设之间建构关
联，从而将待证事实变成法律证明。辩方若要质疑这些普遍信念则需

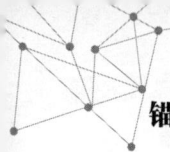

对证据进行深层次分析。不过这种意图通常会被控方阻挠，但最终决定权在法庭手中。例如，前述关于金的案件，确认案发当日风力究竟多强至关重要。控方可能会拒绝深究这个问题，因为祖姆迪克先生已经作证称他发现当时通往后院的大门关着，因此无需再考虑风的问题。法庭也许同意也许不同意。在荷兰，检控官有权临时限制证人出庭作证。在审判正式开始之前，辩方对此无能为力。只有在审判开始后，辩方才能向法庭做出申诉。然而，荷兰的法庭倾向于支持控方的做法。控方与辩方之间存在一种明显不对等的情况，即开庭之前法官所阅读的案卷只包含来自控方的信息。辩方只能在庭审时参与其中，而且无法预先保证法庭允许自己呈交相关信息，也无法保证这些信息能被录入档案。

根据《欧洲人权公约》程序正义条约规定，被告人有权获得所有专家证人的协助，被告方有权交叉询问所有涉案证人。但在荷兰这些权利鲜少得到承认，而其他大多数缔约国也对这些权利有所限制。由于锚定证据原则上是一种无限倒退的过程，对此法庭不得不做出一些限制，禁止无限对证据进行分析。因此，法庭会质疑或排除一项尚未证实与案件是否相关的证据，这种做法并不少见。实践中这无可避免，否则审判将会无限期地拖延下去。因此，正如《欧洲人权公约》里详细规定的那样，刑事被告人质疑和交叉询问证人的权利必须在法庭的指引下完成。不过，这些对于辩方而言举足轻重的决定需要得到充分地讨论。要实现这一点，法庭需要公开表明其选择作为锚点的普遍信念，即那些他们认为无需再受到质疑的信念是什么。

实践规则6最大的阻碍来自证据**可采性**规则的限制。辩方试图进一步探究锚定结构的分析层级，比如引入专家证言的尝试可能会遭到挫败。这不是因为这样做没有必要，而是因为基于某些法律原因使得此类证据并不可采。这种情况令人非常不满意，因为它意味着锚定的过程可能半途而废。在美国全境，实验心理学家不允许作为检验目击证人记忆力的专家出庭作证，这意味着许多州对目击证人可靠性的错误信念一直没有改变。所以说，人们应当尽量避免在锚定显然没有完成的情况下就判定证据不可采。

应用规则 6 的一种特殊情况是质疑供词。包括美国在内的许多国家，被告人的供词足以构成充分的法律证明。在其他一些国家，供词受重视程度也相当高，以至于几乎不需要其他印证即可将被告人定罪。荷兰正是如此。如果要使用供词作为定罪依据，那么必须给出起诉书中三要素的锚定过程，即身份、犯罪行为和犯罪意图。有鉴于此，我们认为无论辩方何时对供词提出质疑，法院都应当允许对其进行更深层次的分析，这点非常重要。最典型的例子是当辩护律师指出嫌疑人是在被诱导的情况下被迫招供时。我们语料库 35 起案例中几乎所有供词都被法院采信，即使它们后来被撤回。据说警方诱供或逼供的情况几乎没有被调查过，而负责获取这些供词的警务人员在法庭上也没有受到审查。最近几起发生在英国的事件再次证明这种不加批判地采信供词的行为存在隐患。还有一种被告人冒名顶罪给假口供的原因是他们想要保护真正的犯罪人，这种情况也鲜少被法庭认真对待。伊安鲁被指控谋杀土耳其工会领导人欧客曼，他后来撤回了之前的口供，并明确表示顶罪是为了保护一名家族成员。这个动机显然不真实，但是法庭认为没有必要回应辩方反对接受这些动机的意见。

242

人们可能好奇，若要求法院有义务声明他们在总体上信任供词的内容，这是否可以促使他们在判定供词时更加谨慎；不过，这种声明也许至少可以成为上诉的理由，因为法院这种对供词的信任经常缺少依据。

规则 7　不应当存在具有同样或更好锚点的其他竞争故事

有时即使某个叙事内容完整，看起来也已被充分锚定，但仍可能存在另一个与之相冲突的叙事。这个叙事同样内容完整且锚定充分，但凶手却另有其人。一个明显的例子当然是格兰纳特案。他们的孩子在一次夜间旅行途中被杀死。有证据表明，艾哈迈德·格兰纳特是凶

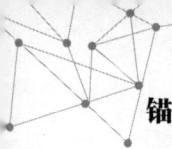

手，但同时也有大量证据表明他的妻子也有嫌疑。最终还是艾哈迈德被判罪名成立。类似的案件还有布恩迪亚案、里巴特案和瑞克布勒姆案。我们认为，当辩方提出其他版本的叙事却总被驳回时，法庭应当给出理由。比如，在金的案例中，被告人解释说他之所以出现在祖姆迪克家的后院是因为他迷了路，当时他正试图寻找去往女朋友家的捷径。金说他走到一个死胡同，于是决定穿过祖姆迪克家的后院回到大路上。这听起来像一个蹩脚的借口，却很容易能验证它是否可信。但法庭甚至没有去实地验证，也没有解释为什么一开始就认定这是一个蹩脚的借口。这个理由还是可以印证本案中唯一确定的事实，即金出现在祖姆迪克家的后院。在我们看来，法庭的判决书应当包含类似如下的推理内容：

> 之所以驳回被告人关于出现在祖姆迪克家后院的解释，是因为它无法说明为什么玩具会发出响声以及狗叫的原因。法庭接受这两个事实，因为5名相互独立的证人都曾提到，而且法庭相信5名证人不可能犯同样的错误。

从形式上来说，证伪冲突叙事的要求是什么，尤其是这个叙事由 243 否认控罪的被告人提出。在我们看来，这个要求应内涵"排除合理怀疑"标准。只要存在相互冲突的叙事，就会存在合理的疑点，而解决这个疑点属于控方的责任，通过证明所谓无罪版本的叙事为假。但就我们所知，还没有一个法律体系公开明确要求控方提供此类证明。在米尔范德法特（Meer-en-Vaart-case，HR 1 February 1972，NJ 1972，450）案中，荷兰最高法院坚持主张，法庭必须对驳回被告人提出的叙事给出合理的理由。在我们语料库的35起案例中，没有一起案例中法庭曾如此操作，尽管这些案例里有很多现有证据至少也能印证被告人提出的故事版本，有的甚至更加合适。

规则 8　起诉书的叙事及其嵌套的子叙事中不应出现被证伪的情况

当确认锚定结构中用于证明某个事实的证据为假，那么从逻辑上来说这整条锚链会随之断裂。举个简单的例子，有一名证人声称他看到银行劫匪的外貌，然而实际上这名劫匪戴着面具。如果这种证言能成为证明劫匪身份的证据，那么想必会让人感到十分惊讶。而我们语料库中这样的案例不在少数，如哈纳克案、尼尔林案以及罗维勒案。他们都在一对一辨认或列队辨认中被证人认了出来，尽管这些案件中劫匪都戴着面具。另一种类似的证伪发生在被告人的不在场证明已经证明他或她案发当时不在现场。

根据锚定叙事理论，大部分证伪不具有绝对性意义。证伪也属于叙事，它们只能在得到证据充分锚定的情况下才可采信。不在场证明不是绝对的，因为目击证人可能说谎或犯错。如果有罪与无罪的证据之间出现两难选择，人们大部分时候会通过直接否定无罪证据来解决问题。比如一个非常有说服力的案例是 1990 年瓦格纳和洛夫特斯（Wagenaar & Loftus，1990）记述的罗武德案（case of Larwood），法庭否定了被告人的不在场证明。一张机打的餐厅账单表明，当时罗武德距离案发现场有 12 英里。但他还是被判有罪，证据是一份可找出 7 处不同漏洞的身份辨认报告。法庭没有给出为什么排除不在场证明的理由。一定是法庭认为，这张机打的收据可被篡改，因为这是在饭店与罗武德共进晚餐的家人提供的证明，无论如何都不能采信。

应用规则 8 遇到的一个突出问题是很难区分证伪证据和其他证据。被告人的不在场证明若要成为证伪控方叙事的证据，那么除非这个叙事中包含精确的案发时间。起诉书中写道案发时间"大约在 10 月 26 日晚上，或者至少在 10 月 26 日"，这种情况很难使用不在场证明作为证伪证据。因此，不在场证明是否能成为证伪证据取决于起诉书中案发时间是否精确。甚至，只是单纯地否认某个证据无法证伪即可阻碍

244

规则 8 的使用。不过在这种情况下，**至少要说明**为什么这项证据无法证伪控方叙事。相关例子如瑞克布勒姆案、里巴特案、赫尔德案以及布恩迪亚案中法庭对法医学证据的无视。所有这些案件的法医学证据都可证明控方叙事不真实。法庭应当解释为什么这些证据无法证伪起诉书中（部分）指控。

对本规则一个更严格的解释是，不允许法庭同时援引某个证据及其证伪证据作为有罪证明的依据。然而，这种情况还是发生在卡罗尔案（爱尔兰共和军杀手案）中。尽管一名证人的证言清楚证明另一名证人的陈述部分有假，但法庭还是将二人证言一起作为定罪依据。怎么能同时相信这两名证人呢？但是，对本规则的严格解释也不能真正产生预期效果，即被锚定的叙事呈现出一种由**所有**现有可靠信息构成的融贯性叙述，而且以理性方式排除其他不可靠的信息。

规则 9　不得锚定在明显错误的信念之上

证据通常需要被锚定在常识信念之上。当某个现有证据被确认为某个普遍有效信念的特例时，即可停止寻找进一步的证据。这样做是因为质疑广泛被接受的事情是在浪费时间和精力，除非有足够理由相信当前个案实属例外。如果这个普遍信念的可信度遭到质疑，那么调查必须继续，直到找到更坚实的依据为止。如果这个普遍信念明显错误，那么它连同证据一起都应被否决。就我们现有经验来看，刑事诉讼实践中充满了得到默认但明显错误的信念。为什么这些信念还没被人们识破，这令我们感到非常疑惑。一些明显不可靠的普遍信念，如认为供词几乎总是真话；警方人员绝不说谎；以及一对一辨认的结果可信度高等。

不真实的供词比比皆是。因此，司法审判制度不应设立仅凭供词即可形成充分证明的规定。荷兰刑事证据法规定，所有供词必须得到印证，但最近最高法院前任院长沐恩斯先生（Mr. Moons）负责的政治委员会提议将此项规定从证据法中删除。实际上警方人员经常在证言

上说谎，因此他们的陈述更加应当详细核查。但荷兰刑事证据法中有 　245
一项规定，一名警员的证言即可构成充分证明。显然，这项规定建立
在不可靠的普遍信念上。众所周知，一对一辨认的结果相当不确定。
然而，在范·德波尔（Van de Boor，1991）研究的 233 起案例样本中，
70 起存在身份问题，其中有 68 起使用了一对一辨认作为身份问题的证
明。这种做法其实是建立在盲目信任一项不严谨测试程序的基础上。

当然，只有当作为锚点的普遍信念被揭示出来时，违反规则 9 的
情况才会浮出水面，如同规则 5 要求的那样。因此，倘若人们没有认
真执行规则 5，就很难发现违反规则 9 的情况。

规则 10　起诉书与判决书中的叙事内容应当一致

所有司法审判制度都是由检控官向法院提起诉讼。他们将被告人
的所作所为写入起诉书然后呈交法庭。法庭的工作是裁判这些指控是
否属实。因此，如果本案关于被告人的指控不属实，但同时他或她的
确犯下这份起诉书中没有提到的罪行，而法庭又最终以这些罪名裁判
他或她有罪，这将是一件十分诡异的事情。不过，我们发现语料库的
某些案例中，控方提出的叙事在逻辑上不可能发生，或者已被某些证
据证明为假（比如布恩迪亚案），但被告人最终还是被裁判有罪。这
意味着法庭相信了另一个完全不同但同样能证明被告人有罪的故事。
这些故事从未被揭露出来（违背规则 5），如果它们能被揭露出来，就
会违背规则 10。我们需要规则 10 是因为被告人只能在了解指控内容的
情况下为自己辩护。如果在审判过程中，法庭私下形成对故事的理解，
那么辩方的存在将毫无意义。

结　语

在法庭推理理论的基础上，我们罗列出 10 项"刑事证据普适规
则"。这意味着它们的理论依据来自于心理学而非法学。我们并不是
说，在设定证据规则时不考虑法律原则，但我们坚持认为，设定这类

规则时心理学的意义比法律原则更重要。因为证据规则主要用于辅助法官和陪审团进行推理，既然法官和陪审团都是有血有肉的普通人，设定用于指导他们工作的规则必须优先考虑以人类天生弱点作为出发点。法律原则不能逾越经验上的局限性。锚定叙事理论阐述了事实审理者在融贯问题上存在的弱点，正因如此它可以作为设定一套普遍性规则的坚实基础。

246

这种方法也存在一些甚至很多缺点，尽管以实践为基础，但这些规则仍不具备可操作性。它们与现实中几乎所有国家的现行法律实践背道而驰，甚至在某种程度上，实践这些规则将彻底改革当下的法律思想。比如，规则 5 要求所有判决书必须给出裁判理由。陪审团不会给出他们裁判的理由，也没有合适的理由要求他们这样做。他们在裁判理由方面也许从未达成一致。因此如果采用这项规则，实际上会阻碍陪审团参与审判。但在普通法系国家，陪审团的审判权属于一项基本权利，这项权利在美国甚至被写入《权利法案》之中。期望普通法国家接受规则 5 其实不太现实。

如果这些"普适规则"无法实际施行，那么它们的意义又是什么？我们认为，即使这些规则无法得到实施，提出它们也是有意义的，因为它们突显出现行刑事诉讼系统中存在的缺陷。这种缺陷是法律制度的真正威胁，尤其是在它们仍然不为人知的情况下。一旦这些缺陷被发现，它们的危险性就会降低，即使这个影响不是很大。的确，陪审团不会给出他们的裁判理由，一旦意识到这样做存在的危险时，我们可能会想出其他方法防止陪审团采信缺少锚定或锚定不充分的叙事，又或者防止他们将叙事锚定在明显错误的信念上。所以，我们并不是要在所有法律系统中马上实践全部 10 项规则，我们更希望在这些"普适规则"的指引下认真审视现行法律系统，扪心自问，现有哪些做法违背了这些"普适规则"，以及可以采取怎样的预防措施来防止出现"普适规则"意图规避的隐患。

参考文献

1. American Psychological Association (1987), "American Psychological Association in the Supreme Court of the United States: *Lockhart v. McCree*", *American Psychologist*, 42: 941-3.

2. Barker, T. and D. Carter (1990), "Fluffing up the evidence and covering your ass: Some conceptual notes on police lying", *Deviant Behavior*, 11: 61-73.

3. Bartlett, F. C. (1950), *Remembering: A Study in Experimental and Social Psychology*, Cambridge: Cambridge University Press (2nd ed. ; first published 1932).

4. Bedau, H. A. and M. L. Radelet (1987), "Miscarriages of justice in potential capital cases", *Stanford Law Review*, 40: 21-179.

5. Bennett, W. L. and M. S. Feldman (1981), *Reconstructing Reality in the Courtroom*, London: Tavistock.

6. Black, D. J. (1970), "The social organisation of arrest", *American Sociological Review*, 23: 1087-1111.

7. Bottomley, A. K. and C. A. Coleman (1976), "Criminal statistics: The police role in the discovery and protection of crime", *International Journal of Criminology and Penology*, 4: 33-58.

8. Brainard, J. D. and M. K. Johnson (1981), "Conceptual prerequisites for understanding: Some investigations of comprehension and recall", *Journal of Verbal Learning and Verbal Behavior*, 11: 717-26.

9. *Bram v. United States*, 168 US 532 (1897).

10. Carroll, D. (1988), "How accurate is polygraph lie detection?", in A. Gale (ed.), *The Polygraph Test: Lies, Truth and Science*, London: Sage.

11. Ceci, S. J. , Toglia, M. P. and D. F. Ross (1987) (eds.), *Children's Eyewitness Memory*, New York: Springer.

12. Clifford, B. R. and S. Davies (1989), "Procedures for obtaining identification evidence", in D. C. Raskin (ed.), *Psychological Methods in Criminal Investigation and Evidence*, New York: Springer.

13. Cohen, L. J. (1977), *The Probable and the Provable*, Oxford: Clarendon.

14. Crombag, H. F. M., van Koppen, P. J. and W. A. Wagenaar (1992), *Dubieuze Zaken: De Psychologie van Strafrechtelijk Bewijs*, Amsterdam: Contact.

15. Curson, L. B. (1978), *Law of Evidence*, Plymouth: Macdonald and Evans.

16. Deffenbacher, K. A. (1980), "Eyewitness accuracy and confidence: Can we infer anything about their relationship?", *Law and Human Behavior*, 4: 243–60.

17. Doob, A. N. and H. M. Kirschenbaum (1973), "Bias in police line-ups: Partial remembering", *Journal of Police Science and Administration*, 1: 287–93.

18. Doris, J. (ed.) (1991), *The Suggestibility of Children's Recollections: Implications for Eyewitness Testimony*, Washington DC: American Psychological Association.

19. *Durham v. United States*, 214 F. 2d 862 (D. C. Cir. 1954).

20. Erickson, R. V. (1981), *Making Crime: A Study of Detective Work*, Toronto: Butterworth.

21. Faust, D. and J. Ziskin (1988), "The expert witness in psychology and psychiatry", *Science*, 241: 31–5.

22. Finkelstein, M. O. and W. B. Fairley (1970), "A Bayesian approach to identification evidence", *Harvard Law Review*, 83: 489–517.

23. *Frye v. United States* 293 F. 1013 (D. C. Cir. 1923).

24. Gale, A. (ed.) (1988), *The Polygraph Test: Lies, Truth and Science*, London: Sage.

25. Goldsmith, R. W. (1980), "Studies of a model for evaluating judicial evidence", *Acta Psychologica*, 45: 211–21.

26. Goodman, G. S., Levine, M., Melton, G. B. and D. W. Ogden (1991), "Child witnesses and the confrontation clause: The American Psychological Association brief in *Maryland v. Craig*", *Law and Human Behavior*, 15: 13–29.

27. Green, D. M. and J. A. Swets (1966), *Signal Detection Theory and Psychophysics*, New York: Wiley.

28. *Greenwald v. Wisconsin*, 390 US 519 (1968).

29. Gross, S. R. (1987), "Loss of innocence: Eyewitness identification and proof of guilt", *Journal of Legal Studies*, 16: 395–453.

30. Gudjonsson, G. H. (1987), "A parallel form of the Gudjonsson suggestibility

scale", *British Journal of Clininal Psychology*, 26: 215-21.

31. Gudjonsson, G. H. (1992) , *The Psychology of Interrogation*, *Confessions*, *and Testimony*, Chichester: Wiley.

32. Hans, V. P. and N. Vidmar (1988), *Judging the Jury*, New York: Plenum.

33. Hart, H. L. A. (1968) , *Punishment and Responsibility*, Oxford: Clarendon.

34. Hill, P. , Young, M. and T. Sergeant (1985), *More Rough Justice*, Harmonds-worth: Penguin.

35. HR (Dutch Supreme Court) 20 December 1926, *Nederlands Jurispmdentie*, 1927, 87 (*de auditu* decision).

36. HR (Dutch Supreme Court) 1 February 1972, *Nederlands Jurispmdentie*, 1972, 450 (Meer-en-Vaart decision).

37. HR (Dutch Supreme Court) 8 November 1988, no. 83 887 (not published).

38. HR (Dutch Supreme Court) 28 February 1989, *Nederlands Jurispmdentie*, 1989, 748 (Doll's decision).

39. Inman, M. (1981) , "Police interrogation and confessions", in M. A. Lloyd - Bostock (ed.) , *Psychology in Legal Contexts: Applications and Limitations*, London: Macmillan.

40. Jackson, B. S. (1988) , *Law, Fact and Narrative Coherence*, Liverpool: Deborah Charles.

41. Jampole, L. and M. K. Weber (1987) , "An assessment of the behavior of sexually abused children with anatomically correct dolls", *Child Abuse and Neglect*, 11: 187-92.

42. Kahneman, D. , Slovic, P. , and A. Tversky (eds) (1982) , *Judgment under uncertainty: Heuristics and Biases*, New York: Cambridge University Press.

43. Kalven, H. and H. Zeisel (1966) , *The American jury*, Boston: Little, Brown.

44. Kassin, S. M. and L. S. Wrightsman (1985) , "Confession evidence", in S. M. Kassin and L. S. Wrightsman (eds.) , *The Psychology of Evidence and Trial Procedure*, Beverly Hills, CA: Sage.

45. Kerstholt, J. H. , Raaijmakers, J. G. W. and J. M. Valeton (1992) , "The effect of expectation on the identification of known and unknown persons", *Applied Cognitive Psychology*, 6: 173-80.

46. Koehler, D. J. (1991) , "Explanation, imagination, and confidence in judgment", *Psychological Bulletin*, 110: 499-519.

47. Langbein, J. H. (1977) , *Torture and the Law of Proof Europe and England in the Ancien Regime*, Chicago: University of Chicago Press.

48. Laurie, P. (1970), *Scotland Yard: A Personal Inquiry*, London: Bodley Head.

49. Lindgren, J. R. (1987), "Criminal responsibility reconsidered", *Law and Philosophy*, 6: 89-114.

50. Lindley, D. V. (1971), "Probabilities and the law", in D. Wendt and C. Vlek (eds.), *Utility, Probability and Human Decision Making*, Dordrecht: Reidel, pp. 223-32.

51. Lindsay, R. C. L., Lea, J. A., Nosworthy, G. J., Fulford, J. A., Hector, J., La Van V., and C. Seabrook (1991), "Biased lineups: Sequential presentation reduces the problem", *Journal* of *Applied Psychology*, 76: 796-802.

52. Loftus, E. F. (1974), "Reconstructing memory: The incredible eyewitness", Psychology Today, 8: 116-9.

53. Loftus, E. F. (1979), *Eyewitness Testimony*, Cambridge, MA: Harvard University Press.

54. Loftus, E. F. (1986), "Unconsiousness transference in eyewitnesses", *Law and Psychology Review*, 2: 93-8.

55. Loftus, E. F. (1987), "Trials of an expert witness", *Newsweek*, June 29, pp. 10-11.

56. Loftus, E. F. and K. Ketcham (1991), *Witness* for the *Defense: The Accused, the Eyewitness, and the* Expert *who Puts Memory on Trial*, New York: St Martin. Malpass, R. S. and P. G. Devine (1981), "Eyewitness identification: Lineup instructions and the absence of the offender", *Journal of Applied Psychology*, 66: 482-92.

57. McCloskey, M. and H. E. Egeth (1983), "Eyewitness identification: What can a psychologist tell a jury?", *American Psychologist*, 38: 550-63.

58. Michotte, A. (1954), *La Perception de Causalite*, Louvain: Publication Universitaire de Louvain (2nd ed.).

59. *Miranda v. Arizona*, 284 US 436 (1966).

60. Monahan, J. (1989), "Prediction of criminal behavior: Recent developments in research and policy in the United States", in H. Wegener, F. Losel and J. Haisch (eds.), *Criminal Behavior and the Justice System: Psychological Perspectives*, New York: Springer.

61. Morris, P. (1980), *Police Interrogation: Review of Literature*, London: Her Majesty's Stationery Office (Research Study No. 3 Royal Commission on Criminal Procedure).

62. Navon, D. (1990), "How critical is the accuracy of an eyewitness memory: An-

other look at the issue of lineup diagnostics", *Journal of Applied Psychology*, 75: 506-10.

63. *New Jersey v. Cavallo*, 88 *NJ* 408, 443 A. 2d 1020 (1982).

64. *New York v. Quarles*, 467 US (1984).

65. Nisbett, R. E. and L. Ross (1980), *Human Inference: Strategies and Shortcomings of Social Judgment*, Englewood Cliffs: Prentice Hall.

66. Pennington, N. and R. Hastie (1986), "Evidence evaluation in complex decision making", *Journal of Personality and Social Psychology*, 51: 242—58.

67. Pennington, N. and R. Hastie (1988), "Explanation-based decision making: Affects of memory structure on judgment", *Journal of Experimental Psychology: Learning, Memory, and Cognition*, 14: 521-33.

68. Pennington, N. and R. Hastie (1991), "A theory of explanation-based decision-making", in G. Klein and J. Orasanu (eds.), *Decisionmaking in Complex Worlds*, Hillsdale, NJ: Ablex.

69. *People v. Collins*, 68 Cal. 2d 319 (1968).

70. *R. v. Turner*, (1970) 2 Q. B. 321; 54 Cr. App. R. 352, C. A.

71. Raskin, D. C. (ed.) (1989), *Psychological Methods in Criminal Investigation and Evidence*, New York: Springer.

72. Rattner, A. (1988), "Convicted but innocent: Wrongful conviction and the criminal justice system", *Law and Human Behavior*, 12: 283-93.

73. Robinson, J. A. (1981), "Personal narratives reconsidered", *Journal of American Folklore*, 94: 58-85.

74. Rosenbaum, R. (1991), *Travels with Dr. Death and other Unusual Investigations*, New York: Penguin.

75. Rosenthal, R. (1966), *Experimenter Effects in Behavioral Research*, New York: Appleton.

76. Ross, L., M. R. Lepper and M. Hubbard (1975), "Perseverance in self perception and social perception: Biased attributional processes in the debriefing paradigm", *Journal of Personality and Social Psychology*, 13: 880-92.

77. Rossen, B. and J. Schuijer (eds.) (1992), *Het Seksuele Gevaar voor Kinderen: Mythen en Feiten*, Amsterdam: Swets & Zeitlinger.

78. Rumelhart, D. E. (1975), "Notes on a schema for stories", in D. G. Bobrow and A. Collms (eds.), *Representation and Understanding: Studies m Cognitive Science*, New York: Academic.

79. Sappington, A. A. (1990), "Recent psychological approaches to the free will ver-

sus determinism issue", *Psychological Bulletin*, 108: 19–29.

80. Schiinemann, B. (1983), " Experimentelle Untersuchungen zur Reform der Hauptverhandlung in Strafsachen", in H. J. Kerner, H. Kurry and K. Sessar (Hrgb.) , *Deutsche Forschungen zur Kriminalitatsentstehen und Kriminal – itdts-kontrolle*, *Koln*: Heymanns.

81. Sellin, T. and W. E. Wolfgang (1964), *The Measurement of Delinquency*, New York: Wiley.

82. Sistare, C. T. (1989), " Models of responsibility in criminal theory", *Law and Philosophy*, 7: 295–320.

83. Softley, P. (1980), *Police Interrogation*: *An Observational Study in Four Police Stations*, London: Her Majesty's Stationery Office (Research Study No. 4 Royal Commission on Criminal Procedure).

84. Steer, D. (1980), *Uncovering Crime*: *The Police Role*, London: Her Majesty's Stationery Office (Research Study No. 7 Royal Commission on Criminal Procedure).

85. Thibaut, J. and L. Walker (1975), *Procedural Justice*: *A Psychological Study*, Hillsdale, NJ: Erlbaum.

86. Tribe, L. H. (1971), "Trial by mathematics", *Harvard Law Review*, 84: 1329–93.

87. Tuiner, S. (1989), *De Psychiater en de Wilde Man*: *Een Veldstudie over Relatie Psychiatrisch Syndroom en Criminaliteit*, *unpublished dissertation*, Free University Amsterdam.

88. *United States v. Brawner*, 471 F2d 979 (D. C. Cir 1972).

89. van Bavel, C. J. and R. P. G. L. M. Verbunt (1990), " Slachtoffer/getuige in ze-denzaken en verhoor ter zitting", *Nederlands Juristenblad*, 65: 1399–1404.

90. van de Boor, L. E. C. (1991), *Over Getuigen*, *Confrontatie en Bewijs*, Ministerie van Justitie, The Hague: Wetenschappelijk Onderzoeks – en Documentatiecen-trum.

91. van Dijk, T. A. (1980), *Macrostructures*: *An Interdisciplinary Study of Global Structures in Discourse*, *Interaction*, *and Cognition*, Hillsdale, NJ: Erlbaum.

92. Wagenaar, W. A. (1986), " My memory: A study of autobiographical memory over six years", *Cognitive Psychology*, 18: 225–52.

93. Wagenaar, W. A. (1988), *Identifying Ivan*: *A case study in legal psychology*, New York: Harvester Wheatsheaf.

94. Wagenaar, W. A. (1991), " Waar logica faalt en verhalen overtuigen: Een be-

schouwing over het strafrechtelijk bewijs", *Onze Alma Mater*, 45: 256-78.

95. Wagenaar, W. A. (in press), *The forensic context of lineup tests*.

96. Wagenaar, W. A. and E. F. Loftus (1990), "Ten cases of eyewitness identification: Logical and procedural problems", *Journal of Criminal Justice*, 18: 291-319.

97. Wagenaar, W. A. and N. Veefkind (1992), "Comparison of one-person and many-person lineups: A warning against unsafe practices", in F. Losel, D. Bender and T. Bliesener (eds) *Psychology and law: International perspectives*. Berlin: Gray ter.

98. Wald, M. , Ayres, R. , Hess, D. W. , Schantz, M. and C. H. Whitebread (1967), "Interrogations in New Haven: The impact of Miranda", *Yale Law Journal*, 76: 1519-1648.

99. Waller, Sir George (1989), *Miscarriages of Justice*, London: Justice.

100. Wason, P. C. and P. N. Johnson – Laird (1972), *Psychology of Reasoning: Structure and Content*, London: Batsford.

101. Wellman, F. L. (1962), *The Art of Cross-Examination*, New York: Collier.

102. White, W. S. (1989), "Police trickery in inducing confessions", *University of Pennsylvania Law Review*, 127: 581-629.

103. Wigmore, j. H. (1937), *The Science of Judicial Proof as Given by Logic, Psychologyand General Experience* (3rd ed.), Boston: Little, Brown.

104. Wigmore, J. H. (1970), *Evidence, Vol. 3*, Boston: Little, Brown (revised by J. H. Chadbourn).

105. Willis, C. , Macleod, J. , and P. Naish (1988), *The Tape-Recording of Police Interviews with Suspects: A Second Interim Report*, London: Her Majesty's Stationery Office (Home Office Research Study No. 97).

106. Winslade, W. (1983), *The Insanity Plea: The Uses and Abuses of the Insanity Defense*, New York: Scribner.

107. Woffinden, B. (1987), *Miscarriages of Justice*, London: Hodder & Stoughton.

108. Yates, J. F. (1990), *Judgment and Decisionmaking*, New York: Prentice Hall.

109. Young, M. and P. Hill (1983), *Rough Justice*, London: British Broadcasting Corporation.

110. Yuille, J. C. (1989) (ed.), *Credibility Assessment*, Dordrecht: Kluwer Academic.

索 引 *

A

a contrario evidence, 反向证据, 3

accomplices, 共犯, 7-8, 161-3

accountability (expert testimony), 行为责任（专家证言）, 182-4

accusations, false, 诬告，虚假指控, 5, 157-61

actus reus, 犯罪行为, 6-9, 22, 119, 188

  confessions, 供词，招供, 99, 116

  proof by narrative only, 仅以叙事为证明, 45, 48, 59

  quality of anchors, 锚点的质量, 62-3, 73-4, 76

  universal rules of evidence, 普适证据规则, 235-7, 239

admissible evidence, 可采证据, 41, 241

advance information, 预置信息, 152-3

adversarial system, 对抗制系统, 160, 170-1, 179, 208, 229

Advocate-General, 检察长, 199, 207

aggression test (Gremeling case), 攻击性测试（葛瑞穆林案）, 184-5

Akirya case, 阿基拉案, 143, 163

ALI-test, ALI 测试, 183

alibis, 不在场证明, 17, 243-4

  protective witness, 维护他人的证人, 155-7

American Law Institute, 美国法律协会, 183

American Psychological Association, 美国精神病协会, 174, 175

amicus curiae, 法庭之友, 175

analysis levels (defence tactics), 分析层级（辩方策略）, 206-9

Anatomically Correct Dolls Test, 标准人体玩偶测试, 69-70, 173, 180, 189, 191-4, 195

anchored narratives, 锚定叙事

  accepted rules, 可接受规则, 42-3

  anchoring, 锚定, 37-42

  confessions explained through, 供词通过……解释, 112-14

---

  * 索引中的数字为原著页码，其中粗体数字表示更详细讨论案件的页码，均参见本译著页边码查找。——编辑注

F

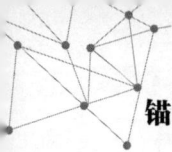

U

unis testis rule, 单一证人规则, 4, 9,
　22, 41, 62, 127, 140, 155, 167, 237
United States v. Brawner（1972）, 美利
　坚合众国诉布劳纳（1972）, 183
"universal anchorability", "普适锚定
　力", 187
universal rules of evidence, see evidence
　rules（universal）, 普适证据规则,
　参见（普适）证据规则一章

V

Valeton, J. M., 瓦尔顿, 153
van Bavel, C. J., 范·巴福尔, 3
van de Boor, L. E. C., 范·德波尔,
　12, 95, 122, 124, 125, 245
van Dijk, T. A., 范·迪克, 35
Van Koppen, P. J., 范·科彭, 16, 103
Veefkind, N., 维夫康, 26, 121, 124,
　130, 134
Verbunt, R. P. G. L. M., 福班特, 3
verification, 证实
　evidence selection, 证据选择, 211-
　15
　falsification and, 证伪和……, 88-
　93, 96-8
　incomplete challenge of anchors, 未全
　面质疑锚点, 135-6
Vidmar, N., 维德马, 55
Volp case, 沃普案, **148-9**, 175, **177**
voluntary false confessions, 自愿的假供
　词, 102-3, 104-6

W

Wagenaar, W. A., 瓦格纳, 16, 26,
　30, 57, 65, 76, 79, 93, 103, 121,
　124, 130, 132, 134-5, 137-8,
　141, 156, 161, 174, 181, 229, 243
Wald, M., 沃尔德, 118
Walker, L., L·沃克尔, 228
Waller, Sir George, 乔治·沃克尔,
　5, 102, 114
Walters case, 沃尔特斯案, **153-4**, 164
Walus case, 瓦鲁斯案, 137
Wason, P. C., 沃森, 88-9
Weber, M. K., 韦伯, 70, 180
well-shaped narratives（universal rules）,
　完整的叙事（普适规则）, 232-5
Wellman, F. L., 威尔曼, 229
White, Justice, 怀特大法官, 175
White, W. S., 怀特, 110
Wigmore, J. H., 威格摩尔, 13, 21,
　22, 78-9, 100-2
"wild beast test", "野兽测试", 183
Willis, C., 威利斯, 115
Winslade, W., 文斯莱德, 183
witnesses, 证人, 140
　contacts among, ……之间的交流,
　126-7
　descriptions which do not fit suspect,
　不符合嫌疑人的描述, 127-8
　eyewitness identification, 目击证人身
　份辨认, 9, 15, 67-8
　at identity parade, see identity parade,
　列队辨认中的……, 参见列队辨认
　incorrect instructions to, 给……不正
　确的指引, 128-9

图书在版编目（ＣＩＰ）数据

　锚定叙事理论：刑事证据心理学/(荷)威廉·A.瓦格纳,(荷)彼特·J.范科本,(荷)汉斯·F.M.克罗伯格著；卢俐利译.—北京：中国政法大学出版社，2019.4

　ISBN 978-7-5620-8933-9

　Ⅰ.①锚…　Ⅱ.①威…　②彼…　③汉…　④卢…　Ⅲ.①刑事诉讼－证据－司法心理学－研究　Ⅳ.①D915.313.04

中国版本图书馆CIP数据核字(2019)第055871号

出　版　者	中国政法大学出版社
地　　　址	北京市海淀区西土城路 25 号
邮寄地址	北京 100088 信箱 8034 分箱　邮编 100088
网　　　址	http://www.cuplpress.com (网络实名：中国政法大学出版社)
电　　　话	010-58908289(编辑部) 58908334(邮购部)
承　　　印	北京中科印刷有限公司
开　　　本	880mm×1230mm　1/32
印　　　张	11.5
字　　　数	300 千字
版　　　次	2019 年 4 月第 1 版
印　　　次	2019 年 4 月第 1 次印刷
定　　　价	49.00 元